"十三五"江苏省高等学校重点教材

图书编号：2020-1-096

"十四五"职业教育部委级规划教材

高 等 职 业 教 育 教 材

"十三五"江苏省高等学校重点教材

编号：2020-1-096

经济学基础

主　编◎马顺圣　陈　伟

副主编◎杨贵娟　史艳娜

　　　　陆　佳　王　凡

中国纺织出版社有限公司

内 容 提 要

本教材是"十三五"江苏省高等学校重点教材。是高职高专院校、职业本科院校经济类和管理类专业的核心课程。

本教材以经济学基本理论、分析方法、实际应用为重点，设有12个大章43个小节，分别是认识经济学、价格理论、消费者行为理论、生产者行为理论、市场结构理论、分配理论、市场失灵、国民收入决定、失业与通货膨胀、经济周期与经济增长、宏观经济政策、开放经济理论。涵盖了微观经济学和宏观经济学的基本内容框架和结构体系。

依据教学做一体化理念，设计【学习目标】【结构导图】【引导案例】【经济学知识】【本章小结】【重点掌握】【练习与思考】七个教学部分。

本教材可供高等职业院校、职业本科院校、成人高校、民办高校经济类、管理类及相关专业教学使用，也可供五年制高职学生使用。

图书在版编目（CIP）数据

经济学基础 / 马顺圣，陈伟主编；杨贵娟等副主编
. -- 北京：中国纺织出版社有限公司，2022.7（2025.8重印）
"十四五"职业教育部委级规划教材
ISBN 978-7-5180-9402-8

Ⅰ．①经… Ⅱ．①马… ②陈… ③杨… Ⅲ．①经济学
—职业教育—教材 Ⅳ．①F0

中国版本图书馆CIP数据核字（2022）第039668号

策划编辑：史 岩　　责任编辑：段子君
责任校对：寇晨晨　　责任印制：储志伟

中国纺织出版社有限公司出版发行
地址：北京市朝阳区百子湾东里A407号楼　邮政编码：100124
销售电话：010—67004422　传真：010—87155801
http://www.c-textilep.com
中国纺织出版社天猫旗舰店
官方微博 http://weibo.com/2119887771
北京印匠彩色印刷有限公司印刷　各地新华书店经销
2022年7月第1版　2025年8月第3次印刷
开本：787×1092　1/16　印张：20.5
字数：455千字　定价：58.00元

前 言
Preface

经济学是以市场经济为制度背景，研究厂商、消费者、政府等经济主体的经济行为以及市场经济运行机制和运行规律的科学。经济学课程为学生提供了一套理解市场经济运行的概念体系、思维方式及分析方法。对培养学生的经济学素养、对经济现象的认识理解、社会实践能力具有重要作用。《经济学基础》是高职高专院校、职业本科院校经济类和管理类专业的核心课程。

当前，我国职业教育课程正处于深刻变革阶段，教材建设被赋予更多时代内涵。课程思政、数字化资源、立体化教材、活页式、工作手册式、富媒体是这场变革的主导理念。本教材是我们在学习借鉴有关课程开发理论、总结一线教学经验的基础上，编写而成的集理论性与实践性、知识性与趣味性为一体的新型应用教材。

本教材是"十三五"（2020年）江苏省高等学校重点教材修订版，与第一版相比，重点做了如下工作：

1. 创新育人理念

探索经济学教材课程思政的目标、内容、方法与手段。课程具有知识传授和价值引领双重责任，把课程思政落地生根，是教育工作者面临的重大课题。如何将课程思政内容融入《经济学基础》教学目标、教学内容、教学过程，我们进行了初步探索和实践。在每章教学目标中，明确了知识目标、能力目标和思政目标；挖掘提炼出理性、均衡、边际、节约、竞争、效率、守法、合作、开放等若干思政元素，探索经济学专业教育与价值教育的融合点；创新经济学课程思政教学方式。打造培根铸魂、启慧增智、适应时代要求的精品教材。

2. 优化教材体例

精心选择和设计教材编写体例、完善教学环节。把原来的项目任务式编写体例，更新成章节式。依据教学做一体化理念，本着有理论、有案例、有分析、有应用、有拓展的原则，精心整合经济学理论与实务，采用案例引导、理论学习、实际应用、知识拓展、课后练习的教学步骤，强化基本理论、基本方法和基本技能的培养。每章均设计成【学习目标】【结构导图】【引导案例】【经济学知识】【本章小结】【重点掌握】【练习与思考】七个部分，激发学生学习兴趣、符合学生认知规律。案例引出问题，问题体现原理，通过学习原理，解释经济现象、分析经济问题，解决经济问题。把博大精深、纷繁复杂的经济学理论和方法进行串联，一步步把学生引入经济学的宏伟殿堂。

3. 更新教材内容

与时俱进、体现新知识、新思想、新观念。更新补充相关理论和案例、完善教材内容。教材平均更新面达 40%。对重要概念、定义、定理和公式、图表进行了完善，使概念和定义更加精准和简洁。精心选择教学案例，使案例更加经典、更加贴近学生生活、更加贴近鲜活社会经济实际。将改革开放 40 多年中国经济的巨大成就融入教学内容。从不可绕过的经济学核心概念入手，通过概念介绍、案例分析、经济学故事欣赏，设计教学内容。教材重点突出、层次清晰、详略得当；图文并茂，生动活泼、可读性高；学习和借鉴同行优秀成果。旨在激发学生学习兴趣，树立基本经济学逻辑，培养经济学思维方式，让学生领略经济学的独特魅力。

4. 丰富教材资源

开发数字化、富媒体教材资源。运用信息化教育技术、方法与手段，搭建"纸网互动"通道，建设立体化教材。利用在线开放课程和出版社搭建的网络平台，建设纸质教材及配套电子教学资源，包括课件、视频、动画、慕课等多媒体资源。针对重难点，精心制作视频和动画。通过扫描二维码获得相应教学资源，供学生线上、线下同步学习；提供【练习与思考】配套参考答案，为学生提供高效、全面的学习服务。

本教材由马顺圣、陈伟任主编，负责编写章节大纲、安排人员分工，设计章节体例，修改、完善、审定全书内容，创作和审核视频内容。各章节分工如下：马顺圣、陈伟负责编写第一章、第二章、第五章、第七章、第十一章、第十二章；杨贵娟负责编写第三章、第四章；史艳娜负责编写第六章、第八章；陆佳负责编写第九章、第十章；王凡负责【练习与思考】参考答案和视频设计与创作、PPT 制作；华传强负责视频拍摄和制作。马顺圣同时负责对全书的政治性和思想性审查。

本教材在编写中学习、借鉴了国内外同行许多公开出版的教材和著作，在此对相关作者表示最诚挚的感谢；出版中得到中国纺织出版社有关同志的大力支持，在此表示感谢。

由于水平有限，书中难免存在不妥之处，恳请同行、专家们的批评和指正。

陈 伟
2022 年 5 月

目　录
Contents

第一章　认识经济学

【学习目标】 ………………………………………………………………………………… 1

【结构导图】 ………………………………………………………………………………… 2

【引导案例】 ………………………………………………………………………………… 2

"大炮"与"黄油" ………………………………………………………………………… 2

第一节　经济学的研究对象 …………………………………………………………………… 3

一、经济问题的提出：人类欲望的无限性与资源的稀缺性 …………………………… 3

二、经济问题的解决：选择或资源配置 ………………………………………………… 6

三、如何生产更多的产品：资源利用 …………………………………………………… 7

四、生产可能性边界 ……………………………………………………………………… 7

第二节　经济学的主要内容 …………………………………………………………………… 9

一、微观经济学 …………………………………………………………………………… 10

二、宏观经济学 …………………………………………………………………………… 12

第三节　经济学的研究方法 ………………………………………………………………… 14

一、实证分析法和规范分析法 ………………………………………………………… 14

二、边际分析法 ………………………………………………………………………… 14

三、均衡分析法 ………………………………………………………………………… 15

四、经济模型 …………………………………………………………………………… 15

【本章小结】 ……………………………………………………………………………… 15

【重点掌握】···16

【练习与思考】···16

第二章 价格理论

【学习目标】···19

【结构导图】···20

【引导案例】···20

"车厘子自由"背后的经济学原理·······························20

第一节 需求理论···21

　一、需求、需求表和需求曲线·······························22

　二、影响商品需求的因素和需求函数·······················23

　三、需求定理···25

　四、需求量的变动与需求的变动···························26

第二节 供给理论···28

　【引导案例】···28

　最贵的麦当劳···28

　一、供给、供给表和供给曲线·······························28

　二、影响供给的因素与供给函数·······························29

　三、供给定理···30

　四、供给量的变动和供给的变动···························31

第三节 均衡价格···32

　【引导案例】···32

　生猪价格涨涨跌跌为哪般？·······································32

　一、均衡价格的形成及决定·······························33

　二、需求变动与供给变动对均衡价格的影响···············34

　三、供求定理···36

　四、均衡价格理论的应用·······································36

第四节　弹性理论…………………………………………………………38

　【引导案例】………………………………………………………………38

　　土豆和黄金降价的效应相同吗…………………………………………38

　　一、需求价格弹性………………………………………………………38

　　二、需求收入弹性………………………………………………………41

　　三、需求交叉弹性………………………………………………………42

　　四、供给弹性……………………………………………………………43

　　五、弹性理论的运用……………………………………………………44

　【本章小结】………………………………………………………………45

　【重点掌握】………………………………………………………………46

　【练习与思考】……………………………………………………………46

第三章　消费者行为理论

　【学习目标】………………………………………………………………49

　【结构导图】………………………………………………………………50

　【引导案例】………………………………………………………………50

　　最好吃的东西……………………………………………………………50

第一节　基数效用论…………………………………………………………51

　　一、效用的含义…………………………………………………………51

　　二、基数效用论…………………………………………………………52

　　三、边际效用递减规律…………………………………………………54

　　四、消费者均衡…………………………………………………………54

第二节　序数效用论…………………………………………………………58

　　一、序数效用论…………………………………………………………58

　　二、无差异曲线…………………………………………………………59

　　三、消费可能线…………………………………………………………61

　　四、消费者均衡…………………………………………………………63

　【本章小结】………………………………………………………………63

　【重点掌握】………………………………………………………………64

【练习与思考】 ……………………………………………………………………64

第四章　生产与成本理论

【学习目标】 …………………………………………………………………………67

【结构导图】 …………………………………………………………………………68

【引导案例】 …………………………………………………………………………68

王永庆与台塑的成功 ……………………………………………………………68

第一节　生产理论 ……………………………………………………………………69

一、生产要素与生产函数 …………………………………………………………69

二、短期生产函数 …………………………………………………………………70

三、长期生产函数 …………………………………………………………………74

第二节　成本理论 ……………………………………………………………………80

一、几种成本概念 …………………………………………………………………81

二、短期成本分析 …………………………………………………………………83

三、几种成本间的关系 ……………………………………………………………86

四、长期成本分析 …………………………………………………………………87

五、规模经济 ………………………………………………………………………90

第三节　利润最大化原则 ……………………………………………………………91

一、总收益、平均收益与边际收益 ………………………………………………91

二、利润的类型 ……………………………………………………………………92

三、利润最大化原则 ………………………………………………………………93

【本章小结】 …………………………………………………………………………94

【重点掌握】 …………………………………………………………………………95

【练习与思考】 ………………………………………………………………………95

第五章　市场结构理论

【学习目标】 ··· 101

【结构导图】 ··· 102

【引导案例】 ··· 102

把牛奶倒入大海 ··· 102

第一节　市场结构 ··· 103

一、市场结构的概念 ··· 103

二、划分市场结构的标准 ··· 103

三、市场结构的类型及特征 ··· 105

第二节　完全竞争市场 ··· 105

一、完全竞争市场的含义与特征 ··· 105

二、完全竞争厂商的需求曲线和收益曲线 ······································· 106

三、完全竞争厂商的短期均衡 ··· 108

四、完全竞争厂商的长期均衡 ··· 110

第三节　完全垄断市场 ··· 111

一、完全垄断市场的含义、特征及原因 ··· 111

二、完全垄断厂商的需求曲线和收益曲线 ······································· 112

三、完全垄断厂商的短期均衡 ··· 113

四、完全垄断厂商的长期均衡 ··· 115

五、完全垄断厂商的定价策略 ··· 115

第四节　垄断竞争市场 ··· 116

一、垄断竞争市场的含义与特征 ··· 116

二、垄断竞争厂商的需求曲线 ··· 117

三、垄断竞争厂商的短期均衡 ··· 118

四、垄断竞争厂商的长期均衡 ··· 118

五、垄断竞争厂商的竞争策略 ··· 119

第五节　寡头垄断市场 ·· 120
　一、寡头垄断市场的含义与特征 ··· 120
　二、寡头垄断市场的产量决定 ·· 121
　三、寡头垄断市场的价格决定 ·· 121
　【本章小结】 ··· 122
　【重点掌握】 ··· 123
　【练习与思考】 ·· 123

第六章　分配理论

　【学习目标】 ··· 127
　【结构导图】 ··· 128
　【引导案例】 ··· 128
　马太效应 ··· 128

第一节　生产要素市场 ·· 129
　一、生产要素的需求 ·· 129
　二、生产要素的供给 ·· 130
　三、生产要素的价格决定 ··· 131

第二节　工资理论 ·· 131
　【引导案例】 ··· 131
　2020 福布斯体坛收入榜公布　费德勒居首创历史 ······················· 131
　一、劳动需求 ··· 132
　二、劳动供给 ··· 132
　三、完全竞争市场上工资的决定 ··· 133
　四、不完全竞争市场上工资的决定 ·· 134

第三节　利息理论 ·· 137
　一、利息和利率的含义 ·· 137
　二、利息的合理性 ·· 137
　三、利率的决定 ··· 138

第四节　地租理论···139

　　一、地租的性质···139

　　二、地租的决定···139

　　三、级差地租···140

　　四、准地租与经济租··140

第五节　利润理论···142

　　一、正常利润···142

　　二、经济利润···142

第六节　收入分配平等状况··144

　　一、收入分配平等程度衡量···144

　　二、收入分配不平等的原因···145

　　三、收入分配平等化政策··146

　　【本章小结】··148

　　【重点掌握】··149

　　【练习与思考】··149

第七章　市场失灵

　　【学习目标】··151

　　【结构导图】··152

　　【引导案例】··152

　　　发菜的故事···152

第一节　垄　断···153

　　一、垄断导致市场失灵···154

　　二、对垄断的矫正···156

第二节　外部性···157

　　一、外部性与市场失灵···158

　　二、解决外部性的对策···159

第三节　公共物品 ·· 161

一、公共物品的含义与特征 ·· 161

二、公共物品导致"搭便车"现象 ·· 162

三、公共物品导致"公地悲剧" ·· 162

四、公共物品供给 ·· 163

五、公共选择理论 ·· 164

第四节　不完全信息 ·· 165

【引导案例】 ·· 165

柠檬理论 ·· 165

一、不完全信息的含义 ·· 165

二、逆向选择及其治理 ·· 166

三、道德风险问题 ·· 167

四、委托—代理问题 ·· 167

第五节　政府宏观调控 ·· 168

一、我国市场经济下加强政府宏观调控的必要性 ···················· 168

二、政府宏观调控的目标 ··· 169

三、政府宏观调控的政策和手段 ··· 169

四、政府失灵 ··· 169

【本章小结】 ··· 170

【重点掌握】 ··· 170

【练习与思考】 ·· 171

第八章　国民收入核算与决定理论

【学习目标】 ··· 173

【结构导图】 ··· 174

【引导案例】 ··· 174

2020 年中国国内生产总值 ··· 174

第一节　国民收入核算理论 ··· 175

一、国民收入核算指标··175

二、国内生产总值核算方法····································181

三、国民收入流量循环模型····································185

第二节　简单国民收入的决定····································189

一、简单国民收入决定的基础··································190

二、简单国民收入决定模型····································192

三、乘数理论··195

第三节　IS-LM 模型··197

一、*IS* 曲线··198

二、*LM* 曲线··200

三、IS-LM 模型··201

第四节　总需求—总供给模型····································203

一、总需求曲线··204

二、总供给曲线··206

三、总需求—总供给模型······································207

四、总需求变动对国民收入与价格的影响························208

五、短期总供给变动对国民收入和价格的影响····················211

【本章小结】··212

【重点掌握】··212

【练习与思考】··213

第九章　失业与通货膨胀

【学习目标】··217

【结构导图】··218

【引导案例】··218

就业难和招工难··218

第一节　失业理论··219

一、失业的定义与衡量 ················· 219

二、失业的类型 ····················· 221

三、充分就业与自然失业率 ············· 223

四、失业的影响 ····················· 224

五、奥肯定律 ······················· 224

第二节 通货膨胀理论 ················· 225

一、通货膨胀的定义与衡量 ············· 225

二、通货膨胀的类型 ················· 227

三、通货膨胀的成因 ················· 228

四、通货膨胀对经济的影响 ············· 231

五、通货膨胀的治理对策 ··············· 232

第三节 菲利普斯曲线 ················· 233

一、菲利普斯曲线的含义 ··············· 233

二、菲利普斯曲线的新变化 ············· 234

三、社会不安指数与不受欢迎指数 ········· 234

【本章小结】 ······················· 235

【重点掌握】 ······················· 236

【练习与思考】 ····················· 236

第十章 经济周期与经济增长

【学习目标】 ······················· 239

【结构导图】 ······················· 240

【引导案例】 ······················· 240

中国创经济增长奇迹 ················· 240

第一节 经济周期理论 ················· 241

一、经济周期的概念 ················· 241

二、经济周期的类型 ················· 242

三、经济周期的成因 ················· 244

四、乘数 – 加速数模型 ·· 245

五、经济周期的调节 ·· 249

第二节　经济增长理论 ··· 250

一、经济增长的定义、特征与衡量 ································ 250

二、经济增长因素 ·· 251

三、经济增长模型 ·· 253

【本章小结】 ··· 256

【重点掌握】 ··· 256

【练习与思考】 ··· 256

第十一章　宏观经济政策

【学习目标】 ··· 259

【结构导图】 ··· 260

【引导案例】 ··· 260

2022 年宏观政策目标解析 ··· 260

第一节　宏观经济政策概述 ··· 261

一、宏观经济政策概述 ··· 261

二、宏观经济政策的目标 ··· 261

三、宏观经济政策工具 ··· 262

第二节　财政政策 ··· 263

一、财政政策工具 ·· 263

二、财政内在稳定器 ·· 266

三、赤字财政政策 ·· 266

四、财政政策及其运用 ··· 267

第三节　货币政策 ··· 269

一、货币与银行体系 ·· 269

二、货币供给与需求 ·· 271

三、货币政策工具 ··· 272

四、商业银行的货币创造 ··· 273

五、货币政策运用 ··· 274

【本章小结】 ··· 275

【重点掌握】 ··· 276

【练习与思考】 ·· 276

第十二章　开放经济理论

【学习目标】 ··· 279

【结构导图】 ··· 280

【引导案例】 ··· 280

美国人为什么留恋中国廉价商品 ·· 280

第一节　开放经济概述 ·· 281

一、开放经济的含义 ·· 281

二、经济全球化 ··· 281

三、经济一体化 ··· 282

第二节　国际贸易理论与政策 ·· 282

一、国际贸易理论 ·· 282

二、国际贸易政策 ·· 285

第三节　国际收支 ·· 286

一、国际收支与国际收支平衡表 ··· 287

二、国际收支账户 ·· 287

三、国际储备 ·· 290

第四节　汇率制度 ·· 290

一、汇率的含义 ··· 291

二、汇率的决定 ··· 291

三、购买力平价理论 ·· 293

四、汇率制度 ··· 293

五、汇率对经济的影响 ··· 294

【本章小结】 ·· 295

【重点掌握】 ·· 296

【练习与思考】 ·· 296

【练习与思考】参考答案

第一章 ··· 300

第二章 ··· 300

第三章 ··· 301

第四章 ··· 301

第五章 ··· 302

第六章 ··· 302

第七章 ··· 303

第八章 ··· 303

第九章 ··· 304

第十章 ··· 304

第十一章 ·· 305

第十二章 ·· 305

参考文献 ··· 306

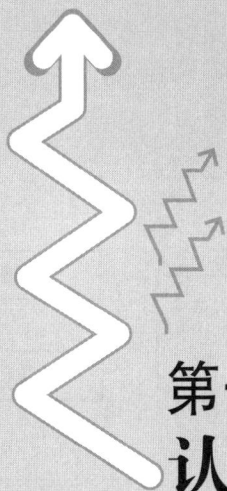

第一章
认识经济学

【学习目标】

1. 知识目标

   明白什么是经济学，经济学的起源；

   掌握经济学研究的三大基本问题；

   掌握经济学研究的主要内容。

2. 能力目标

   初步培养对经济学的学习兴趣；

   学习用经济学的思维看待问题。

3. 思政目标

   理解为什么经济资源总是稀缺的；

   日常生活中如何爱惜和节约宝贵的资源。

扫码获取本章课件

【结构导图】

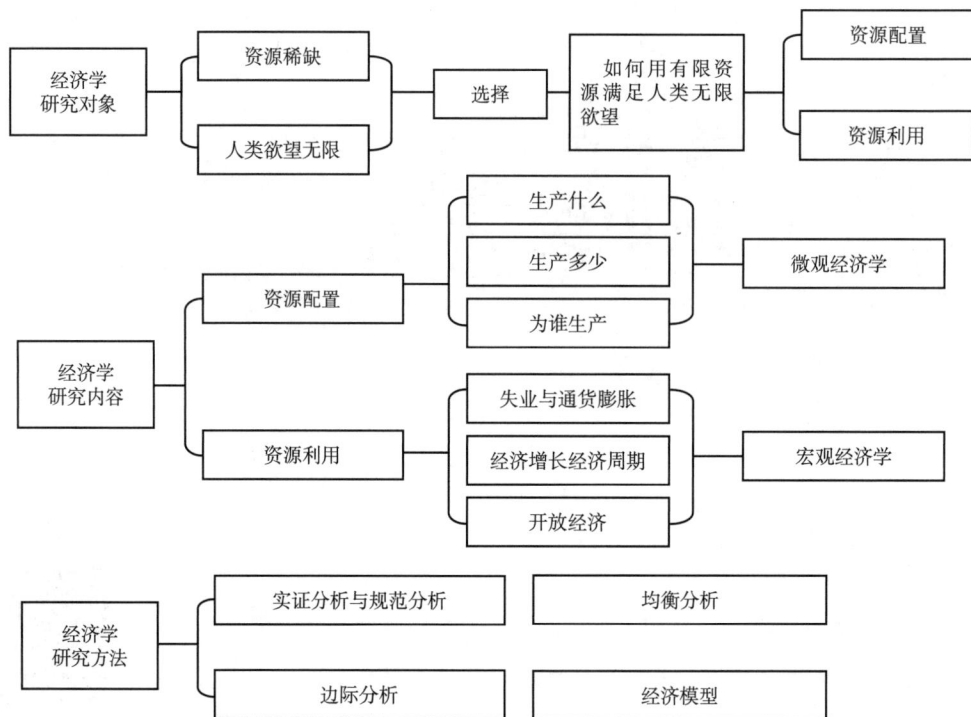

【引导案例】

<h3 align="center">"大炮"与"黄油"</h3>

第二次世界大战期间，希特勒叫嚣"要大炮不要黄油"，实行国民经济军事化。而美国作为"民主国家的兵工厂"，向反法西斯国家提供武器，也把相当多的资源用于生产"大炮"。但资源是有限的，大炮（军用品）增加，黄油（民用品）减少，因此美国战时对许多物品实行管制。第二次世界大战后，苏联为了实行霸权与美国对抗，把本国有限的资源多数用于生产军事装备及火箭等武器产品，使人民生活水平低下，长期缺乏"黄油"。

在正常时期，政府与市场共同决定"大炮"与"黄油"的生产，以使社会福利达到最大化。整个经济学都在解决"大炮"与"黄油"的问题。

任何一个国家都希望有无限多的"大炮"与"黄油"，这就是欲望的无限性。但任何一个社会用于生产的总资源总是有限的，这就是社会所面临的稀缺性。因此，任何一个社会都需要决定生产多少"大炮"与"黄油"，这就是社会所面临的选择问题。作出选择并不是无代价的，在资源既定的情况下，多生产一单位"大炮"，就要少生产若干单位"黄油"。"大炮"与"黄油"的问题概括了经济学的内容。

——摘自张银婷主编：《经济学基础》，高等教育出版社 2012 年版

"大炮"与"黄油"的案例，揭示了一个国家或社会面临的经济学选择问题，即研究如何将稀缺的经济资源有效地分配到各种可能生产的不同产品和服务中，从而满足人类的无限需求，也就是资源配置与资源利用的问题。

经济学是研究如何实现稀缺资源的有效配置与充分利用的一门学科。学习本课程首先必须弄清楚经济学研究什么，用什么方法研究问题，对我们的学习和生活有何意义。

第一节　经济学的研究对象

什么是经济学？经济学是研究人们如何将稀缺的资源进行合理配置和充分利用以生产各种商品和劳务来最大限度地满足人类需要的科学。经济学讨论的是我们身边真实的生活，无论是在工作中还是在商店里。为什么资源总是稀缺的？人性总是理性和自私的吗？是钻石带给人们的幸福大，还是水带给人们的幸福大？为什么两者的价格天壤之别？房价为什么这么贵？春运的火车票为什么这么紧张？明星的收入与普通百姓的收入差距为什么这么大？一个国家的国民收入是如何决定的？中美贸易战对中国经济有何影响？为什么全球还有数亿贫困人口？……凡此种种，都是经济学所要回答和解决的问题。

为什么要学习经济学？美国第一位诺贝尔经济学奖获得者保罗·萨缪尔森教授曾经说过：学习经济学一条最重要的理由是，在你的一生中——从摇篮到坟墓——你都会碰到无情的经济学真理。作为一个选民，你要对政府赤字、税收、自由贸易、通货膨胀以及失业等问题作出判断，这些问题在你掌握了经济学基本原理之后才能够理解。在当今社会，谁不学习经济学，谁就不懂得怎样生活。

一、经济问题的提出：人类欲望的无限性与资源的稀缺性

经济学对经济活动的研究是从人类欲望的无限性与资源的稀缺性开始的。

1. 人类欲望的无限性

人类社会要生存和发展，就需要不断地用物质和服务产品来满足人民日益增长的欲望。欲望是一种缺乏的感受与求得满足的愿望，产生于人的生理或心理需要。欲望具有两个特点：第一，欲望具有无限性。当一个人的欲望或需要得到满足时，另一种新的欲望就会出现，永无止境。第二，欲望具有多样性。不同时期、不同阶段，人类的欲望都不是单一的，而是多种多样且丰富多彩的。

美国心理学家马斯洛把人的欲望需求分为五个层次：第一，基本的生理需要，即生存的需要，如衣、食、住、行的需要；第二，安全的需要，即希望未来生活有保障，如免于受伤害，免于受到威胁等；第三，社会的需要，即感情的需要，归属和爱的需要；第四，尊重的需要，即需要有自尊心以及受到别人的尊重；第五，自我实现的需要，即需要实现自己的理想和人生价值。每一个需要都来自欲望；每一个需要都要大量物质产品和精神产品来满足；需要层次越高，消耗的资源就越多。

2. 资源的稀缺性

资源是指人类从事经济活动所需要的各种要素或条件，是指一定时空条件下，能够产生经济价值提高人类福利的自然资源、人力资源、资本资源及其他资源的总称。资源按照使用是否付费分为自然资源和经济资源。自然资源是大自然赋予人类的资源。例如土地、阳光、水、矿藏、森林、河流等，其数量如此丰富，人们不付代价或付很小代价就可以得到它们；但随着人类经济和社会活动的空前发展，对空气、水、环境、生态造成严重污染和伤害，即便最为丰富和廉价的自然资源也变得越来越珍贵。经济资源是人类生产和创造出来的用于生产产品和劳务的资源或投入，是指土地、劳动、资本和企业家才能等资源。它是稀缺的，要使用它就必须付出一定的代价。

知识链接：经济资源

经济资源也称生产要素或投入。现代西方经济学家把经济资源或生产要素分为四种类型，即土地、劳动、资本和企业家才能。

土地是一切自然资源的简称，如土地、矿藏、原始森林、河流、空气、阳光等一切自然形成的资源。

劳动又称人力资源，包括一般劳动者以及受过教育和培训的专业技术人员，是人们体力和脑力的总称。

资本也称资本品，它是劳动和土地生产出来的再用于生产过程的生产要素，包括机器、厂房、设备、原料和存货等。

企业家才能是使其他经济资源组织起来并使之具有活力的另一种生产要素，包括组织、经营、管理、创新、承担风险等活动。

资源的稀缺性，是指相对于人类社会的无限需求而言，生产人类所需物品的资源总是有限的和不足的，无限的欲望与有限的资源就产生了稀缺性。稀缺性具有两个特点：第一，稀缺是相对的，不是指能用于生产的资源的绝对数量有多少，而是相对于人类欲望的无限性而言，再多的资源也是不足的；第二，稀缺又是绝对的，稀缺性存在于人类社会的任何时期和任何地方，是人类面临的永恒问题。从现实来看，无论是贫穷的国家，还是富裕的国家，资源都是有限和不足的。

案例：稀缺性的现实

迈克尔·帕金教授说：一个孩子想要一罐75美分的饮料和一包50美分的口香糖，但她口袋里只有1美元，她遇到了稀缺性；一个学生想在周六晚上参加一个聚会，但又想把这个晚上用来补习作业，他遇到了稀缺性；一个百万富翁想用周末打高尔夫球和出席一个企业战略会议，但两者不能兼得，他遇到了稀缺性……人们需要许多舒适而宽敞的住房，但社会能用于建房的土地、资金、材料、人力总是有限的。这就说明，任何社会、组织和个人无时不遇到稀缺性问题。

——摘自金立其主编：《经济学原理》第二版，浙江大学出版社第2页

近百年来，人们创造了前所未有的物质和精神财富，极大地提高和改善了人们的生活质量。与此同时，环境资源遭受严重破坏。温室效应、自然灾害、瘟疫等流行性疾病时有发生，聪明理性的人类面临资源有限与欲望无穷的两难选择。

补充阅读：稀缺性的原因

1. 资源数量的有限性。例如耕地、石油、淡水等。

2. 人类获取资源的能力有限，如科学技术的限制。例如雷电、火山、风等自然现象中蕴含着丰富的能源，但是人类没有办法去完全利用它们。

3. 美好的东西人人都想拥有。你喜欢的东西，别人也想要。

4. 人口迅速膨胀，人口规模的扩大导致人均资源越来越少。

5. 人类的欲望无限，人的需求不断变化，不断升级。

——摘自《薛兆丰经济学讲义》

从上面的学习中，同学们了解到资源的含义，资源的稀缺性，为何资源总是稀缺的。那么在日常生活中，应该如何爱惜和节约宝贵的资源呢？我们应该从点滴做起、从我做起、从身边做起，如节约用水、随手关灯、吃饭光盘、纸张正反利用、尽量不用或少用塑料制品等，

想一想：

生活中如何去爱惜和节约宝贵的资源呢？

用实际行动为节约资源、保护环境而努力。

二、经济问题的解决：选择或资源配置

稀缺性是人类社会面临的永恒问题，也是一切经济问题产生的根源。由于这个规律，人们在经济活动中就要作出各种选择，追求尽可能大的满足。如果资源是无限的，每个人都能得到他所需要的任何东西，那就不存在经济问题，经济学也就无从产生。

选择也称资源配置，就是要决定如何用有限的经济资源去生产更多更好的物品以满足人类的需要。也就是说，我们拥有的资源不能满足所有的欲望，必须按照一定的原则决定先满足哪些欲望，后满足哪些欲望。由于稀缺性迫使我们作出选择，进行资源配置，因此经济学也称"选择的科学"。西方经济学家认为，社会面临的选择问题可以归纳为以下三个基本经济问题。

1. 生产什么（What）

即生产什么产品与服务，各生产多少。因为资源是有限的，所以社会必须决定用这些有限的资源生产什么，以满足哪些欲望。

> **课堂讨论：厂商如何知道消费者的需求**
> 一个简便方法是观察价格，价格反映商品的稀缺程度，没有稀缺性的东西就没有价格，或者说价格为零，就不会在市场上进行交易。价格的变化反映了供求关系，也是供求关系的平衡器。因此，有限的资源用来生产什么、生产多少，就取决于市场价格。
> ——摘自陈福明主编：《经济学基础》（第三版），高等教育出版社

一块土地，可以用来耕耘种植，也可以用来建造厂房、居民住宅甚至高尔夫球场。在市场经济中，生产什么是由消费者的货币选票所决定的。市场经济条件下，需求决定生产，消费者的需求偏好引导厂商的生产决定。

2. 如何生产（How）

生产同种产品，人们会选择不同的生产技术和生产方式。从手工生产到机器生产、再到智能制造，即选择劳动密集型生产，还是选择资本密集型生产或技术密集型生产技术和生产方式，是由生产要素成本（价格）所决定的。某种方式能使产品以最小的成本生产出来，即实现了资源的优化配置。不同地区国家生产要素的价格不同，选择的生产技术和方式也不同。

3. 为谁生产（Whom）

产品和劳务生产出来后，如何进行分配呢？是按劳分配、按需分配还是按年龄、职业、地位、教育程度来分配？市场经济条件下，是按价分配，即把产品卖给出价最高的人。

三、如何生产更多的产品：资源利用

人类社会一方面面临资源稀缺的问题，另一方面面临有限资源得不到充分利用的问题。所谓资源利用，就是人类社会如何更好地利用现有的稀缺资源，生产更多的物品和服务。资源利用包括三个相关问题：

（1）充分就业问题。资源是否得到充分利用，是否存在资源的闲置和浪费现象，即如何使资源得到充分利用，从而使产出达到最大化，这就是一般所说的充分就业问题。

（2）通货膨胀问题。货币购买力的变动影响资源的配置与利用。因此，经济学还要研究如何保持货币的购买力，即通货膨胀问题。

（3）经济波动与经济增长问题。一国经济为什么会发生波动，即资源没有变，但国民产出和国民收入却发生了较大波动。如何保持一国经济的持续增长，即一般所说的经济周期与经济增长问题。

综上所述，经济学是基于稀缺性问题而产生的，因此，经济学研究的对象就是由资源的稀缺性而产生的资源配置与资源利用问题。

经济学就是研究人们如何将稀缺的资源进行合理配置和利用以生产各种商品和劳务来最大限度地满足人类需要的科学。

四、生产可能性边界

社会在资源稀缺性约束下，如何解决三个基本的经济问题？就是要决定稀缺的经济资源如何被分配到各种可能生产的不同产品和服务中。为了简化，假定一个社会用全部资源生产两种产品：黄油（代表生活消费品）和大炮（代表生产消费品）。如果只生产黄油，可以生产 5 单位；如果只生产大炮，可以生产 15 单位。这两种可能性之间，还有许多黄油和大炮的不同数量的生产组合。假定共有 A、B、C、D、E、F 六种不同的组合方式，如表 1-1 和图 1-1 所示。

表1-1　生产可能性

可能性	黄油	大炮
A	0	15
B	1	14
C	2	12
D	3	9
E	4	5
F	5	0

在图1-1中，连接A、B、C、D、E、F六点得到一条曲线AF，表示在既定资源下所能达到的两种产品最大数量的所有组合，称为生产可能性边界或生产可能性曲线。AF曲线内的任何一点，如H点，代表产品黄油和大炮的组合为1单位和5单位，是经济资源既定条件下可能达到的，但不是最大数量的组合，资源没有得到充分利用，存在闲置资源。曲线AF以外的一点，如I点，代表产品黄油和大炮的组合为4单位和12单位，是经济资源既定条件下所不能达到的。

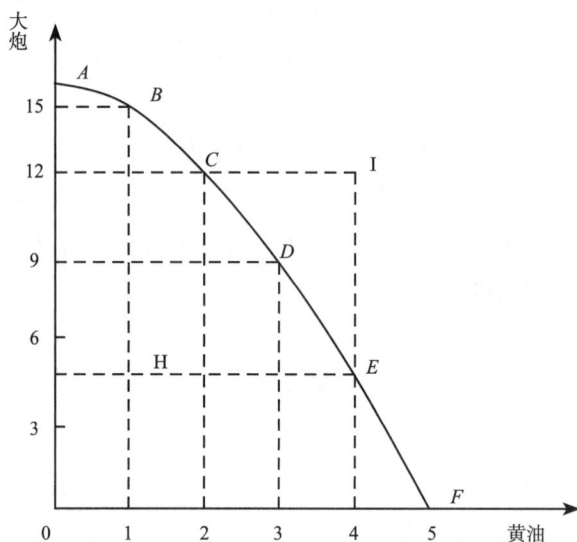

图1-1　生产可能性边界

当社会处于生产可能性边界时，表示经济资源得到了充分利用。这时要考虑如何根据社会需要安排产品数量的不同组合。这是微观经济学的资源配置问题。资源配置就是使用资源的不同选择。当社会处于生产可能性边界以内时，表示社会没有以最佳方式利用资源，存在闲置资源。如果社会能有效利用这部分闲置资源，就可以生产更多的产品。资源利用，就是如何更好地利用现有的稀缺资源生产出更多的产品。生产可能性边界曲线就是在既定的经济资源条件下，所能达到的两种产品最大数量的所有组合。

思考：经济学家应当是社会的医生

当我们拿起这本书的时候，对于这门课程会产生某种期待。如果你想知道如何赚钱，那么，学完这门课，你会有某种失望甚至受骗的感觉。经济学并不是教人如何赚钱。我国著名经济学家朱绍文曾经说过："经济学家应当是社会的医生。"就像人会生病一样，社会也会"生病"。比如，在我国经济高速增长的同时，仍然存在一系列问题。

（1）贫富两极分化。

（2）城乡二元经济发展差距巨大。

（3）资源环境遭受严重破坏，影响可持续发展。

（4）法律法规不健全，有法不依、执法不严现象依然存在。

……

但社会"生病"的时候，人们就会呐喊，但是如果呐喊不是建立在理性思考之上，它就缺乏力量。知识给人以力量，通过学习本课程，可以增强你理解、观察、分析和解决社会经济问题的能力和水平。

——摘自连有主编：《西方经济学》，清华大学出版社

第二节　经济学的主要内容

现代西方经济学根据其研究的对象、内容和研究方法，大体上可以分为两大类：微观经济学和宏观经济学，如图1-2所示。

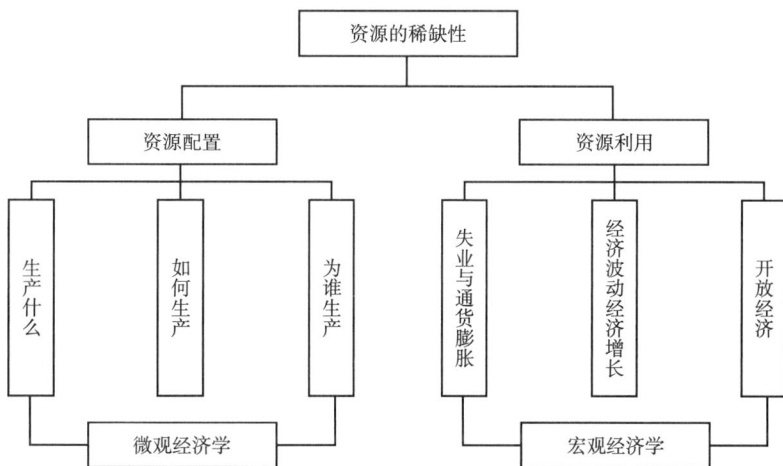

图1-2　经济学的主要内容

一、微观经济学

（一）微观经济学的含义

微观经济学（Microeconomics）以单个经济单位为研究对象，通过研究单个经济单位的经济行为和相应经济变量的决定，来说明价格机制如何解决社会的资源配置问题。包含以下内容。

1. 研究对象是单个经济单位的经济行为

单个经济单位是指经济活动中最基本的单位，包括个人、家庭、企业。其中，个人和家庭又称居民户，是经济中的消费者。企业又称厂商，是经济中的生产者。在经济学研究中，假设居民户和厂商经济行为的目标是实现最大化。它研究居民如何把有限的收入分配于各种物品的消费，以实现效用最大化；研究厂商如何把有限的资源用于各种物品的生产，以实现利润最大化。

2. 解决的是资源配置问题

资源配置就是要使资源配置达到最优化，即资源配置能给社会带来最大经济福利。微观经济学从研究单个经济单位的最大化行为入手，来解决社会资源的最优化配置问题。每个经济单位都实现了最大化，整个社会的资源配置也就实现了最优化。

3. 中心理论是价格理论

在市场经济中，居民户和厂商的行为要受价格的支配，生产什么、如何生产和为谁生产都由价格决定。价格像一只看不见的手，调节整个社会的经济活动，实现资源优化配置。价格理论是微观经济学的中心。

4. 研究方法是个量分析

个量分析是研究经济变量的单项数值如何决定。例如，某种商品的价格，就是价格这种经济变量的单项数值。微观经济学分析个量的决定、变动及其相互间的关系。

（二）微观经济学假设

1. 市场出清

市场出清是指通过价格的上下波动，最终实现供给数量和需求数量的均衡。在这种均衡状态下，资源可以得到充分利用，不存在资源的闲置与浪费。

2. 完全理性

完全理性假设又称理性人假设，是指消费者和企业都是以利己为目的的经济人，他们自觉地按照利益最大化的原则行事，既把最大化作为目标，又知道如何实现最大化，他们是完全理性的。在这一假设前提下，价格调节实现资源优化配置才是可能的。

3. 完全信息

完全信息假设是指消费者和厂商可以免费而迅速地获得各种市场信息。消费者和厂商只有具备完全而迅速的市场信息，才能及时对价格信号作出反应，实现其行为的最大化。

（三）微观经济学的基本内容

微观经济学的基本内容主要包括以下方面。

1. 均衡价格理论

均衡价格理论也称价格理论。该理论研究商品的价格是如何决定的，以及价格如何调节整个经济的运行。它是微观经济学的中心。

2. 消费理论

消费理论也称消费者行为理论。该理论研究消费者如何把有限的收入分配于各种物品的消费上，以实现效用最大化。

3. 生产理论

生产理论也称生产者行为理论。该理论研究生产者如何把有限的资源用于各种物品的生产上以实现利润的最大化。这一部分包括研究生产要素与产量之间关系的生产理论，研究成本与收益的成本收益理论，以及研究不同市场条件下厂商行为的厂商理论。

4. 分配理论

该理论研究产品按什么原则分配给社会各成员，即工资、利息、地租和利润如何决定。

5. 微观经济政策

该理论研究当市场失灵，如出现垄断、外部性、公共产品以及不完全信息时，政府应该采取何种政策与措施对失灵的市场进行调节和纠正。

二、宏观经济学

（一）宏观经济学的含义

宏观经济学（Macroeconomics）是以整个国民经济为研究对象，通过研究经济中各有关总量的决定及其变化，来说明资源如何才能得到充分利用。其包含以下内容。

1. 研究对象是整个国民经济

宏观经济学研究的不是经济中的单个经济单位，而是由这些单位所组成的整体即整个国民经济。研究整个国民经济的运行方式与规律，从总体上分析经济问题。

2. 解决的是资源利用问题

宏观经济学把资源配置作为既定前提，研究现有资源未能得到充分利用的原因，达到充分利用的途径，以及如何实现经济增长等问题。

3. 中心理论是国民收入决定理论

宏观经济学把国民收入作为最基本的总量，以国民收入的决定为中心来研究资源利用问题，分析整个国民经济的运行。

4. 研究方法是总量分析

总量是指能反映整个经济运行情况的经济变量。总量有两种：一类是个量的总和，如总消费是各个居民户消费的总和，总产量是各生产单位产量的总和；一类是平均量，如价格水平是各种商品与劳务的平均价格。总量分析就是说明总量的决定、变动及其关系，从而说明整体经济的状况。

（二）宏观经济学的基本假设

1. 市场机制是不完善的

自从市场经济产生以来，各国的经济就是在繁荣与萧条的交替中发展的，周期性的经济危机成为市场经济的必然产物。如果只靠市场机制的自发调节，经济就无法克服危机与失业，就会在资源稀缺的同时又产生资源的浪费。如何做才能使资源既得到恰当配置，又使资源得到充分利用。仅仅依靠市场机制是不够的，还需要借助政府的宏观调控。

2.政府有能力调节经济，纠正市场机制的缺点

人类不是只能顺从市场机制的作用，而是在尊重基本经济规律的前提下，对经济进行调节。能够进行这种调节的就是政府。政府可以通过研究，认识经济运行的规律，并采取行政、经济、法律等手段进行调节。

（三）宏观经济学的基本内容

1.国民收入决定理论

国民收入是衡量一国经济资源利用情况和整个国民经济状况的基本指标。国民收入决定理论就是从总需求和总供给的角度出发，分析国民收入决定及其变动的规律。它是宏观经济学的中心。

2.失业与通货膨胀理论

失业与通货膨胀是各国经济中最重要的问题。宏观经济学把失业与通货膨胀和国民收入联系起来，分析其原因和相互关系，以便找出解决这两个问题的途径。

3.经济周期与经济增长理论

经济周期是指国民收入的短期波动，经济增长是国民收入的长期增加趋势。这一理论要分析国民收入短期波动的原因、长期增长的源泉等，以期实现经济长期稳定增长。

4.开放经济理论

现实经济是开放型经济。开放经济理论要分析一国国民收入的决定和变动如何影响别国，以及如何受到别国影响，同时也要分析开放经济条件下一国经济的调节问题。

5.宏观经济政策

宏观经济学是为国家干预经济服务并为它提供理论依据，而宏观经济政策是要为这种干预提供具体的措施。政策问题包括政策目标、政策工具以及政策效果。

第三节　经济学的研究方法

一、实证分析法和规范分析法

实证分析是在给定与经济行为有关的假定前提下，来分析和预测人们的经济行为，回答"是什么"的问题，而不涉及价值判断。所描述的问题可以用事实、证据或逻辑加以证实。例如，"政府积极的财政政策会使失业率下降，但会促使价格上涨"，便是实证经济学一个简单论断，它说明了财政政策的影响，并没有对这些影响的社会价值作出判断。再如，"全球蔓延的新冠肺炎疫情已经造成世界范围内的经济衰退"，这也是一个实证研究问题，它并未涉及对经济衰退的价值判断。

规范分析是以一定的价值判断为出发点，提出分析问题的理论标准，研究如何才能符合这些标准，回答"应该是什么"的问题。规范分析法是对经济现象及变化作出好与不好、该与不该的主观价值评价。例如，"经济增长率年均 6%，通货膨胀率 3%"是否合理？带有明显的主观色彩，不具有客观性。

实证分析法只研究经济运行而不作价值判断。规范分析法对经济运行作价值判断。经济学既是一门实证科学，又是一门规范科学。

知识链接：实证与规范的例子

一些科学家认为，几个世纪以来，烧煤和石油增加了空气中二氧化碳的含量，并引起最终摧毁这个星球上一系列生命的气温升高。"我们的星球正在变暖是因为空气中二氧化碳排放量的增加"是一种实证表述。它可以（而且在原则上要有充分的数据）进行检验。"我们应该减少对煤和石油这类以二氧化碳为基础的燃料的使用"是一种规范的表述。你可以同意或不同意这种表述，但你不能检验它，它取决于价值观。

——摘自迈克尔·帕金：《经济学》，人民邮电出版社 2003 年版，第 11 页

二、边际分析法

边际是指经济变量在总量基础上，每一次增加或减少的一个微小单位。进行边际分析就是分析自变量每增加（减少）某一微小单位时，对因变量产生的影响或变动。假设某一

经济函数为 $y=f(x)$，当 x 变动为 $x+\Delta y$ 时，Δy 就是当自变量 x 增加 Δy 时因变量 y 的增加值。边际分析法是分析最后增加的一个单位对事物起到的决定性作用。

边际分析是指分析自变量每增加一单位或增加最后一单位的量值会如何影响和决定因变量的量值。边际分析法把追加的支出和追加的收入相比较，两者相等时为临界点。当增加的收入和追加的支出相等时，就实现了利润最大化。微观经济学中的边际效用、边际收益、边际成本等，宏观经济学中的边际消费倾向、边际储蓄倾向、资本边际效率等，都属于边际分析法。

三、均衡分析法

物理学中均衡表示物体同时受到几个方向不同的外力作用而合力为零时，该物体所处的静止或匀速运动状态。经济均衡是指经济体系中各种影响经济的力量处于平衡时的状态，主要指经济中各种对立的、变动的力量处于一种力量相当、相对静止、不再变动的境界。均衡分析法就是研究各种经济变量之间的关系，说明均衡的实现及其变动。

均衡分析法可以分为局部均衡与一般均衡。局部均衡是在其他条件不变的前提下，单个市场均衡的建立及变动。例如，分析单个商品（或生产要素）的供求和价格如何达到均衡的方法。一般均衡也称总体均衡，是将整个经济体系视为一个状态，认为市场上所有商品的价格、供求是相互影响的，在此基础上，考查各种商品的价格、供求同时达到均衡时的价格决定。

四、经济模型

在研究经济问题时，常常运用经济理论，建立函数关系来描述经济变量之间的关系，这就是经济模型。经济模型有三种形式：数学公式、几何图形、文字描述。建立一个经济模型要明确定义、作出假设、提出假说、进行预测。

经济现象包括许多经济变量，相互之间的影响错综复杂。在研究中，如果把所有变量都加以考虑，就会使研究非常复杂，因此，需要抓住主要矛盾，只考虑主要变量之间的关系，并将此种关系用函数表示出来，即建立经济模型。借助经济模型，可以分析经济现象的特征。

【本章小结】

欲望是一种缺乏的感受与求得满足的愿望，产生于人的生理或心理需要。欲望具有无限性和多样性。资源是指人类从事经济活动所需要的各种要素或条件，分为自然资源和经济资源。

稀缺性是指相对于人类社会的无限需求而言，生产人类所需物品的资源总是有限的和不足的，无限的欲望与有限的资源就产生了稀缺性。稀缺性具有绝对性和相对性。

稀缺性是人类社会面临的永恒问题，也是一切经济问题产生的根源。由于稀缺性迫使人类作出选择，主要解决好三个基本经济问题：生产什么？如何生产？为谁生产？

人类社会一方面面临资源稀缺的问题，另一方面面临有限资源得不到充分利用的问题。资源利用就是要解决好充分就业、通货膨胀、经济增长三个主要问题。

经济学就是研究人们如何将稀缺的资源进行合理配置和利用以生产各种商品和劳务来最大限度满足人类需要的科学。

生产可能性边界或生产可能性曲线就是在既定的经济资源条件下，所能达到的两种产品最大数量的所有组合。

微观经济学是以单个经济单位为研究对象，通过研究单个经济单位的经济行为和相应的经济变量单项数值的决定来说明价格机制如何解决社会的资源配置问题。

宏观经济学是以整个国民经济为研究对象，通过研究经济中各有关总量的决定及其变化，来说明资源如何才能得到充分利用。

实证分析是在给定与经济行为有关的假定前提下，来分析和预测人们的经济行为，主要回答经济现象"是什么"的问题，而不涉及价值判断。

规范分析是以一定的价值判断为出发点，提出分析问题的理论标准，研究如何才能符合这些标准，它主要回答"应该是什么"的问题。

边际分析是指分析自变量每增加一单位或增加最后一单位的量值会如何影响和决定因变量的量值。

均衡分析法就是研究各种经济变量之间的关系，说明均衡的实现及其变动。

【重点掌握】

稀缺性、选择、生产可能性曲线。

经济学研究的三个基本问题。

微观经济学与宏观经济学的主要内容。

实证分析与规范分析、均衡分析、边际分析。

扫码获取有关知识视频

【练习与思考】

一、单项选择题

1. 微观经济学的中心理论是（　　）。

A. 资源配置问题　　　　　　　　B. 资源过剩问题

C. 资源利用问题　　　　　　　　D. 价格理论

2. 经济学可定义为（　　）。

A. 如何加强企业管理　　　　　　B. 政府如何干预市场

C. 人们如何获得最大收入　　　　D. 研究如何有效配置资源和利用资源

3. "稀缺性的存在"是指（   ）。

A. 相对于资源的需求而言，资源总是不足的

B. 世界上还有数亿人生活在贫困中

C. 资源必须留给下一代

D. 世界上资源最终将由于生产更多的物品和劳务而消耗光

4. 经济学研究的基本问题是（   ）。

A. 生产什么，生产多少　　　　　B. 如何生产

C. 为谁生产　　　　　　　　　　D. 以上都包括

5. 下列各项中哪一项会导致一国生产可能性曲线向外移动（   ）。

A. 股价持续上升　　　　　　　　B. 通货膨胀

C. 技术进步或有用资源被开发　　D. 消费品供给增加，资本物品供给减少

6. 下列属于规范分析方法的是（   ）。

A. 中国仍属于发展中国家　　　　　　B. 改革开放以来，中国经济增长速度很快

C. 中国应该继续实现对外开放政策　　D. 中国经济增长率在全球处于领先地位

7. 下列不属于宏观经济学研究问题的是（   ）。

A. 苹果价格下降的原因　　　　　B. 中央银行应该实施何种货币政策

C. 一国利率和汇率的变化　　　　D. 一国经济增长率的高低

二、多项选择题

1. 微观经济学与宏观经济学的主要区别体现在（   ）。

A. 研究对象　　　　B. 解决的问题　　　　C. 中心理论　　　　　　　D. 分析方法

2. 微观经济学的基本假设有（   ）。

A. 市场出清　　　　B. 完全理性　　　　C. 完全信息

3. 经济模型对经济变量函数关系的说明有三种形式（   ）。

A. 数学公式　　　　B. 几何图形　　　　C. 文字描述

三、判断题

1. 如果社会不存在资源的稀缺性，也就不会产生经济学。（   ）

2. 资源的稀缺性决定了资源可以得到充分利用，不会出现资源浪费现象。（   ）

3. 微观经济学要解决的问题是资源利用，宏观经济学要解决的问题是资源配置。（   ）

4. 经济学按其研究方法的不同可以分为实证经济学和规范经济学。（   ）

5. 实证经济学要解决"应该是什么"的问题，而规范经济学要解决"是什么"的问题。（   ）

四、简答题

1. 微观经济学和宏观经济学的关系。

2. 经济学研究的基本问题是什么？

五、应用题

你已经迈入了经济学之门，并理解了资源的稀缺性。现在请用你的慧眼去发现生活中的资源稀缺现象，并运用经济学知识进行分析；在生活中我们应该如何珍惜和节约宝贵的资源？

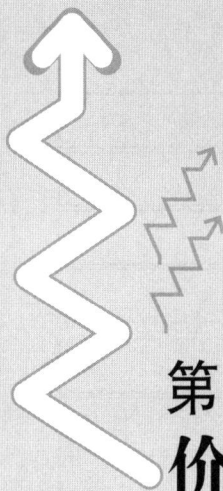

第二章
价格理论

【学习目标】

1. 知识目标

   掌握需求、供给、均衡价格、价格弹性基本概念

   理解需求量变动与需求变动的区别，供给量变动与供给变动的区别

   掌握需求定理、供给定理、供求定理的内容

   掌握均衡价格的形成与变动

   理解价格理论、弹性理论的应用

2. 能力目标

   运用所学供求理论、价格理论、弹性理论，解释和分析现实经济现象

3. 思政目标

   理解在市场经济条件下政府价格政策的意义

【结构导图】

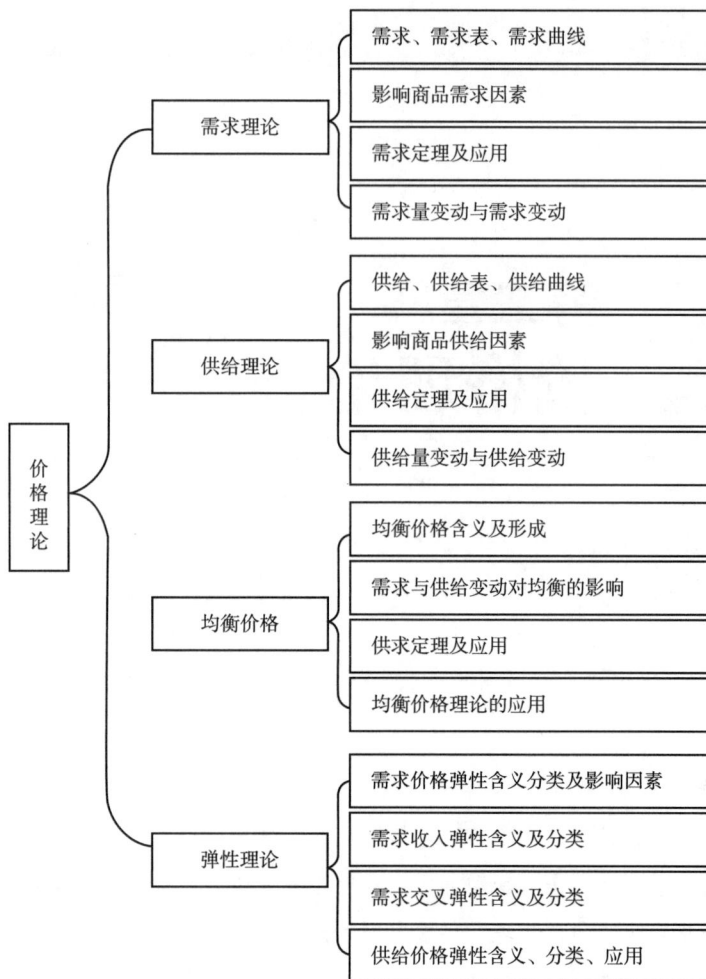

【引导案例】

"车厘子自由"背后的经济学原理

"车厘子自由"成为了一个梗,一个近两年来年轻人衡量自己收入水平的新标准。而2021年初,"车厘子自由"突然间容易实现了。跨进2021年,"车厘子价格腰斩"的新闻立刻就登上微博热搜,往年带些奢侈味道的智利车厘子价格创下了近7、8年来的最低水平。在某电商平台上,250g的J级智利车厘子原价为33.8元,打折秒杀价降至19.9元。这背后的经济学原理是什么?

——摘自"车厘子自由"背后:奢侈品水果进入中国的30年. 中国新闻周刊 inewsweek.cn/,2021-01-18,作者:李静车厘子一般泛指进口樱桃，尤以智利产的樱桃最为著名。2005年，智利车厘子正式获准以零关税进入中国市场，从此，中国水果市场增加了一种带有奢侈意味的高档水果。但2021年车厘子价格几近腰斩，创下近年来的最低价。今年车厘子价格较大幅度下降主要得益于2万公里之外的智利水果大丰收。由于2019、2020年智利车厘子在全球范围内销售喜人，尤其是中国这个大客户，消化了智利八成以上的车厘子，促使果农大幅扩张车厘子种植面积，今年智利地区车厘子产量暴增30%左右。除此之外，运输成本降低、保质期缩短等因素，使原本轻奢的车厘子变得亲民了。

"车厘子自由"，其背后反映的经济学原理就是供求关系的变化。微观经济学的核心理论是价格理论。在市场经济中，需求与供给两种力量共同决定了市场商品的价格。本章介绍需求、供给理论，说明需求与供给如何决定价格，以及价格如何配置经济中的稀缺资源。

美国经济学家保罗萨缪尔森曾经说过，如果教一只鹦鹉，让它学会说"需求"和"供给"这两个词，它就能成为一位经济学家。可见需求和供给在经济学中有多重要。毫不夸张地说，假如你真正掌握了需求和供给的原理，你就掌握了一半的经济学分析工具。

第一节　需求理论

人们常说市场上有一只"看不见的手"在操纵和控制市场，这只"看不见的手"是指什么？商品的价格是如何形成和决定的？

知识连接："看不见的手"

英国古典经济学家亚当.斯密（AdamSmith，1723—1790），在其1776年出版的《国民财富的性质与原因的研究》（简称《国富论》）一书中提出的"看不见的手"，是指市场具有的自发调节商品供给和需求的机制，即价格机制，这一思想至今仍被奉为"经济学皇冠上的宝石"。《国富论》一书被认为现代微观经济学诞生的标志，亚当.斯密则被认为是现代经济学的奠基人。

"看不见的手"原理是指家庭或厂商（企业）受价格这只看不见的手指引，决定购买什么、购买多少、何时购买；决定生产什么、生产多少、如何生产、为谁生产。他们时刻关注价格，不知不觉地考虑他们行动的收益与成本。结果，价格指引这些个别决策者通过市场，在大多数情况下实现了整个社会福利的最大化。

一、需求、需求表和需求曲线

1. 需求

需求（Demand）是指消费者在某一时期内，在每一价格水平上愿意并且能够购买的商品或服务的数量。商品在市场上可以不同价格出售，随着价格变化，消费者愿意且能够购买的数量也会变化。需求是指在不同价格水平上的购买量的总称。

需求的形成必须同时满足两个条件：一是消费者有购买某商品或服务的欲望；二是消费者有购买该种商品和服务的货币支付能力。需求是购买欲望与购买能力的统一，两者缺一不可。如对于视力非常好的同学来说，再好的近视眼镜，他也不想买；在《卖火柴的小女孩》故事中，小女孩在火柴微弱的火光中看见"一只烧鹅突然从盘子里跳出来，摇摇晃晃向她走来"，饥饿寒冷的小姑娘多么需要这份食物啊，但是口袋里没有钱。

需求包括个人需求和市场需求。个人需求是指单个消费者对某一商品或服务的需求；而市场需求是指全体消费者对某一种商品或服务的总需求。无数个消费者个人需求的总和即为市场需求。

案例　鸦片战争后，英国洋布为什么不能进入中国市场

鸦片战争后，英国商人为打开中国这个广阔的市场而欣喜若狂。当时英国棉纺织中心曼彻斯特的商人估计，中国有 4 亿人，假如有 1 亿人晚上戴睡帽，每人每年用 2 顶，整个曼彻斯特的棉纺厂日夜加班也不够。于是他们把大量的洋布运到中国。结果与他们的梦想相反，中国人没有带睡帽的习惯，衣服也用自产的丝绸或土布，洋布根本卖不出去。为什么？最重要原因在于中国人没有购买洋布的欲望。这种购买欲望又是当时社会的消费时尚（上层人士喜欢丝绸、普通百姓喜欢土布）和抵制洋货心理共同作用的结果。

---

2. 需求表

需求表（Demand Schedule）是指在其他因素不变情况下，某种商品的各种价格水平与相应的商品需求量之间关系的数字序列表。需求表可以直观地表明价格与需求量之间的一一对应关系，如表 2-1 所示。

表2-1　和路雪牌冰淇淋的需求量

价格（元）	需求量（个）
10.0	10
11.0	8

续表

价格（元）	需求量（个）
12.0	6
13.0	4
14.0	2
15.0	0

3.需求曲线

需求曲线（Demand Curue）是表示商品需求量与价格之间的关系的曲线。把表2-1 中的需求量与价格的关系用图形描述就可以得出图 2-1 所示的需求曲线。图中，横轴 OQ 表示冰淇淋的需求量，纵轴 OP 表示冰淇淋的价格水平，D 表示需求曲线。它表示消费者在某一时间、某一地点在不同价格下对冰淇淋愿意而且能够购买的数量。需求曲线向右下方倾斜，表明价格上升，需求量减少；价格下降，需求量增加。因此，需求曲线表示的商品需求量与价格之间的关系为反方向变动关系，所以需求曲线斜率为负值。

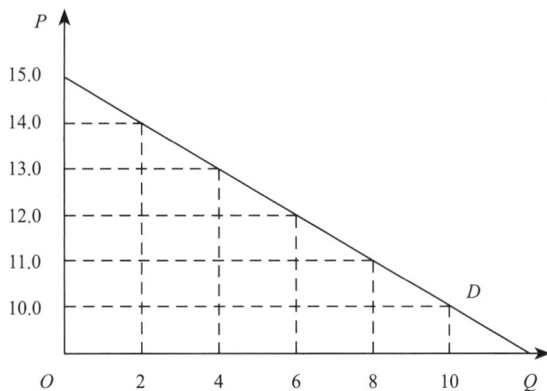

图 2-1　和路雪冰淇淋需求曲线

二、影响商品需求的因素和需求函数

1.影响需求的因素

（1）商品本身价格。一般而言，在其它因素不变情况下，商品价格与其需求量之间存在着反方向变动关系，即一种商品价格越高，该商品购买量越少；价格越低，购买量越多。商品本身价格是影响需求最重要、最直接的因素。

（2）消费者的收入水平。在一定价格水平下，消费者收入的增加或减少就会影响到商品需求的增加或减少。如果商品价格水平不变，对正常商品来说，消费者收入增加，消费者需求就会增加，商品的需求曲线就会向右移动。反之，消费者收入减少，消费者需求也会减少。商品需求与消费者收入同方向变化。如人们对文化娱乐旅游等方面的消费直接与收入正相关。

（3）相关商品的价格。一种商品的需求量不仅受自身价格的影响，也可能受相关商品价格变动的影响。相关商品分为两种：一种是替代品，一种是互补品。

替代品是指两种商品可以互相代替来满足消费者同一种需求。如牛肉与羊肉、面粉和大米、固定电话与手机等。对于替代品，一种商品价格上升时，对另一种商品的需求就会增加；反之亦然。因此，一种商品的需求与其替代品的价格同方向变化。

互补品是指两种商品相互补充而共同满足消费者的一种需求。如汽车和汽油、香烟和打火机、牙膏和牙刷、计算机和软件等。对于互补商品，一种商品如汽油价格上涨时，对另一种商品如汽车需求就会减少；一种商品价格下降时，对另一种商品需求就增加。因此，一种商品的需求与其互补品的价格反方向变动。

（4）消费者偏好。消费者对某种商品偏好程度的强弱往往决定对该种商品需求的多少，偏好加强，则需求增加；偏好减弱，则需求减少。消费者的偏好是消费者心理需求和社会需求的具体表现，一般受风俗习惯、广告和社会流行风尚等因素的影响。

（5）消费者对未来的预期。消费者对未来预期影响其现时消费行为，从而影响商品需求。若消费者预期商品价格上涨，会增加当前购买，该商品现期需求增加；若消费者预期商品价格下降，除非急需商品，一般会持币等待，该商品现期需求下降。消费者对未来收入预期也影响现时商品需求，预期未来收入提高，会增加现期需求，反之，减少现期需求。

> **想一想：**
> "三胎"生育政策将对市场需求带来哪些影响？

（6）其它因素。如人口数量与结构、政府政策、厂商广告及促销策略等因素，都会在一定程度上影响人们的购买欲望和购买能力，最终影响消费者对商品的需求。

2. 需求函数

影响商品需求的因素多种多样，把这些因素作为自变量，把需求量作为因变量，可以用函数关系来表达商品需求量与影响需求的各种因素之间的依存关系，该函数称为需求函数（demand function）。以 D 代表需求，以 a，b，c，d，e…代表影响需求的多种因素，需求函数为：

$$D = f(a, b, c, d, e, \cdots)$$

如果只考虑需求量与价格之间的关系，把商品本身价格作为影响需求的唯一因素，不考虑收入、消费者偏好等其它因素。P 代表价格，需求函数可写为：

$$D = f(P)$$

如果商品需求量与价格之间是线性关系，即需求曲线是一条直线，该需求函数就是线性需求函数，其公式为：

$$D = a - b \cdot P \quad \text{（其中a、b为常数）}$$

三、需求定理

1.需求定理

需求定理（law of demand）是说明商品价格与需求量之间关系的定理。其基本内容是：在其它条件不变情况下，某商品需求量与价格之间成反方向变动，即需求量随着商品本身价格上升而减少，随着商品本身价格下降而增加。

想一想：
生活中有没有商品需求量与价格成同方向变动的？

需求定理是建立在一定假设基础上的，假定影响商品需求的其它因素不变，只考虑商品本身价格变动对需求量的影响，如果离开了这一假设，需求定理就不一定成立。如新冠疫情爆发初期，市场上口罩供应紧张，尽管口罩价格比平常高很多，但需求量还是有增无减。

2. 替代效应与收入效应

为什么商品需求量与价格成反方向变化呢？是替代效应和收入效应共同作用的结果。

替代效应是在消费者实际收入不变情况下，某种商品价格上升而引起的其它商品对该商品的替代。若某种商品价格上升，而其它具有相同用途的商品价格不变，即其它商品的相对价格下降，消费者就会用其它商品来代替该种商品，则该商品需求减少。

收入效应是指商品价格变化引起消费者实际收入变化，进而引起商品需求量的变化。当你购买某种商品时，如果该商品降价了，对你来说，虽然名义收入不变，但实际购买力增强了，你可以购买更多该种商品。

> **举例：替代效应与收入效应**
>
> 假如只有两种食物，馒头和米饭。有一天馒头降价了，用你原来购买这两种食物的钱就可以买更多的馒头或者米饭，由于你买的东西多了，所以你的效用就增加了，增加的这部分商品的数量变化就是收入效用。再说替代效应，可能馒头和米饭对你来说在偏好上没什么区别，但由于一个价格高，一个价格低，你可能就会减少对米饭的购买，增加对馒头的购买，用馒头替代米饭，这就是替代效应。

3.需求定理的例外

需求定理说明在一般情况下，大多数商品需求量与价格之间的变动关系，在某些特殊情况下，会存在例外，主要有三种。

（1）炫耀性商品。炫耀性商品是用来显示人们社会身份的商品，其价格与需求量和成同方向变动。如高档首饰、名牌手表、LV 包、豪华型轿车等，以优质高价定位于高端商品，只有高价才能显示其社会身份。低价大众后，高档消费群的需求量反而下降。

（2）吉芬商品（Giffen goods）。吉芬商品是低档生活必需品的代称。价格上升、其需求量反而增加。1845年爱尔兰饥荒，英国经济学家吉芬发现，马铃薯价格急剧上升，当地农民反而增加对马铃薯的需求量。原因是经济萧条时期，居民生活水平普遍下降，马铃薯价格虽然上升，比正常年份高，但比其它食物要低。吉芬商品的特殊性，使它的收入效应超过了替代效应，造成了"价升量升"的"吉芬商品"现象。

（3）投机性商品。包括股票、债券、黄金、邮票等商品。其价格发生波动时，需求呈现出不规则变化，受心理预期影响大，有时出现"买涨不买落""追高杀低"现象。

四、需求量的变动与需求的变动

经济学把影响需求数量变动的因素分为两类：价格因素和非价格因素。如果是价格因素直接引起需求数量的变化称为"需求量的变动"；如果是非价格因素直接引起需求数量的变化称为"需求的变动"。

1. 需求量的变动

在其它因素不变条件下，商品本身价格变动所引起的需求数量的变动称为需求量的变动。需求量的变动表现为同一需求曲线上点的移动，如图2-2所示。当价格为P_1时，需求量为Q_1，当价格由P_1下降到P_2时，需求量由Q_1增加到Q_2，在需求曲线上表现为从a点向b点移动。需求曲线上的点向左上方移是需求量的减少，向右下方移是需求量的增加。

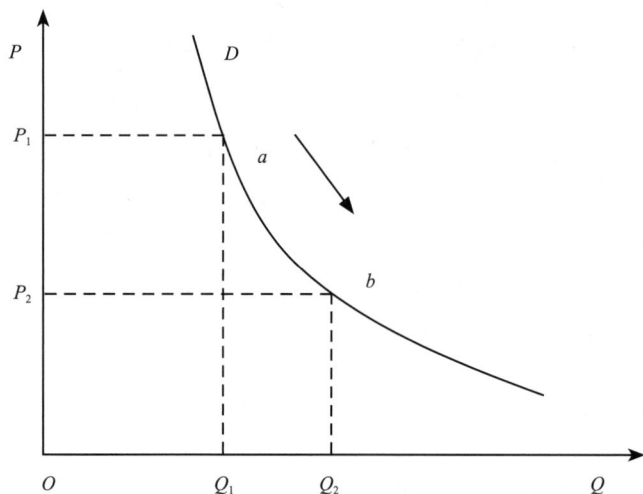

图2-2　需求量的变动

2. 需求的变动

在商品本身价格不变条件下，由其它因素变动所引起的需求变动称为需求的变动。需求的变动表现为需求曲线的平行移动。如图 2-3 所示，在商品价格 P_0 保持不变的情况下，收入减少时，需求曲线由 D_0 移动到 D_1，需求由 Q_1 减少到 Q_2；收入增加时，需求曲线由 D_0 移动到 D_2，需求由 Q_0 增加到 Q_2。需求曲线向左下方移动是需求的减少，需求曲线向右上方移动是需求的增加。

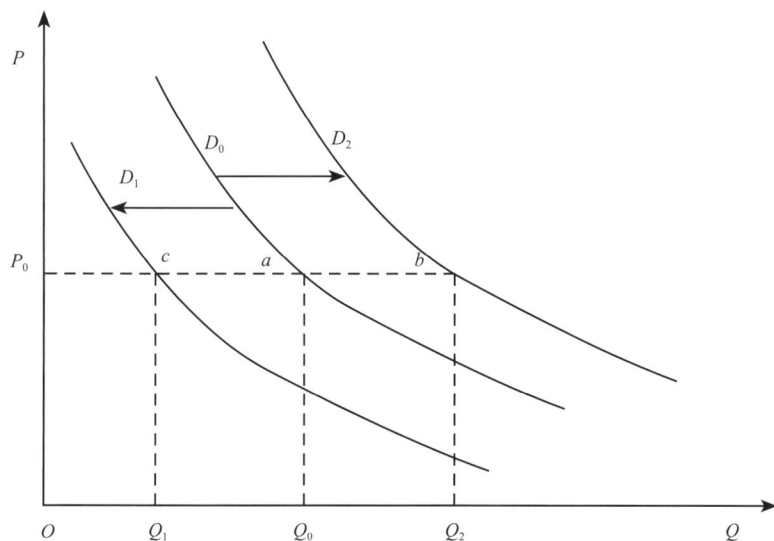

图 2-3 需求的变动

需求量变动与需求变动是由不同因素变动引起的，变化表现形式也不同。一般来说，需求的变动都会引起需求量的变动，而需求量的变动不一定引起需求的变动。

案例研究：控烟—如何控？

据资料报道：目前中国的烟民数量约为 3.2 亿，除中国外全球约有 9.8 亿烟民。据估计，全球每年约有 500 万人因吸烟而死亡，若不加控制，到 2025 年每年因吸烟致死的人数有可能增加一倍。中国政府每年要为治疗这些疾病花费甚多。那么，应该如何来控烟呢？

要减少香烟需求，我们可以从需求量的变动和需求的变动思路上来寻找办法。

（1）从需求量的变动来看，政府可以采取提高香烟价格和烟草税收的办法，来减少香烟消费量；

（2）从需求的变动来看，可以采取的措施有：禁止烟草广告、烟草促销和烟草厂商的赞助活动；禁止在公共场所吸烟；规定香烟盒上必须表明警示信息；禁止向未成年人售烟；加强吸烟危害健康的知识普及教育等。

第二节　供给理论

【引导案例】

最贵的麦当劳

　　闻名于世的麦当劳，在美国亚利桑那州大峡谷沙漠中，有一家分店，其价格远远高于其他地方麦当劳连锁店的价格，但游客不嫌其贵，总喜欢在这里解决饮食问题。原来店主在其店堂明言"诚告顾客"：本地经常性缺水，所需用水从 60 英里以外运来，其费用要高出常规的 25 倍；本店地处偏僻，需担负委节性亏损和支付较其他地方更高的工资，以使雇员更好地为您服务……所以，游客尽管吃着"最贵"的汉堡包、热咖啡、炸薯条，但没人有被"宰"感觉，反而觉得钱花得"值"。

　　　　　　资料来源：刘源海主编《经济学基础》高等教育出版社 2007 年版第 29 页

　　同样一份汉堡包、热咖啡或者炸薯条，位于大峡谷沙漠中的麦当劳分店比其他分店要困难得多，原材料和人工成本更高，这是其商品价格高的原因所在。同样资金、劳动力条件下，供给商品的能力低于其他分店，商品供给影响商品价格。

一、供给、供给表和供给曲线

1. 供给

　　供给（Supply）是指生产者在一定时期内在每一价格水平上愿意并且能够供应的商品或劳务数量。对某种商品供给必须同时具备两个条件：一是生产者有供给的愿望；二是生产者有供给的实际能力。有效供给是商品供给愿望与供给能力的统一，两者缺一不可。

　　供给包括个人供给和市场供给。个人供给是指在每一价格水平上，单个生产者愿意而且能够供给的商品或劳务数量；而市场供给是指在每一价格水平上，所有生产者即整个市场愿意而且能够供给的商品或劳务的全部数量。市场供给通过个人供给加总而成。

2. 供给表

　　供给表（Supply Schedule）是在其它因素不变条件下，某种商品的各种价格水平及其相对应的商品供给量之间的数字序列表。可以直观表明价格与供给量的一一对应关系，如表2-2所示。

表2-2 和路雪冰淇淋供给表

价格（元）	供给量（个）
8.0	0
9.0	1
10.0	2
11.0	3
12.0	4
13.00	5

3. 供给曲线

供给曲线（Supply Curue）是指表示商品供给量与价格之间关系的曲线。把表2-2中的关系用图形描述就得出图2-4所示的供给曲线。横轴 OQ 表示冰淇淋供给量，纵轴 OP 表示冰淇淋价格水平，S 表示供给曲线。它表示生产者在某一时间、地点在不同价格下对冰淇淋愿意并且能够供给的数量。供给曲线向右上方倾斜，表明价格上升，供给量增加；价格下降，供给量减少。商品供给量与价格之间呈同方向变动，供给曲线斜率为正值。

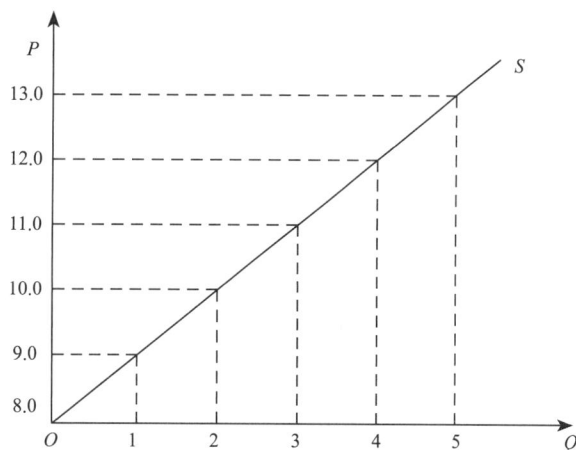

图2-4 和路雪冰淇淋供给图

二、影响供给的因素与供给函数

1. 影响供给的因素

（1）商品本身的价格。一般来说，在其它条件不变情况下，商品价格越高，生产者愿意供给的数量就越大；反之，商品价格越低，生产者愿意供给的数量就越小。

（2）生产要素的价格。生产要素的价格与商品供给负相关。原料、燃料、设备、人工等生产要素价格涨落直接影响企业生产成本。在其它条件不变时，生产要素价格上升，厂商利润减少，商品供给减少；反之，供给增加。如近10多年来，由于人工成本上升，厂商通过购买计算机来替代人工。

（3）相关商品的价格。如果商品间的相对价格发生变化，将会使生产要素重新配置，从而影响该商品供给。如因为新冠疫情，口罩、防护服的相对价格大幅上升，许多原来生产服装的厂商纷纷改造生产口罩、防护服。如因中秋将至，月饼价格上涨，原来生产冰淇淋的厂商季节性转产月饼。

从供给角度看，根据供给定理，一种商品的供给与其互补品的价格呈正向变化；一种商品的供给与其替代品的价格呈反向变化。

（4）生产技术、管理水平的变化。在资源既定的条件下，生产技术的提高，新工艺、新材料的运用，会使企业现有资源得到更充分的利用，从而导致供给增加。

（5）其他因素。如政府的产业经济政策、厂商对未来的预期、厂商的目标等因素也会对厂商供给产生积极或消极影响，从而增加或减少市场商品的供给。

2. 供给函数

影响商品供给量的因素多种多样，把这些因素作为自变量，把供给量作为因变量，可以用函数来表示商品供给量与影响供给量的各种因素之间的依存关系，称为供给函数（Supply function）。

以 S 代表供给量，以 a、b、c、d、e… 代表影响供给量的多种因素，则供给函数为：

$$S = f(a, b, c, d, e \cdots)$$

如果只考虑供给量与价格之间的关系，把商品本身价格作为影响供给的唯一因素，不考虑其他因素。P 代表价格，供给函数可写为：

$$S = f(P)$$

如果商品供给量与价格是线性关系，即供给曲线是一条直线，那么，供给函数就是线性供给函数，其公式为：

$$S = -c + d \cdot P \quad \text{（其中c、d为常数）}$$

三、供给定理

1. 供给定理

供给定理（law of Supply）是说明某种商品本身价格与其供给量之间关系的理论。其基本内容是：在其它条件不变情况下，商品的供给量与价格成同方向变动。即供给量随着商品本身价格的上升而增加，随商品本身价格的下降而减少。理解供给定理，是在假定影响供给的其它因素不变前提下，研究商品本身价格与供给量之间的关系。

2. 供给定理的例外

供给定理是就一般商品而言普遍存在的定理，但它并不适用于所有商品。对于某些特殊商品，会存在例外。如土地、名画、古董等商品，因为数量有限、不可再生等特点，其供给不随价格上升而增加；另外，劳动力的供给也有特殊性，其供给线是一条向后弯曲、形如弯弓的曲线；此外，某些大规模生产的商品供给线是一条向右下方倾斜、斜率为负的曲线。

四、供给量的变动和供给的变动

1. 供给量的变动

在其它因素不变条件下，商品本身价格变动所引起的供给数量的变动称为供给量的变动。供给量的变动表现为同一供给曲线上点的移动，如图 2-5 所示。当价格为 P_1 时，供给量为 Q_1，当价格由 P_1 上升到 P_2 时，供给量由 Q_1 增加到 Q_2，在供给曲线上表现为从 a 点向 b 点移动。供给曲线上的点向左下方移动是供给量的减少，向右上方移动是供给量的增加。

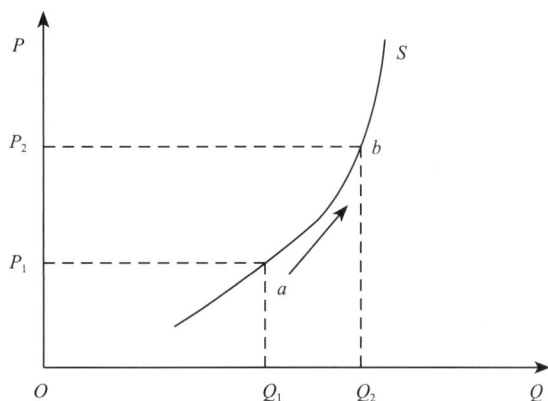

图 2-5　供给量的变动

2. 供给的变动

供给的变动是指在商品本身价格不变条件下，由其它因素变动所引起的变动。供给的变动表现为供给曲线的平行移动，如图 2-6 所示。在商品价格 P_0 保持不变的情况下，成本下降时，供给曲线由 S_0 移动到 S_1，供给由 Q_0 增加到 Q_1；成本上升时，供给曲线由 S_0 移动到 S_2，供给由 Q_0 减少到 Q_2。供给曲线向左移动是供给的减少，向右移动是供给的增加。

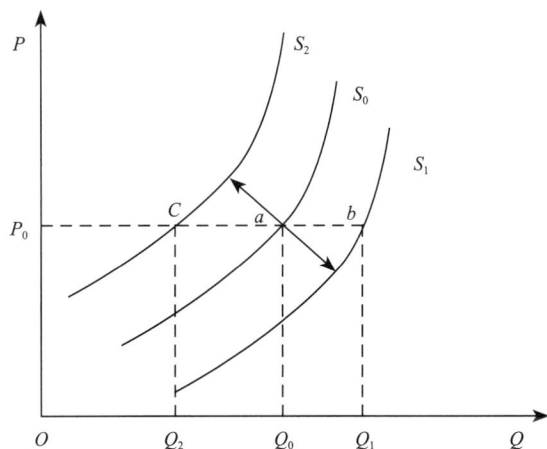

图 2-6　供给的变动

供给量的变动与供给的变动是由不同因素变动所引起的，变化表现形式也不同。一般来说，供给的变动都会引起供给量的变动，而供给量的变动不一定引起供给的变动。

> **课堂讨论：**
>
> 长江 10 年禁捕对水产品市场影响如何？我国政府为什么颁布长江 10 年禁捕令？

第三节　均衡价格

【引导案例】

生猪价格涨涨跌跌为哪般?

在我国，多年来生猪价格一直存在着明显的周期性波动，被称为"猪周期"。统计数据表明，自 2003 年 6 月以来，我国生猪价格波动已历经 4 个完整猪周期，目前正运行的是第 5 个周期，始于 2018 年 6 月份。

本轮"猪周期"叠加了非洲猪瘟疫情、新冠肺炎疫情、环保政策调整、生猪产品调运政策调整和生产周期性因素，与前几个周期有极大不同之处。在非洲猪瘟疫情冲击下，2020 年我国生猪出栏量较 2017 年锐减了 25%。截至今年 4 月，本轮周期已经运行 35 个月，高点在 2020 年 8 月份，为 37.15 元 / 公斤，较上一轮后期高点上涨 82%，有 21 个月高于上轮周期的价格高点。我国是猪肉消费大国，猪肉是我国大多数居民日常消费的主要肉类食物，家庭、餐饮企业、肉类加工企业对猪肉的需求相对稳定。因此，引起我国猪肉价格波动的主要因素是供给。

资料来源：黄俊毅. 经济日报 2021-05-22

需求定理和供给定理表明，价格影响需求和供给，另一方面，需求和供给也会影响和决定价格。我国猪肉价格涨跌的原因就是需求、供给的变化，作为猪肉消费大国，在猪肉需求相对稳定条件下，猪肉价格波动主要受供给的影响。

市场经济中，价格是由需求和供给这两种相互对立的基本力量共同决定。需求方（买方）希望商品物美价廉，而供给方（卖方）则企求商品价高利多，这两种相反力量的共同作用使市场达到均衡状态。市场均衡状态下，供需双方各得其所，此时价格就是均衡价格。

一、均衡价格的形成及决定

1. 均衡价格的含义

均衡价格（Equilibrium Price）是指某种商品的市场需求量和市场供给量相等时的价格，也是需求曲线与供给曲线相交时的价格。此时，需求价格与供给价格相等，称为均衡价格；需求量与供给量相等，称为均衡数量（Equilibrium quantity）。

2. 均衡价格的形成

均衡是由供求共同作用决定的，供求的"互动"导致均衡价格和均衡数量的形成。均衡价格是在供求双方的竞争过程中自发形成的，均衡价格由市场供求双方的竞争所决定。当供不应求时，消费者（买者）竞争导致市场价格上升，使得供给量增加而需求量减少；当供过于求时，生产者（卖者）竞争导致市场价格下降，使得供给量减少而需求量增加。供求相互作用最终使商品的需求量和供给量在某一价格上正好相等。此时，市场既没有过剩也没有短缺，市场实现出清。因此，当供给量等于需求量，且供给价格等于需求价格时，双方处于相对平衡状态，此时的价格才是均衡价格。

（1）均衡价格形成的需求表分析。引用前述需求表和供给表，把它们放在同一时间、同一市场上进行考察，如表2-3所示。

表2-3 鸡蛋供给和需求均衡表

价格（元/斤）	需求量（公斤）	供给量（公斤）	供给过剩（公斤）	供给不足（公斤）
7.0	50	250	200	
6.5	100	200	100	
6.0	150	150	0	0
5.5	200	100		100
5.0	250	50		200

从表2-3可以看出，当鸡蛋每斤为7.0元、6.5元时，生产者愿意供给的数量分别为250公斤、200公斤，而消费者愿意购买的数量分别为50公斤和100公斤，鸡蛋供过于求，过剩分别为200公斤和100公斤；生产者为防积压，会降价竞销。当鸡蛋每斤为5.0元、5.5元时，生产者愿意供给的数量分别为50公斤、100公斤，而消费者愿意购买的数量分别为250公斤和200公斤，商品供不应求，短缺分别为200公斤和100公斤；由于鸡蛋数量不足，消费者愿意以较高价格购买，鸡蛋价格上升。当鸡蛋每斤6元时，市场

需求和市场供给相等，均为150公斤，此时，既没有过剩，也没有不足。若其它条件不变，价格和数量都将稳定在这个水平，市场处于均衡状态。均衡价格为6元/斤，均衡数量为150公斤。

（2）均衡价格形成的图形分析。引用需求曲线和供给曲线，把它们放在同一时间、同一市场上进行考察。根据表2-3中所列鸡蛋供给和需求资料，可以绘制鸡蛋均衡价格的形成图，如图2-7所示。

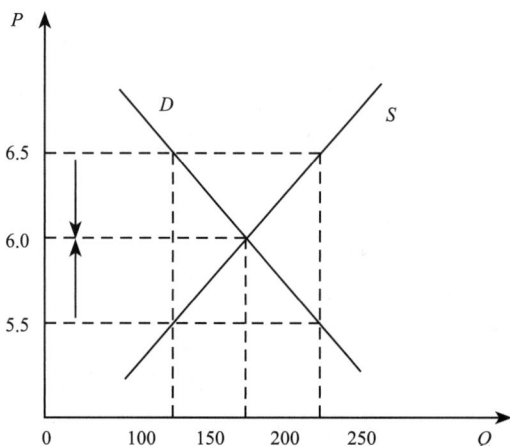

图2-7　均衡价格的形成

在图2-7中，若实际市场价高于6元/斤，如为6.5元/斤，此时需求量为100公斤，而供给量为200公斤，供大于求，价格必然按箭头所示方向下移。如果实际市场价格低于6元/斤，如为5.5元/斤，此时需求量为200公斤，而供给量为100公斤，供不应求，价格必然按箭头所示方向上移。这种有涨有跌的现象会一直继续下去，直到最终价格为6元时为止。此时供求相等，市场实现了均衡。均衡价格为6元/斤，均衡数量为150公斤。

二、需求变动与供给变动对均衡价格的影响

1. 需求变动对均衡价格的影响

需求的变动是指在商品价格不变的前提下，影响需求的其他因素变动所引起的需求变动。这种变动在图形上表现为需求曲线的平行移动，如图2-8所示。

从图2-8可以看出，需求的增加会引起均衡价格上升，均衡数量增加。需求的减少会引起均衡价格下降，均衡数量减少。结论：需求变动引起均衡价格与均衡数量同方向变动。

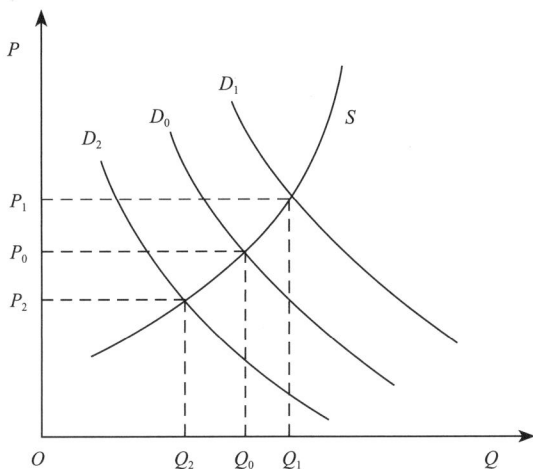

图 2-8　需求变动与均衡价格决定

2. 供给变动对均衡价格的影响

供给变动是指价格不变的情况下，影响供给的其他因素变动所引起的供给变动。这种变动在图形上表现为供给曲线的平行移动。可以用图 2-9 来说明供给变动对均衡价格和均衡数量的影响。

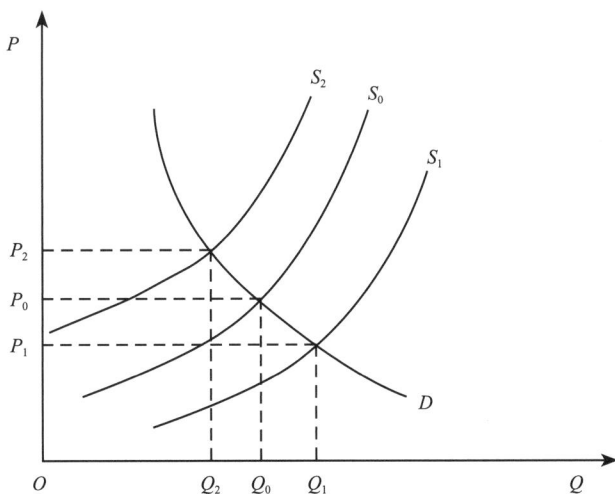

图 2-9　供给变动与均衡价格决定

从图 2-9 可以看出，供给的增加会引起均衡价格下降，均衡数量增加。供给的减少会引起均衡价格上升，均衡数量减少。结论：供给变动引起均衡价格反方向变动，均衡数量同方向变动。

当需求和供给的条件同时发生变化，其对均衡价格和均衡数量的影响，要根据两者变化的具体情况而定。当供给和需求都增加或减少，即两者同向变化时，均衡数量增加或减少，均衡价格可能上升、下降、不变，这取决于供给、需求变动的幅度；而当供给、需求反向变化时，如供给增加或减少，需求减少或增加，均衡价格下降或上升，均衡数量可能上升、下降、不变，取决于供给、需求变动的幅度。

三、供求定理

供求定理的基本内容：在没有干预的市场上，在其它条件不变情况下，需求变动分别引起均衡价格和均衡数量的同方向变动，即需求增加，均衡价格上升，均衡数量增加；需求减少，均衡价格下降，均衡数量减少。供给变动分别引起均衡价格的反方向变动和均衡数量的同方向变动，即供给增加，均衡价格下降，均衡数量增加；供给减少，均衡价格上升，均衡数量下降。

供求定理是经济学中一个非常重要的定理，具有广泛的实用价值。均衡价格由供求双方共同决定，当影响需求或供给的因素发生变动时，将引发需求或供给的变动，原有的均衡将被打破。在竞争作用下，市场价格会随着供求状况的变动始终围绕着均衡价格波动，并逐渐趋向于供求相等的均衡价格。

课堂讨论

2020 年初，中国疫情期间，一次性医用口罩由平时 0.5 元钱左右涨到 5 元钱左右，N95 口罩由 5 元左右涨到 25 元左右，生产口罩的熔喷布由 2 万元 / 吨涨到 30-40 万元 / 吨。

试用供求定理分析之。

四、均衡价格理论的应用

市场经济是通过价格机制来配置资源的经济体制。价格像一只看不见的手，调节着社会供给和需求，实现资源配置。但价格机制并不完美，它对经济调节存在着不完善性、盲目性和滞后性；有时由供求决定的价格对经济发展不一定最有利。因而，政府有必要通过制定价格政策来克服和弥补价格机制的不足。政府常用的价格政策有支持价格和限制价格两种。

1. 支持价格

支持价格（Support price）又称最低限价，是政府为了扶持某一行业的生产而规定的该行业产品的最低价格。支持价格一定高于均衡价格。在支持价格下，一般供给量将大于需求量，该商品市场将出现过剩，如图 2-10 所示。

在图 2-10 中，由市场自发形成的均衡价格为 OP_0，均衡数量为 OQ_0。政府为支持该行业而规定的支持价格为 OP_1，$OP_1 > OP_0$。此时供给量为 OQ_2，需求量为 OQ_1，即供量大于需求量，*FG* 为供给过剩。

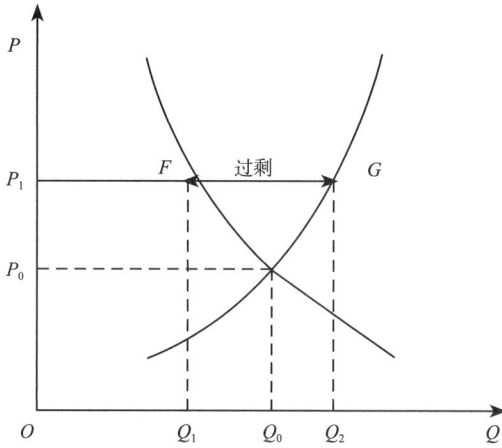

图 2-10　支持价格

为维持支持价格，政府应采取相应措施。包括：政府收购过剩商品，用于国家储备或出口；给消费者以补贴，如减免税收，降低产品销售价格；给厂商以补贴。

在我国目前情况下，采取对农业的支持价格政策是必要的，对于稳定农业经济发展有积极意义。其它国家政府也采取多种支持价格政策，以保护农产品市场的健康发展。

2. 限制价格

限制价格（Limit prices）是政府为了限制某些生活必需品的物价上涨而规定这些产品的最高限价。其目的是稳定经济秩序。限制价格一定低于均衡价格。因而，需求量将大于供给量，该商品市场将出现短缺，如图 2-11 所示。

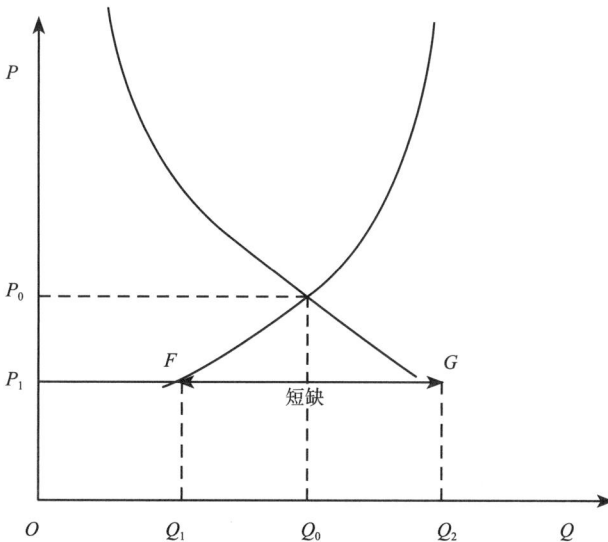

图 2-11　限制价格

在图 2-11 中，市场自发形成的均衡价格为 OP_0，均衡数量为 OQ_0。政府为限制该行业而规定的限制价格为 OP_1，$OP_1 < OP_0$。此时供给量为 OQ_1，需求量为 OQ_2，供给量小于需求量，FG 为供给不足或商品短缺。

在限制价格下，市场可能出现抢购或黑市交易。为解决商品短缺，政府可采取措施控制需求量，如配给制、发放购物券。配给制只适用于战争或自然灾害等特殊时期。如 2021 年 8 月扬州疫情封城期间，政府组织平价蔬菜，供应到各个社区，稳定了市场物价。

扫码获取有关知识视频

第四节 弹性理论

【引导案例】

土豆和黄金降价的效应相同吗

一天，小明约几个朋友逛街，走到黄金珠宝店门口，发现人头攒动，他正纳闷时，看到了大幅广告"现在购买黄金立减 10%"，难怪这么多人在抢购呢。他想起前天在菜市场，卖土豆的小伙子吆喝"土豆卖一斤送一斤啊"，但购买土豆的人并不是很多。为什么？

——根据陈福明主编《经济学基础》高等教育出版社（2011.7）改编

为什么黄金小幅降价，生意兴隆，而土豆大幅降价，问津者不多。这就涉及本节的中心议题——弹性理论，包括需求价格弹性、需求收入弹性和需求交叉弹性、供给价格弹性。

一、需求价格弹性

1. 需求价格弹性的含义

需求价格弹性（price elasticity of demand）是指需求量变动对价格变动的反应敏感程度，即价格变动的百分比所引起的需求量变动的百分比。一般用弹性系数来表示弹性大小。如果以 Q 表示需求量，以 $\triangle Q$ 表示需求量的变动量，以 $\triangle Q/Q$ 表示需求量变动的百分比，以 P 表示价格，以 $\triangle P$ 表示价格的变动量，以 $\triangle P/P$ 表示价格变动的百分比，E_d 表示需求价格弹性系数。则公式为：

$$E_\mathrm{d} = \frac{需求量变动的百分比}{价格变动的百分比} = \frac{\Delta Q/Q}{\Delta P/P} = \frac{\Delta Q}{\Delta P} \cdot \frac{P}{Q}$$

在计算需求价格弹性系数时，注意以下几点。

（1）在需求量和价格两个变量中，价格是自变量，需求量是因变量。

（2）该系数是需求量变动百分比与价格变动百分比两个相对数之比，不是绝对量之比。

（3）该系数可正可负，通常都取绝对值，即正值。绝对值越大表示价格弹性越大，需求量对价格越敏感。

（4）根据价格和需求量变动幅度的大小，需求价格弹性分为点弹性和弧弹性，它们涉及的范围有所不同，计算方法也稍有不同。

点弹性是指需求曲线上某一点的弹性，它等于需求量微小的变化比率与价格微小的变化比率之比。点弹性适用于价格和需求量变化极为微小的条件。如果商品价格与需求量的变化都相当大，就需要计算需求曲线上两点之间一段弧的弹性，即弧弹性。弧弹性采用中点法计算弹性。中点法计算需求价格弹性系数公式如下：

$$E_\mathrm{d} = \frac{\dfrac{Q_2 - Q_1}{(Q_1 + Q_2)/2}}{\dfrac{P_2 - P_1}{(P_1 + P_2)/2}} = \frac{Q_2 - Q_1}{P_2 - P_1} \cdot \frac{P_1 + P_2}{Q_1 + Q_2}$$

举例1：假定冰淇淋的价格从12元上升到15元，假使小琳购买的冰淇淋从每个月10个减少为6个。

需求量变动百分比 =（6-10）/10=40%

价格变动百分比 =（15-12）/12 =25%

冰淇淋需求价格弹性 = 40%/25%=1.6

意味着当价格变化1个单位时，会引起需求量1.6个单位的变化。

举例2：某商品的价格从每单位8元涨到每单位10元，相应的销售量从130单位下降到100单位，计算需求价格弹性系数？

$$E_\mathrm{d} = \frac{(130-100)/(130+100)}{(10-8)/(10+8)} = 1.18$$

意味着价格变化1个单位，需求量变化1.18个单位。

2.需求价格弹性的分类

（1）当$E_\mathrm{d}=0$时，完全无弹性。需求量与价格无关，需求曲线为一条垂直于横轴的直线。例如，糖尿病人对胰岛素药品的需求量；食盐需求量不会因为价格下跌而增加，如图2-12所示。

（2）当 $E_d= \infty$ 时，完全弹性。商品价格的微小变化会引起需求量无限大的变动。例如，在战争时期，政府对军火品的需求量是无限的；银行对黄金的需求是无限的；人们对货币的需求。因此，需求曲线表现为一条与横轴平行的水平线，如图 2-13 所示。

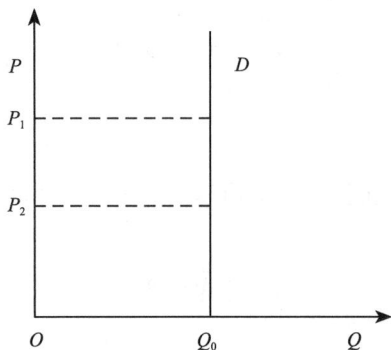

图 2-12　需求完全无弹性　　　　　　图 2-13　需求弹性无穷大

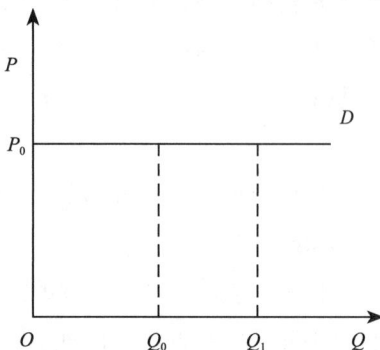

（3）当 $E_d=1$ 时，单位弹性。价格变化百分比与需求量变化百分比相等。需求曲线是一条与纵横坐标成 45^0 的线，如图 2-14 所示。

（4）当 $0 < E_d < 1$ 时，缺乏弹性。需求量变化幅度小于价格变化幅度。例如，生活必需品、日用品的需求价格都是缺乏弹性的，需求曲线表现为一条比较陡峭的曲线，如图 2-15 所示。

（5）当 $1 < E_d < \infty$ 时，富有弹性。需求量变化幅度大于价格变化幅度。例如，高档商品的需求一般都是有弹性的，表现为一条比较平坦的曲线，如图 2-16 所示。

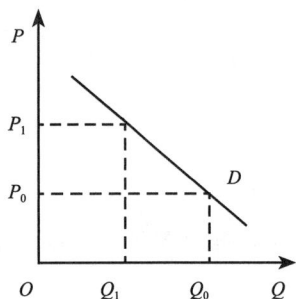

图 2-14　需求单位弹性　　　　图 2-15 需求缺乏弹性　　　　图 2-16　需求富有弹性

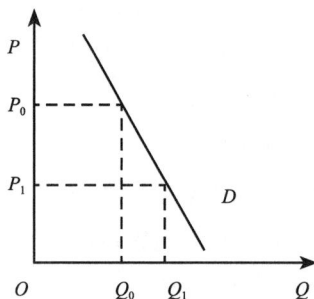

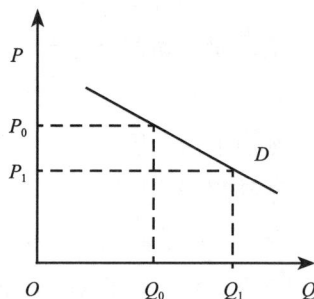

以下列举若干商品及服务的需求价格弹性，如表 2-4 所示。

表2-4　若干商品及服务的需求价格弹性

商品	价格弹性	商品	价格弹性
西红柿	4.6	鞋	0.70

续表

商品	价格弹性	商品	价格弹性
青豆	2.8	香烟	0.51
出租车服务	1.2	医疗服务	0.31
家具	1.0	客车旅行	0.20
电影	0.87	居民用电	0.13

（摘自 hanic kela Middle Rank Microeconomics:Theory and Applications New York,1986）

3. 影响需求价格弹性的因素

（1）商品可替代程度。一般来说，某商品存在的替代品数量越多，需求价格弹性就越大。

（2）消费者对某种商品的需求程度。一般来说，消费者对生活必需品需求强度大而稳定，生活必需品需求弹性小。高档消费品需求价格弹性较大。

（3）商品在家庭支出中所占的比例。一般来说，某种商品的支出在人们预算中所占比例越大，该商品需求价格弹性越大。

（4）商品耐用程度。一般来讲，使用时间长的耐用消费品需求弹性大，使用时间短的非耐用消费品需求弹性小。

（5）商品用途广泛性。一般来说，商品用途广泛，需求弹性就大；用途小，则需求弹性也就小。

二、需求收入弹性

1. 需求收入弹性的含义

需求收入弹性（income elasticity of demand）是指在一定价格水平下收入变动的百分比所引起的需求量变动的百分比。它反映了需求量变动对收入变动的反应程度，用收入弹性系数表示。若以 Q 表示需求量，以 ΔQ 表示需求量的变动量，以 $\Delta Q/Q$ 表示需求量变动的百分比，以 M 表示收入，以 ΔM 表示收入的变动量，以 $\Delta M/M$ 表示收入变动的百分比，E_m 表示需求收入弹性系数。则公式为：

$$E_m = \frac{需求量变动的百分比}{收入变动的百分比} = \frac{\Delta Q/Q}{\Delta M/M} = \frac{\Delta Q}{\Delta M} \cdot \frac{M}{Q}$$

在计算需求收入弹性系数时，注意以下几点：

（1）在需求量和收入两个经济变量中，收入是自变量，需求量是因变量。

（2）该系数是需求量变动百分比与收入变动百分比两个相对数之比，不是绝对量之比。

（3）在计算收入弹性系数时，假设价格和其它影响需求的因素不变。

（4）因收入与需求量同方向变动，收入弹性系数一般为正值，即正常商品的需求收入弹性系数为正值。

2. 需求收入弹性的分类

（1）收入无弹性，$E_m=0$。即无论收入怎样变化，需求量都不会变动，如食盐、药品。

（2）收入富有弹性，$E_m > 1$。即随着收入增加，对商品需求量也相应增加，且需求量变动幅度大于收入变动幅度，如高档消费品。

（3）收入缺乏弹性，$E_m < 1$。即随着收入增加，对某些商品需求量也会增加，但需求量变动幅度小于收入变动幅度，如生活必需品。

（4）收入单位弹性，$E_m=1$。即随着收入增加，对商品需求量会按收入增加幅度相应增加，需求变动比率等于收入变动比率。

（5）收入负弹性，$E_m < 0$。即随着收入增加，对某些低档商品的需求，不仅不增加反而减少，即需求量变动与收入变动成反方向，如低劣或低档商品。

以下列举一些商品及服务的需求收入弹性，如表2-5所示。

表2-5 一些商品及服务的需求收入弹性

有收入弹性的需求	弹性系数	有收入弹性的需求	弹性系数
航空旅行	5.82	香烟	0.86
电影	3.41	家具	0.53
出国旅行	3.08	衣服	0.51
理发	1.36	电话	0.32
汽车	1.07	食品	0.14

（资料来源：陈福明主编《经济学基础》高等教育出版社（2011.7））

三、需求交叉弹性

需求交叉弹性（cross elasticity of demand）是指相关商品中一种商品的价格变动引起的对另一种商品需求量变动的比值，即一种商品需求量对另一种商品价格变动的反应程度。若以 Q_x 表示 X 商品的需求量，以 $\Delta Q_x/Q_x$ 表示 X 商品需求量变动的百分比，以 P_y 表示 Y 商品价格，以 $\Delta P_y/P_y$ 表示 Y 商品价格变动的百分比，E_{xy} 表示 X 商品的交叉弹性系数。则公式为：

$$E_{xy} = \frac{\Delta Q_x}{Q_x} \bigg/ \frac{\Delta P_y}{P_y} = \frac{\Delta Q_x}{\Delta P_y} \cdot \frac{P_x}{Q_x}$$

根据商品交叉弹性系数，可以把商品的关系分为三类：

（1）替代关系。需求交叉弹性系数 $E_{xy} > 0$，一种商品的价格提高，可使另一种商品的需求量增加，两种商品之间存在着替代关系，系数数值越大，替代关系越强。如水饺与馄饨可以替代，其需求交叉弹性系数大于零。

（2）互补关系。需求交叉弹性系数 $E_{xy} < 0$，一种商品的价格提高，可使另一种商品的需求量减少，两种商品之间存在着互补关系，系数数值越大，互补关系越强。如电脑与软件是互补商品，其需求交叉弹性系数小于零。

（3）没有关系。需求交叉弹性系数 $E_{xy} = 0$，两种商品之间没有关系。如电脑价格提高不影响对馄饨的需求，它们是不相关商品。

四、供给弹性

1. 供给价格弹性的含义

供给价格弹性（elasticity of supply）是指供给量对价格变动的反应程度，是供给量变动比率与价格变动比率之比。用供给弹性系数表示。若以 Q 表示供给量，以 ΔQ 表示供给量的变动量，以 $\Delta Q/Q$ 表示供给量变动的百分比，以 P 表示商品价格，以 ΔP 表示价格的变动量，以 $\Delta P/P$ 表示价格变动的百分比，E_s 表示供给价格弹性系数。则公式为：

$$E_s = \frac{\Delta Q}{Q} \bigg/ \frac{\Delta P}{P} = \frac{\Delta Q}{\Delta P} \cdot \frac{P}{Q}$$

2. 供给弹性的分类

（1）供给无弹性，$E_s = 0$。无论价格怎样变化，其供给量都不变，如土地和文物古董。

（2）供给无限弹性，$E_s = \infty$。价格稍微变化，就会引起供给量的无限变动，如劳动力严重过剩地区劳动力的供给。

（3）供给单位弹性，$E_s = 1$。供给量变动比率与价格变动比率相同。

（4）供给富有弹性，$E_s > 1$。供给量变动比率大于价格变动比率，如劳动密集型产品。

（5）供给缺乏弹性，$E_s < 1$。供给量变动比率小于价格变动比率，如资本技术密集型产品。

3. 影响供给弹性的因素

（1）生产周期的长短。生产周期越长，供给弹性越小；反之，供给弹性越大。

（2）生产的难易程度。生产所需资本技术难度越大，其供给弹性越小；反之，供给弹性越大。

（3）生产要素的供给弹性。由于产品产量取决于生产要素的供给和生产要素的成本，所以，产品生产要素供给弹性大，产品供给弹性也越大。

五、弹性理论的运用

1. 需求价格弹性与总收益

总收益也称总收入，是指厂商出售一定量商品所得到的全部收入，是销售量与价格的乘积。即 $TR=P \cdot Q$。总收益与需求价格弹性有密切的关系。因为商品价格变动会引起需求量变动，从而引起销售量变动。

若需求价格弹性系数大于，需求富有弹性，当价格下降时，需求量（或销售量）增加的幅度大于价格下降的幅度，总收益增加；相反，当价格上升时，需求量（或销售量）增加的幅度小于价格上升的幅度，总收益减少。即富有弹性商品的需求量与价格成反方向变动。这就是薄利多销的原理。厂商宜采用降价策略。

若需求价格弹性系数小于1，需求缺乏弹性，当价格下降时，需求量（或销售量）增加的幅度小于价格下降的幅度，总收益减少；相反，当价格上升时，需求量（或销售量）增加的幅度大于价格上升的幅度，总收益增加。即缺乏弹性商品的需求量与价格成同方向变动。这就是"丰产不丰收""谷贱伤农"的原理。厂商宜采用涨价策略。

案例 "谷贱伤农"与价格弹性

"谷贱伤农"是中国流传已久的一句成语。它描述在丰收年份，农民收入反而减少的现象。这一现象可用弹性理论加以说明。

随着科学技术的进步，农业生产中的技术含量越来越高，如通过运用拖拉机、收割机、插秧机来实现机械化；肥料和灌溉、新型育种的发展，既大幅度降低了对农业劳动力的需求，又极大提高了农业生产率。大幅度增加了粮食等农产品供给。恩格尔定律表明：随着收入增加，食物需求的增长相对缓慢，对农产品需求相对缓慢。供给的快速增长超过了需求的有限增加，导致农产品价格下降。由于需求价格缺乏弹性，农业收入大幅度减少。

——摘自《微观经济学与宏观经济学》（第四版）缪代文编著 高等教育出版

社 第77页

---

2. 供给价格弹性与赋税归宿

西方国家，政府对许多商品征税，赋税使价格上涨，赋税的结果由生产者和消费者共同负担。弹性原理可以解释赋税的归属问题。赋税归属是指税收最终的经济负担，即赋税主要是由消费者还是由生产者来负担。一般地，如果相对于供给而言需求缺乏弹性，赋税就转嫁给消费者，如果相对于需求而言供给缺乏弹性，赋税就转嫁给生产者。

消费者负担的税收份额 / 生产者负担的税收份额 = 供给弹性 / 需求弹性

为了减少财政赤字，1990 年，美国国会通过了一项针对游艇、珠宝、豪华轿车等奢侈品征收 10% 消费税的法案。然而，由于这些奢侈品的需求价格弹性很大，而供给缺乏弹性。涨价后富人转而消费其他商品，政府从中得到的税收低于预期值，并且，大部分的税收负担实际落在了那些生产这些奢侈品的工人身上。1993 年，大部分的奢侈品税被美国政府取消。

【本章小结】

需求是指消费者在某一时期内，在每一价格水平上愿意并且能够购买的商品或服务的数量。影响需求的因素有商品本身价格、消费者收入水平、相关商品价格、对未来预期、消费者偏好等。需求定理基本内容是：在其它条件不变情况下，某商品需求量与价格之间成反方向变动，即需求量随着商品本身价格上升而减少，随着商品本身价格下降而增加。需求定理可以用替代效应与收入效应来解释。要区分需求量的变动与需求的变动。

供给是指生产者在一定时期内在每一价格水平上愿意并且能够供应的商品或劳务数量。

影响供给的因素有商品本身的价格、生产要素价格、相关商品价格、技术管理变化等。供给定理基本内容是：在其它条件不变情况下，商品的供给量与价格成同方向变动。即供给量随着商品本身价格的上升而增加，随商品本身价格的下降而减少。要区分供给量的变动和供给的变动。

均衡价格是指某种商品的市场需求量和市场供给量相等时的价格，即需求价格与供给价格相等时的价格，也是需求曲线与供给曲线相交时的价格。需求变动引起均衡价格与均衡数量同方向变动，供给变动引起均衡价格反方向变动，均衡数量同方向变动。支持价格、限制价格是均衡价格理论的应用。

供求定理的基本内容：在其它条件不变情况下，需求变动分别引起均衡价格和均衡数量同方向变动，即需求增加，均衡价格上升，均衡数量增加；需求减少，均衡价格下降，均衡数量减少。供给变动分别引起均衡价格的反方向变动和均衡数量的同方向变动，即供给增加，均衡价格下降，均衡数量增加；供给减少，均衡价格上升，均衡数量下降。

需求价格弹性是指需求量变动对价格变动的反应敏感程度，即价格变动的百分比所引起的需求量变动的百分比。需求价格弹性分为完全无弹性、完全弹性、单位弹性、缺乏弹性、富有弹性等。需求收入弹性是指在一定价格水平下收入变动的百分比所引起的需求量变动的百分比。它反映了需求量变动对收入变动的反应程度。需求交叉弹性是指相关商品中一种商品的价格变动引起的对另一种商品需求量变动的比值，即一种商品需求量对另一种商品价格变动的反应程度。供给价格弹性是指供给量对价格变动的反应程度，是供给量变动比率与价格变动比率之比。

【重点掌握】

需求的变动与需求量的变动
供给的变动与供给量的变动
均衡价格的含义、均衡价格的变动
需求价格弹性及其分类
供给价格弹性及其分类
价格理论的运用

扫码获取有关知识视频

【练习与思考】

一、单项选择题

1. 下列选项中,(　　)变化,不会使需求曲线移动

A. 消费者收入　　　B. 商品自身价格　　　C. 消费者偏好　　　D. 相关商品价格

2. 养猪饲料价格上涨,假定其它条件不变,则生猪的(　　)

A. 需求减少　　　B. 需求增加　　　C. 供给减少　　　D. 供给增加

3. 如果居民用电价格上涨,假定其它条件不变,则家用电器需求将(　　)

A. 减少　　　B. 不变　　　C. 增加　　　D. 难以确定

4. 如果鸡肉价格上涨,假定其它条件不变,则鸭肉的需求将会(　　)

A. 增加　　　B. 减少　　　C. 不变　　　D. 难以确定

5. 若某商品价格上升2%,需求量下降10%,则该商品的需求价格弹性为(　　)

A. 单位弹性　　　B. 无限弹性　　　C. 富有弹性　　　D. 缺乏弹性

6. 如果需求交叉弹性为2,则两种商品间的关系是(　　)

A. 替代品　　　B. 互补品　　　C. 独立品　　　D. 难以确定

7. 消费者预期某商品未来价格要上升,则对该商品当前需求会(　　)

A. 减少　　　B. 增加

C. 不变　　　D. 上述三种情况都可能

8. 假定中药材价格不变,由于新冠疫情影响,市场对中药材需求增加,这属于(　　)

A. 需求变动　　　B. 需求量变动　　　C. 供给变动　　　D. 供给量变动

9. 根据供求定理,在其它条件不变情况下,需求的变化会引起(　　)

A. 均衡价格和均衡数量同方向变动　　　B. 均衡价格和均衡数量反方向变动

C. 均衡价格反方向变动,均衡数量同方向变动

D. 均衡价格同方向变动,均衡数量反方向变动

10. 假如生产某种物品所需原料价格上升了,则这种商品的(　　)

A. 需求曲线向左方移动　　　　　　B. 供给曲线向左方移动

C. 需求曲线向右方移动　　　　　　D. 供给曲线向右方移动

11.假定某商品的价格从 3 美元降到 2 美元，需求量将从 9 单位增加到 11 单位，则该商品卖者的总收益将（　　）

A.保持不变　　　B.增加　　　　C.减少　　　　D.无法确知

12.均衡价格随着（　　）

A.需求和供给的增加而上升　　　　B.需求和供给的减少而上升

C.需求的减少和供给的增加而上升　D.需求的增加和供给的减少而上升

二、多项选择题

1.（　　）的共同作用使需求与价格成反方向变化。

A.替代效应　　B.收入效应　　C.外部效应　　D.信息不对称

2.对于需求缺乏弹性的商品而言，下列（　　）说法是正确的。

A.价格上升使销售收入增加　　　B.价格下降会使销售收入减少

C.价格下降会使销售收入增加　　D.价格上升会使销售收入减少

E.适合采用薄利多销策略

3.假定需求不变，当供给增加时，（　　）

A.均衡价格将上升　　　　　　　B.均衡价格将下降

C.均衡数量将增加　　　　　　　D.均衡数量将减少

E.均衡价格和均衡数量都将不变

4.使需求曲线移动的原因有（　　）

A.价格　　　B.偏好　　　C.收入　　　D.价格预期　　E.收入预期

5.下列（　　）可以成为划分奢侈品和必需品的依据

A.需求价格弹性　B.需求收入弹性　C.需求交叉弹性　D.供给价格弹性

三、判断题

1.假定价格不变，如果梨子价格上涨，则苹果需求曲线将向右移动。（　　）

2.价格下降时，吉芬商品的需求量反而下降。（　　）

3.已知某商品的收入弹性大于 1，则这种商品是低档商品。（　　）

4.均衡价格就是供给量等于需求量时的价格。（　　）

5.当汽油价格上升时，消费者对汽车的需求量就会减少。（　　）

6.当政府规定最高限价，会引起商品短缺现象。（　　）

7.支持价格一般低于市场均衡价格。（　　）

8.技术进步会导致供给曲线左移。（　　）

9.原油价格上升会从促使人们更多地开采煤炭。（　　）

10.如果对厂商征税，将使产品供给曲线左移，使均衡价格下降，均衡产量上升。（　　）

四、简答题

1.发生下列情况时，某种橘子需求曲线左移、右移、还是不变，为什么？

（1）卫生组织发布一份报告，称这种橘子会致癌

（2）另一种橘子的价格上涨了

（3）消费者的收入增加了

（4）种植橘子的工人工资增加了

2. 假设某牛奶公司生产盒装牛奶，以下哪些因素引起供给曲线移动？如何移动？

（1）同档次另一品牌盒装牛奶价格下降

（2）本地新开发一个旅游项目，游客增多

（3）因受旱灾牧草减产

（4）部分员工辞职导致劳动力短缺，用工成本上升

（5）饲养条件改善，防治水平提高，奶牛患病率明显下降。

五、计算题

1. 假定某国小麦供给曲线为 $Q_s=1944+207P$，小麦需求曲线为 $QD=3244-283P$。

（1）小麦的均衡价格是多少？小麦的均衡数量是多少？

（2）小麦的需求价格弹性和供给价格弹性分别是多少？

（3）假设干旱使小麦的供给曲线向左移动导致小麦的价格上涨至每单位3美元，计算小麦的均衡价格和均衡数量。

六、应用题

1. 近20年来，国内电脑从稀罕物到走入平民百姓家，个人计算机的普及让人预料不及，质量不断改进，数量不断攀升，与此同时，计算机价格下降了很多，从一二万元降到二三千元，供给量却大幅度增加了。你如何解释这种现象？

2. 新疆棉花价格不变，其它条件不变，由于西方国家抵制使用新疆棉花，这一事件，对新疆棉花的均衡价格和均衡产量将会产生何种影响？

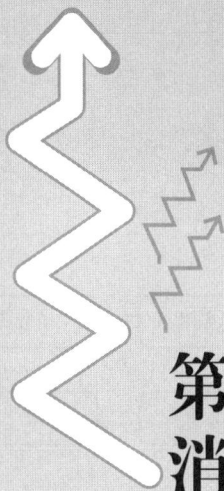

第三章
消费者行为理论

【学习目标】

1. 知识目标

    掌握总效用、边际效用、边际效用递减规律的含义；

    掌握边际效用分析和无差异曲线分析的内涵；

    掌握基数效用论及序数效用论的消费者均衡及其条件。

2. 能力目标

    能够利用消费者均衡条件在实际生活中作出选择。

3. 思政目标

    从消费者均衡规划合理消费，提倡理性消费、适度消费。

扫码获取本章课件

【结构导图】

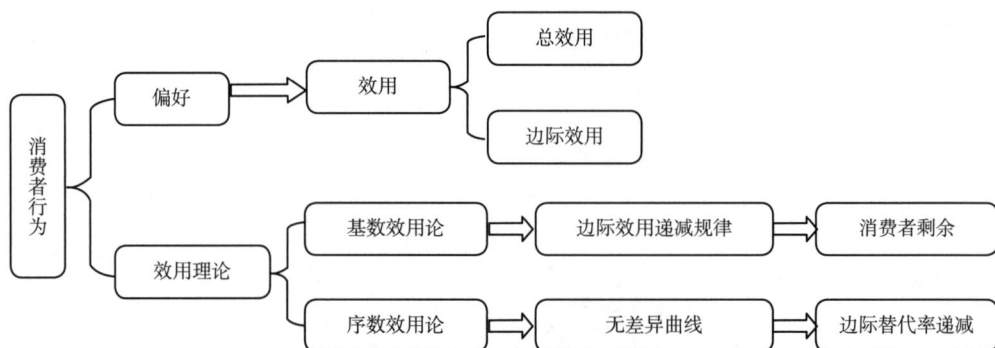

【引导案例】

最好吃的东西

兔子和猫争论，世界上什么东西最好吃。兔子说："世界上萝卜最好吃。萝卜又甜又脆又解渴，我一想起萝卜就要流口水。"猫不同意，说："世界上最好吃的东西是老鼠。老鼠的肉非常嫩，嚼起来又酥又松，味道美极了！"兔子和猫争论不休，相持不下，跑去请猴子评理。猴子听了，不由得大笑起来："瞧你们这两个傻瓜蛋，连这点儿常识都不懂！世界上最好吃的东西是什么？是桃子！桃子不但美味可口，而且长得漂亮。我每天做梦都梦见吃桃子。"兔子和猫听了，全都直摇头。那么，世界上到底什么东西最好吃？

——摘自徐美银主编：《经济学原理》（第二版），高等教育出版社 2016 年版，第 52 页

从这则虚拟故事中可以看到，不同动物对食物有不同偏好，决定了它们对"最好吃的东西"的不同选择，同样的食物给它们带来的满足程度即效用是不一样的；另外，随着人们对某种商品消费量的增加，人们从该商品连续增加的消费单位中得到的满意程度即边际效用是递减的。边际效用递减和消费者偏好是解释和理解消费者行为理论的基础。

第一节 基数效用论

一、效用的含义

效用（Utility）是指消费者从商品或劳务的消费中所获得的满足程度。人们通过消费能满足他们的需求或欲望，比如消费食物能充饥，多穿衣服能御寒，听音乐会能带来精神享受……若获得的满足程度高，效用就大；获得的满足程度低，效用就小。理解效用应该注意以下几点：

（1）效用具有主观性。这是一种主观心理感受和评价，没有客观和统一标准。人们对物品和劳务的消费有无效用以及效用大小，取决于该物品或劳务满足其欲望的程度。例如，兔子认为最好吃的东西是萝卜，猫认为最好吃的东西是老鼠，而猴子却认为最好吃的东西是桃子。正所谓"萝卜青菜，各有所爱"。

（2）效用具有相对性。效用会因人、因时、因地而异。例如，美酒对喜爱喝酒的人是有效用的，对不会或不愿喝酒的人却没有效用；羽绒服在冬天的效用大，在夏天却没有效用；在国内很多人都喜欢饮茶，但如果去国外经营茶叶可能会亏本。

（3）效用不分好坏。比如，平常吗啡、杜冷丁、大麻等毒品是有害健康的，但特殊情况下作为镇痛药却是有益的。

如何度量效用的大小？经济学家提出了用基数、序数度量两种观点，因此，基数效用论、序数效用论是关于消费者行为的基本理论。

故事：一只木碗

一个穷人家徒四壁，木碗是自己的唯一财富，于是他把木碗顶在头上流浪。一天穷人出海遭遇了大风暴，风浪将船打碎。穷人抱着一根大木头，被海水冲到一个小岛上。岛上的酋长看见穷人头顶的木碗，感到非常新奇，便用一大口袋最好的钻石换走了木碗，还派人把穷人送回了家。一个富翁听到了穷人的奇遇，心中暗想："一只木碗都换回这么多宝贝，如果我送去很多可口的食品，该换回多少宝贝！"于是富翁装了满满一船山珍海味和美酒，找到了穷人去过的小岛。酋长接受了富人送来的礼物，品尝之后赞不绝口，声称要送给他最珍贵的东西。富人心中暗自得意。一抬头，富人猛然看见酋长双手捧着的"珍贵礼物"，不由得愣住了：它居然是穷人用过的那只旧木碗！

——摘自张银亭主编：《经济学基础》，高等教育出版社2012年版，第45页

二、基数效用论

基数效用（Cardinal Utility）论认为，效用的大小可以用自然数即基数（1，2，3，…）来表示，效用是可以计量并加总求和的。消费者消费几种物品所得到的满足程度可以加总而得出总效用。例如，小明吃一块蛋糕获得 5 个效用单位，看一场电影获得 10 个效用单位，当他同时吃一块蛋糕和看一场电影时的总效用，就是两者效用之和 15 个效用单位。

应用基数效用理论时有三个假设前提：

（1）物品的效用可以用某种单位计量并加总求和；

（2）消费者在消费多种物品时所得效用各自独立、互不影响；

（3）消费者是理性的。在既定收入下，消费时会将消费品组合，以获取效用最大化。

1. 总效用与边际效用

总效用（Total Utility）是指消费者在一定时间内消费一定数量某种物品所得到的总满足程度，用 TU 表示。假设消费者对一种商品的消费数量为 Q，则总效用函数为：

$$TU=TU（Q）$$

边际效用 MU（Marginal Utility）是指消费者每增加一单位某种物品的消费所增加的满足程度，或者说，边际效用是消费最后一单位商品或服务时所带来的满足感的增量。边际量的一般意义，是表示一单位自变量的变化量所引起的因变量的变化量。

若 ΔQ 为商品消费量的增量，ΔTU 为总效用的增量，边际效用函数可以表示为：

$$MU = \Delta TU / \Delta Q$$

2. 总效用与边际效用的关系

消费量、总效用与边际效用之间存在一定的关系，如表 3-1 所示。

表3-1　啤酒数量及效用统计

啤酒数量	总效用（TU）	边际效用（MU）
1	10	10
2	13	3
3	15	2
4	14	1
5	10	0
6	8	−2

从表 3-1 中可以看出，第一瓶啤酒的总效用是 10 个单位，第一瓶啤酒的边际效用

也是 10 个单位；2 瓶啤酒的总效用是 13 个单位，则第 2 瓶啤酒的边际效用是 3 个单位；3 瓶啤酒的总效用是 15 个单位，则第 3 瓶啤酒的边际效用是 2 个单位；4 瓶啤酒的总效用是 14 个单位，第 4 瓶啤酒的边际效用是 1 个单位；5 瓶啤酒的总效用是 10 个单位，第 5 瓶啤酒的边际效用是 0；6 瓶啤酒的总效用是 8 个单位，第 6 瓶啤酒的边际效用是 −2，出现了负数。

总效用是与消费的啤酒数量对应的效用总数，它等于相应的边际效用之和。边际效用是每增加一瓶啤酒的消费而增加的效用或满意度，它等于总效用的增量除以消费量的增量。

根据表 3-1 画出图形，绘出 TU 曲线和 MU 曲线，如图 3-1 所示。总效用 TU 是一条先上升而后下降的曲线，边际效用 MU 则是一条向右下方倾斜的曲线。可以看出，随着商品消费量的增加，总效用不断增加，但边际效用却在逐渐减少。

消费量、总效用与边际效用之间的关系如下：

第一，当消费量增加而总效用也增加时，边际效用为正数。

第二，当消费量增加到一定程度，总效用不仅不增加反而减少时，边际效用为负数。

第三，当总效用达到最大时，边际效用为零。

或者说，当 $MU > 0$ 时，TU 上升；当 $MU=0$ 时，TU 达最大值；当 $MU < 0$ 时，TU 下降。

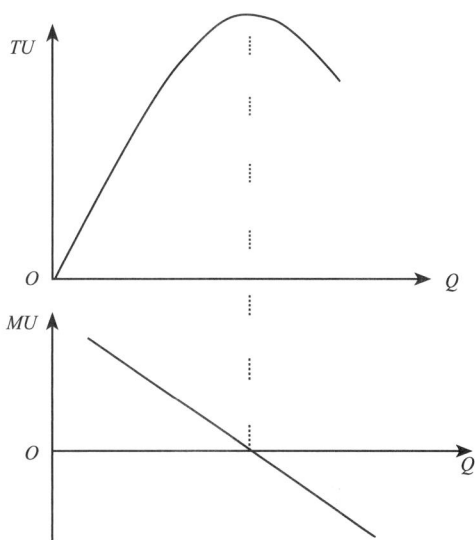

图 3-1 边际效用递减规律

故事：傻小子吃大饼

一个傻小子吃大饼，吃了五个就饱了。傻小子感慨道："早知道吃第五个饼就饱了，我又何必吃前面四个饼呢？"人们都笑这个傻小子可笑。

傻小子之所以可笑，就是因为他没有分清总效用与边际效用。吃每一个大饼都能给他带来一份边际效用，而最后吃第五个饼饱了是总效用。这个总效用就是前面每多吃一个饼所带来的边际效用的总和。

——摘自李辉作主编：《经济学基础》第一版，电子工业出版社

三、边际效用递减规律

边际效用递减规律（the Law of Diminishing Marginal Utility）是指随着消费者对某种物品或劳务消费量的增加，他从连续增加的每一消费单位中所得到的效用增量即边际效用是递减的。当一个消费者连续增加同一种商品的消费时，他从商品的增加中所获得的满足越来越小，即边际效用越来越小，可以为零，可以为负数。

如表 3-1 中，第 1 瓶啤酒带来的效用很大，随着喝啤酒的数量连续增加，虽然开始总效用也在增加，但每多喝 1 瓶啤酒的边际效用却在下降；当完全喝饱时，总效用达到最大，边际效用为零；如果继续喝，身体会不舒服，此时，啤酒的边际效用为负数，总效用下降。

边际效用递减规律有两种解释。

> 想一想：
> 生活中有没有边际效用递增的现象？

其一，生理或心理的原因。俗话说"好事不过三"，一样东西再好也有让人厌倦的时候。常吃某种食物，有一天会吃腻；常听某首歌，有一天会听腻；常去某个地方玩，有一天会玩腻……"腻了"就是边际效用递减到一定程度。

其二，物品本身用途的多样性。当物品具有多种用途时，消费者总是先将其用于最重要的地方，后用于次要的地方。这样，随着消费品用途重要性的递减，物品的边际效用便会递减。

要想边际效用递减规律起作用，前提条件一是在一定时间内商品消费连续增加，二是其他商品的消费数量保持不变。前提条件如果改变，边际效用递减规律也就不一定成立了。

故事：吃三个面包的感觉

美国总统罗斯福连任三届后，曾有记者问他有何感想，总统一言不发，只是拿出一块三明治面包让记者吃，这位记者不明白总统的用意，又不便问，只好吃了。接着总统拿出第二块，记者还是勉强吃了。紧接着总统拿出第三块，记者为了不撑破肚皮，赶紧婉言谢绝。这时罗斯福总统微微一笑："现在你知道我连任三届总统的滋味了吧？"这个故事揭示了经济学中的一个重要原理：边际效用递减规律。

四、消费者均衡

1. 消费者均衡的含义

消费者均衡（Consumer's Equilibrium）是指单个消费者在收入既定情况下，实现效用最大化时的均衡购买行为。即消费者如何将既定收入分配在各种商品的购买与消费中，以实现效用最大化。消费者均衡状态下的商品购买数量为最优购买数量。

2. 消费者均衡假设

（1）消费者收入不变，且全部用来消费。每一单位货币边际效用对消费者都是相同的。

（2）消费者偏好不变。消费者对每种物品的效用和边际效用评价固定不变。

（3）每种商品和服务的价格不变。在一定时期，商品和服务价格相对稳定不变。

根据这些假设，可以把消费者均衡表述为：

消费者用全部收入购买的各种物品所带来的边际效用，与为购买这些物品所支付的价格的比例相等，或者说，每一单位货币所得到的边际效用都相等。

3. 消费者均衡的条件

假设某消费者用其固定收入 M 购买 X 与 Y 两种商品，X 与 Y 的价格分别为 P_x 与 P_y，购买数量分别为 Q_x 与 Q_y，X 与 Y 两种商品带来的边际效用分别为 MU_x 与 MU_y，每一单位货币的边际效用为 MU_m。

效用最大化的实现即消费者均衡可以通过下列公式来表示：

（1）
$$P_x \times Q_x + P_y \times Q_y = M \qquad （限制条件）$$

（2）
$$\frac{MU_x}{P_x} = \frac{MU_y}{P_y} = MU_m \qquad （均衡条件）$$

限制条件（1）说明收入 M 是固定的，购买 X 与 Y 商品的支出不能超过收入，也不能小于收入。超过收入的购买无法实现，小于收入的购买没有实现既定收入时的效用最大化。

均衡条件（2）说明所购买的 X 与 Y 商品带来的边际效用与其价格之比相等，即每一单位货币无论是购买 X 商品，还是购买 Y 商品，所得的边际效用都相等。

如果购买多种商品，消费者均衡公式则可以变化为：

$$P_1 \times Q_1 + P_2 \times Q_2 + \cdots + P_n \times Q_n = M \qquad （限制条件）$$

$$\frac{MU_1}{P_1} = \frac{MU_2}{P_2} = \cdots = \frac{MU_n}{P_n} = MU_m \qquad （均衡条件）$$

从均衡条件可以看出，当 $MU_x/P_x > MU_y/P_y$ 时，消费者将增加对 X 的购买，减少对 Y 的购买，直至 $MU_x/P_x = MU_y/P_y$ 为止；当 $MU_x/P_x < MU_y/P_y$ 时，消费者将增加对 Y 的购买，减少对 X 的购买，直至 $MU_x/P_x = MU_y/P_y$ 为止；当 $MU_x/P_x = MU_y/P_y$ 时，消费者不再调整他的购买量，他实现了最大满足。

当且仅当 $MU_x/P_x = MU_y/P_y = MU_m$ 时，每单位货币的边际效用相等，消费者获得的总效用最大，实现了消费者均衡。

假设蛋糕价格为 P_x，冰淇淋为 P_y，购买量分别为 Q_x，Q_y，那么该消费者120元的收入所能购买的不同数量组合如表3-2所示。

表3-2 消费120元购买的不同数量组合

组合方式	$\dfrac{MU_x}{P_x}$ 与 $\dfrac{MU_x}{P_y}$
$Q_x=1$, $Q_y=10$	$\dfrac{16}{20} \neq \dfrac{4}{10}$
$Q_x=2$, $Q_y=8$	$\dfrac{14}{20} \neq \dfrac{5}{10}$
$Q_x=3$, $Q_y=6$	$\dfrac{12}{20} = \dfrac{6}{10}$
$Q_x=4$, $Q_y=4$	$\dfrac{5}{20} \neq \dfrac{7}{10}$
$Q_x=5$, $Q_y=2$	$\dfrac{2}{20} \neq \dfrac{8}{10}$

由表3-2可知，只有在 $Q_x=3$，$Q_y=6$ 时，才满足均衡条件 $\dfrac{MU_x}{P_x} = \dfrac{MU_y}{P_y} = MU_m$。即该消费者购买3块蛋糕和6支冰淇淋时，能实现效用最大化，此时货币的边际效用为 $\dfrac{12}{20} = \dfrac{6}{10} = 0.6$。

案例分析：雪中送炭还是锦上添花

成语"雪中送炭""锦上添花"描述了对于不同处境的人给予支持后的结果，那么究竟哪一个效用更大一些呢？对于处于困境中的人来说，能得到别人的支持，其"效用"也许可以改变他的一生；而对于一个青云直上、风头正劲的人来说，他人同样程度的支持也许就不值一提。极端的例子是，假设你有100元钱，如果给了街头一个饥肠辘辘的流浪者，也许就救了他一命；但如果你给了一个亿万富翁，他也许根本不屑一顾。如果可以用一个数量衡量100元的作用，这100元钱给了流浪者，其效用假设是1000；给了亿万富翁，其效用也许就只有1。从社会总效用来看，将这100元钱给了前者，社会总效用（即社会整体满足程度）会增加1000个单位；而给了后者，社会总效用仅增加了1个单位。显然，为求得社会福利最大程度的改进，这100元自然应给前者。因此，雪中送炭的价值远超过锦上添花。

——摘自卢周来主编：《游戏着经济学》，郑州大学出版社2004年版

4. 消费者剩余

消费者剩余（Consumer Surplus）是指消费者为购买某一商品时，所愿意支付的价格与其实际支付的价格之间的差额，即消费者愿意支付的价格高于市场价格的差额部分。

如在购物中心，你看上了一款精美的口红，非常喜欢它。你的心里价格是 300 元，而实际标价是 200 元。你欣然买下了它，心里感觉省了 100 元，即获得了 100 元的消费者剩余。

如图 3-2 所示，消费者愿意支付的总价为 OAE_0Q_0，市场价格为 P_0，消费者实际支付的总价为 $OP_0E_0Q_0$，两者之间的差额正是消费者剩余，即阴影部分 AP_0E_0。

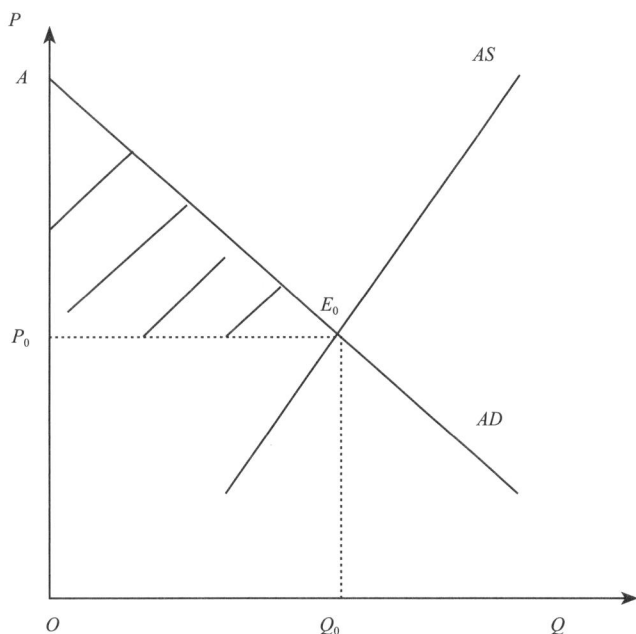

图 3-2 消费者剩余

由于边际效用递减规律，随着消费者购买数量的增加，其边际效用降低，消费者愿意为之付出的价格会递减，而市场价格不变，消费者每购买一单位商品获得的消费者剩余也会减少。

需要指出的是，消费者剩余并不是指实际收入的增加，仅仅是一种心理感觉。感觉"划算"就说明消费者所获得的满足感超过他所支付的代价，即存在消费者剩余。消费者剩余越多，消费者心理满足感越强。

现实生活中，消费者剩余被剥夺和消费者剩余增加的情形都会发生。比如旅游旺季，有些景区票价上涨，尽管人们面对上涨的票价很气愤，却不得不接受，消费者剩余被剥夺；而在旅游淡季，有些景区票价下调，淡季出游的消费者可能获得更多的消费者剩余。

第二节　序数效用论

一、序数效用论

1. 序数效用论

序数效用论（Theory of Ordinal Utility）认为，效用作为一种心理现象，无法用具体数字来计量，也不能加总求和，只能根据偏好程度表示出满足程度的高低与顺序。因此，效用只能用序数（第一，第二，第三……）来表示。消费者偏好于哪种消费，哪种消费的效用就是第一。例如，吃蛋糕和看电影，如果消费者认为看电影的效用大于吃蛋糕所带来的效用，电影的效用就排第一，而蛋糕的效用排第二。

2. 消费者偏好

序数效用论是根据消费者偏好（Consumer Preference）的高低来表示满足程度的高低，因此，理解消费者偏好非常重要。消费者偏好是指消费者根据自己的喜爱程度对可能消费的商品组合进行的排列和选择。"萝卜青菜，各有所爱""情人眼里出西施"都是偏好的具体体现。偏好不取决于收入，也不取决于价格，而是取决于消费者对商品喜爱的程度。尽管消费者无法量化不同商品组合带来的效用，却可以对其获得的满足程度大小进行排序，也正是消费者对商品组合偏好的差异。

关于消费者偏好有三个基本假设：

其一，偏好的可比性。消费者对每一种商品都能说出其偏好顺序。例如对商品 A 和商品 B，是对 A 的偏好大，还是对 B 的偏好大，还是对两者的偏好相同。

其二，偏好的可传递性。对于任意三个商品组合 A、B 和 C 而言，如果消费者对 A 的偏好大于 B，对 B 的偏好大于 C，就可以推导出对 A 的偏好大于 C。

其三，偏好的非饱和性。消费者对任何一种商品的消费欲望都没有达到饱和点，换句话说，消费者总是认为多比少好。

二、无差异曲线

（一）无差异曲线的含义与特征

1. 无差异曲线的含义

无差异曲线（Indifference Curve）是指消费者偏好相同的各种商品不同数量的所有组合。或者说，是表示多种商品的不同数量组合给消费者带来的满足程度即效用完全相同的一条曲线，也称等效用曲线。概念中的"无差异"是指消费选择带来的效用没有差异，满足程度没有差别。

消费者需求具有多样性，所消费的商品种类较多，为简化分析，假定消费者只选择两种商品。

假设有两种商品 X 和 Y，消费者对它们消费量的组合有很多种，有些组合给他们带来的感觉最好，即效用第一；有些组合带来的满足度稍差些，有些则更差些。所以效用可以依次用第一、第二、第三来表示。表 3-3 中列出了 X 商品和 Y 商品的 4 种组合，给消费者带来的满足程度一样，即效用无差异，即购买 1 单位 X 商品 +10 单位 Y 商品与购买 2 单位 X 商品 +7 单位 Y 商品的满足程度是一样的，效用是无差异的，依此类推。

表3-3 消费者的不同商品组合

商品组合	X 商品消费量	Y 商品消费量
A	1	10
B	2	7
C	3	5
D	4	4

根据表 3-2 的数据，可以作出无差异曲线，如图 3-3（1）所示。横轴代表 X 商品的数量，纵轴代表 Y 商品的数量，I 为无差异曲线，线上的任何一点所代表的两种商品的不同消费数量组合，都能使消费者获得同等的满足程度，即效用相同。

当然，图 3-3（1）所示无差异曲线是在一定的价格和收入水平下，如果消费者的收入和物价发生了变化，就会形成其他组合方式，产生多条无差异曲线，如图 3-3（2）所示。同一条无差异曲线上的商品组合效用相等，而不同无差异曲线的商品组合效用不同。

2. 无差异曲线的特征

第一，无差异曲线向右下方倾斜，斜率为负值。这是因为，在收入和价格既定条件下，消费者要得到相同的总效用，在增加一种商品的消费时，必须减少另一种商品的消费，两种商品不能同时增加或减少。

第二，在同一平面图上可以有无数条无差异曲线。同一无差异曲线代表相同的效用，不同的无差异曲线代表不同的效用。无差异曲线离原点越远，代表的效用越大，离原点越近，代表的效用越小。

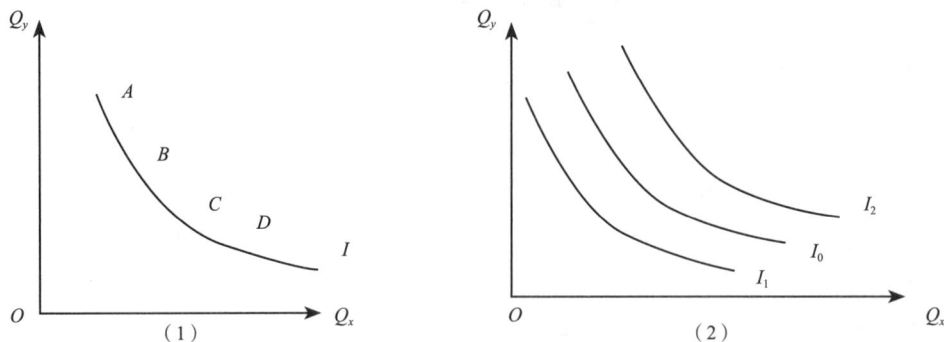

图 3-3　无差异曲线

第三，在同一平面图上，任意两条无差异曲线不能相交。因为两条无差异曲线相交代表其效用相同，这与第二个特征是相矛盾的。

第四，无差异曲线是一条凸向原点的线。这是由边际替代率递减规律所决定的。

（二）边际替代率与边际替代率递减规律

1. 边际替代率

边际替代率（Marginal Rate of Substitution）是指消费者为了保持相同的效用，增加一种商品的数量与必须放弃的另一种商品的数量之比，它也是无差异曲线的斜率。假如某个消费者购买 X、Y 两种商品，增加 1 个单位的 X 商品与放弃 3 个单位的 Y 商品能给消费者带来的效用是相同的，那么 X 商品对 Y 商品的边际替代率就等于 3。

以 ΔX 代表 X 商品的增量，以 ΔY 代表商品 Y 的减少量，以 MRS_{xy} 代表边际替代率。边际替代率的公式为：

$$MRS_{xy} = -\frac{\Delta y}{\Delta x}$$（通常省去负号，取它的绝对值）

边际替代率表明，虽然商品组合发生改变，但商品组合的效用不变，即增加一种商品量而增加的效用等于放弃的另一种商品量而减少的效用。以 Δx 代表商品 X 的增量，其增加的效用为 $TU_x = \Delta x \cdot MU_x$，以 Δy 代表商品 Y 的减少量，其减少的效用为 $TU_y = \Delta y \cdot MU_y$。

$$\because \quad \Delta x \cdot MU_x = \Delta y \cdot MU_y$$
$$\therefore \quad \Delta y/\Delta x = MU_x/MU_y = MRS_{xy}$$

以 X 商品替代 Y 商品的边际替代率也等于 X 商品的边际效用与 Y 商品的边际效用之比。

2. 边际替代率递减规律

边际替代率递减规律（the Law of Diminishing Marginal Rate of Substitution）是指在效用不变的前提下，随着一种商品消费量的连续增加，消费者为得到1单位的某种商品所愿意放弃的另一种商品的数量是递减的。根据表3-3的数据，可以计算商品的边际替代率如表3-4所示。

表3-4 商品边际替代率计算情况

变动情况	X 商品增加量（Δx）	Y 商品减少量（Δy）	边际替代率 MRS_{xy}
A ⟶ B	1	-3	3
B ⟶ C	1	-2	2
C ⟶ D	1	-1	1

从表中可以看出，消费者为得到1单位的X商品而放弃的Y商品的数量是逐渐递减的，即边际替代率递减。

边际替代率是无差异曲线的斜率，而边际替代率递减规律作用决定了无差异曲线的斜率逐渐减少，使得无差异曲线凸向原点。无差异曲线凸向原点的弯曲程度完全取决于两种商品替代性的大小，即取决于边际替代率的递减速度。

三、消费可能线

1. 消费可能线的含义

消费可能线（Consumption Possibility Line）是表明消费者收入与商品价格既定条件下，消费者所能购买的两种商品最大数量组合的线，又称预算线或等支出线。这条线表明了消费者行为受到收入的限制，即购买商品所花的钱不能大于收入，也不能小于收入。支出大于收入则无法实现，支出小于收入则无法实现效用最大化。设 P_x、P_y 分别为 X、Y 两种商品的价格，Q_x、Q_y 分别是 X、Y 两种商品的购买量，M 为消费者的收入，消费可能线可以写为：

$$P_x \times Q_x + P_y \times Q_y = M$$

根据上式可得：

$$Q_y = \frac{M}{P_y} - \frac{P_x}{P_y} \times Q_x$$

直线方程式的斜率为 $-\dfrac{P_x}{P_y}$。（通常去负号，取绝对值）

假设某消费者的既定收入 M 为 100 元，全部用来购买两种商品 X 与 Y，P_x=20 元，P_y=10 元，购买量分别为 Q_x 和 Q_y。

代入上述直线方程式，当 $Q_x=0$ 时，$Q_y=10$；当 $Q_y=0$ 时，$Q_x=5$，因此可作出图 3-4。

左图中，连接 *A*、*B* 两点的直线就是消费可能线。在 *AB* 线上的任何一点都是消费者能购买的 X 与 Y 两种商品最大数量的组合，即"把每一分钱用在刀刃上"。*AB* 线以内的任意一点所代表的 X 与 Y 的购买量组合都可以实现，但仍有收入剩余，即有货币资源闲置。而 *AB* 线以外的任意一点所代表的购买量组合，消费都超过了收入，购买无法实现。

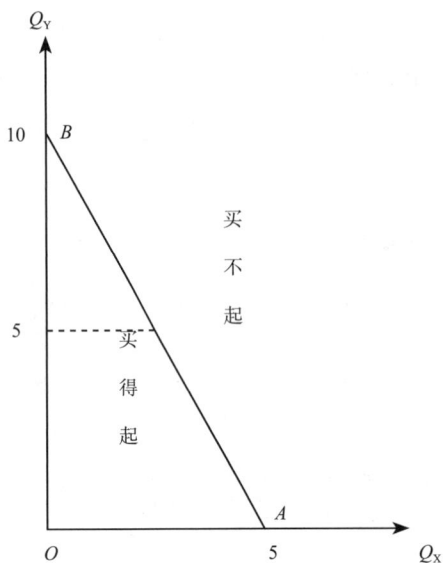

图 3-4 消费可能线

2. 消费可能线的变动

消费可能线是在消费者的收入和商品价格既定条件下作出的，如果消费者的收入和商品的价格发生变化，必然引起消费可能线的变动。

一般有四种情况，可以用图 3-5 来分析，AB 为原来的消费可能线。

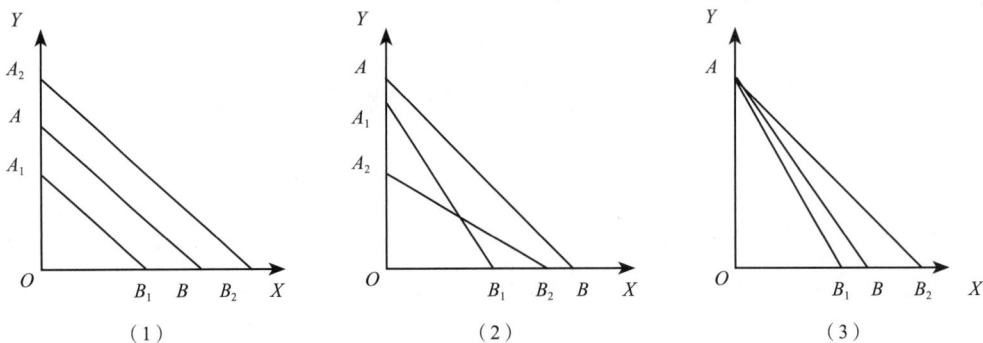

图 3-5 消费可能线的变动

（1）商品价格不变，消费者收入变动。消费者收入增加，消费可能线 *AB* 会向右上方平行移动至 A_2B_2。反之，收入减少，消费可能线 *AB* 会向左下方移动至 A_1B_1，如图 3-5（1）所示。

（2）两种商品价格同比例上升或下降，消费者收入不变。消费可能线变动结果与第一种情况相同。

（3）两种商品价格不同比例上升或下降，消费者收入不变。消费可能线 *AB* 变动结果如图 3-5（2）所示，当 X 商品价格涨幅大于 Y 商品时，原来的消费可能线 *AB* 将变动到 A_1B_1；反之，当 Y 商品价格涨幅大于 X 商品时，*AB* 线将变动到 A_2B_2。如图 3-5（2）所示。

（4）一种商品价格和消费者收入不变，另一种商品价格变动。消费可能线 AB 将以不变的价格为轴心改变斜率，如图3-5（3）所示。其他条件不变，当 X 商品价格上升时，消费可能线移到 AB_1，如果 X 商品价格下降，消费可能线将移到 AB_2。

四、消费者均衡

在序数效用论中，无差异曲线代表了消费者偏好，即消费者想要什么；消费可能线说明了消费者收入和商品价格既定时的最优购买量组合，即消费者该如何购买。因此，把无差异曲线和预算线结合起来，可以分析如何实现消费者均衡（Equilibrium of the Consumer），即消费者在收入和价格既定条件下，如何实现效用最大化。

如图3-6所示，I_1、I_2、I_3 为三条无差异曲线，三条无差异曲线代表的效用为 $I_1 < I_2 < I_3$，AB 线为消费可能线。I_3 代表的效用最大，但是它的数量组合点都在消费可能线之外，这说明 I_3 的效用无法实现。AB 线与 I_1 的交点 C、D 两点尽管也在 AB 线上，消费者买得起，但它们的效用是 I_1，$I_1 < I_2$，这说明没有达到最大效用。而 AB 线与 I_2 相切于 E 点，E 点不仅在 I_2 上，也在 AB 线上，说明 E 点是消费者在收入和价格既定时所能实现的最大化效用，即消费者购买 OM 的 X 商品和 ON 的 Y 商品，能实现消费者均衡。

由此可知，把无差异曲线和消费可能线放在一张图上，收入既定时，唯一的消费可

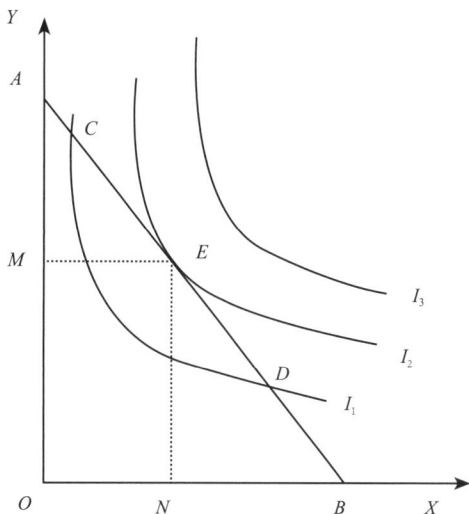

图3-6 无差异曲线与消费者均衡

能线与无数条无差异曲线中的一条相切于 E 点，在这个切点上，既满足了预算约束，又满足了效用最大化，实现了消费者均衡。

均衡点是无差异曲线与预算线的切点，在切点上无差异曲线与预算线的斜率相等。预算线的斜率为 P_x/P_y，无差异曲线的斜率就是边际替代率，$MRS_{xy}=\Delta y/\Delta x=MU_x/MU_y$。据此，可以推导出：

$$MRS_{xy}=\Delta Y/\Delta X =P_x/P_y = MU_x/MU_y$$

它表示：在既定预算约束下，为了实现最大效用，消费者应该选择最优的商品组合，使得商品的边际替代率等于商品的价格之比。

【本章小结】

基数效用论认为，效用的大小可以用1、2、3等自然数（基数）来表示，效用是可以

计量并加总求和的。总效用是指消费者在一定时间内消费一定数量某种物品所得到的总满足程度，用 TU 表示。边际效用是指消费者每增加一单位某种物品的消费所增加的满足程度，用 MU 表示。当 $MU > 0$ 时，TU 上升；当 $MU=0$ 时，TU 达最大值；当 $MU < 0$ 时，TU 下降。

边际效用递减规律是指随着消费者对某种物品或劳务消费量的增加，他从连续增加的每一消费单位中所得到的效用增量即边际效用是递减的。消费者均衡是指单个消费者在收入既定情况下，实现效用最大化时的均衡购买行为。

购买多种商品，消费者均衡公式为：

$$P_1 \times Q_1 + P_2 \times Q_2 + \cdots + P_n \times Q_n = M$$

$$\frac{MU_1}{P_1} = \frac{MU_2}{P_2} = \cdots = \frac{MU_n}{P_n} = MU_m$$

序数效用论认为，效用作为一种心理现象，无法用具体数字来计量，也不能加总求和，只能根据偏好程度表示出满足程度的高低与顺序。

消费者偏好是指消费者根据自己的喜爱程度对可能消费的商品组合进行的排列和选择。

无差异曲线是指消费者偏好相同的各种商品不同数量的所有组合。边际替代率是指消费者为了保持相同的效用，增加一种商品的数量与必须放弃的另一种商品的数量之比，它也是无差异曲线的斜率。

边际替代率递减规律是指在效用不变的前提下，随着一种商品消费量的连续增加，消费者为得到 1 单位的 . 某种商品所愿意放弃的另一种商品的数量是递减的。

消费可能线是表明消费者收入与商品价格既定条件下，消费者所能购买的两种商品最大数量组合的线。无差异曲线和消费可能线的切点，既满足了预算约束，又满足了效用最大化，实现了消费者均衡，此时 $MRS_{xy}=\Delta Y/\Delta X =P_x/P_y = MU_x/MU_y$。

【重点掌握】

总效用与边际效用的关系。
边际效用分析的消费者均衡条件。
无差异曲线分析的消费者均衡条件。
边际效用递减与边际替代率递减的区别。

扫码获取有关知识视频

【练习与思考】

一、单项选择题

1. 当边际效用为正值时，总效用（　　）。

A. 递增　　　　B. 递减　　　　C. 不变　　　　D. 最大

2. 当总效用达到最大值时，边际效用（　　　）。

A. 为最大值　　　　B. 等于 0　　　C. 大于 0　　　D. 小于 0

3. 消费者剩余是消费者的（　　　）。

A. 支付意愿　　　B. 实际所得　　　C. 主观感受　　　D. 消费所剩余的商品

4. 已知 X 商品的价格为 5 元，Y 商品的价格为 2 元。如果消费者从这两种商品的消费中得到最大效用时，Y 商品的边际效用为 30，此时，X 商品的边际效用为（　　　）。

A. 60　　　　　　B.45　　　　　C. 150　　　　　D. 75

5. 同一条无差异曲线上的不同点表示（　　　）。

A. 效用相同，所消费的两种商品组合比例相同

B. 效用相同，所消费的两种商品组合比例不同

C. 效用不同，所消费的两种商品组合比例相同

D. 效用不同，所消费的两种商品组合比例不同

6. 序数效用论认为，商品效用的大小（　　　）。

A. 取决其使用价值　　　　　　B. 取决其价格

C. 不可比较　　　　　　　　　D. 可以比较

7. 如果商品的价格不变而消费者的收入增加，则消费预算线（　　　）。

A. 向右上方平行移动　　　　　B. 向左下方平行移动

C. 不发生变动　　　　　　　　D. 向左下方非平行移动

8. 在消费者均衡点上，两种商品的边际替代率等于其（　　　）之比。

A. 边际效用　　　B. 总效用　　　C. 价格　　　D. 购买数量

9. 给消费者带来相同满足程度的商品组合集中在同一条（　　　）。

A. 需求曲线　　　B. 无差异曲线　　C. 预算线　　　D. 生产可能性曲线

10. 如果一种商品的价格下降增加了消费者的实际收入或提高了其购买能力，使他们能够买更多的该商品，这句话说的是（　　　）。

A. 收入效应　　　B. 替代效应　　　C. 互补商品　　　D. 替代商品

二、多项选择题

1. 随着物品数量的增加，总效用可能（　　　）。

A. 随边际效用增加而增加　　　B. 随边际效用增加而下降

C. 随边际效用下降而增加　　　D. 随边际效用下降而下降

2. 无差异曲线具有哪些特征（　　　）?

A. 向右下方倾斜　　　　　　　B. 越远离原点的无差异曲线效用越大

C. 任意两条无差异曲线不能相交　D. 是斜率为负的曲线

3. 序数效用论与基数效用论不同的观点有（　　　）。

A. 效用大小不能用基数词衡量　B. 边际效用递减

C. 效用大小可用偏好顺序表示　D. 效用是消费者主观心理感受

E. $MRS_{xy} = \dfrac{P_x}{P_y}$

4. 当两种商品的边际替代率等于两种商品的价格之比时，下列表述正确的是（　　　）。

A. 消费者作出了最优购买决策　　　B. 消费者获得了最大效用

C. 消费者用完了预算收入　　　　　D. 处于均衡状态

三、判断题

1. 同一杯水对不同消费者具有相同的效用。（　　　）

2. 边际效用递减规律解释了需求曲线的原因。（　　　）

3. 只要商品的数量增加，消费者得到的总效用就一定增加。（　　　）

4. 无差异曲线意味着增加一种商品的消费时，必须减少另一种商品的消费。（　　　）

5. 在无差异曲线和消费可能线的交点上，消费者所得到的效用达到最大。（　　　）

6. 基数效用论采用的分析方法是无差异分析方法。（　　　）

7. 序数效用论采用的分析方法是边际效用分析方法。（　　　）

8. 在同一条无差异曲线上，各个消费者达到的效用水平相等。（　　　）

9. 完全替代品的边际替代率等于零。（　　　）

10. 两种商品的价格按相同的比例上升，而收入不变，则消费可能线不发生变动。（　　　）

四、简答题

1. 什么是边际效用递减规律？

2. 什么是边际替代率？

3. 简述基数效用理论的消费者均衡（效用最大化）条件。

4. 简述序数效用理论的消费者均衡（效用最大化）条件。

五、计算题

1. 小明带了 17 元钱来到超市，想买啤酒（X）、酸奶（Y）和矿泉水（Z）三种饮品，它们的价格分别为 2 元、4 元和 1 元。这些饮品给小明带来的边际效用如表 3-5 所示。

表3-5　啤酒、酸奶、矿泉水给小明带来的边际效用

数量	1	2	3	4
MU_x	50	40	30	20
MU_y	60	40	32	24
MU_z	10	9	8	7

为了获得总效用最大化（即最大满足感），小明应该怎样购买？

2. 某消费者用于 X 商品和 Y 商品的收入为 540 元，商品价格分别为 $P_x=20$ 元，$P_y=30$ 元，它的效用函数为 $U=3xy^2$，该消费者购买两种商品的数量各应是多少？从中获得的总效用是多少？

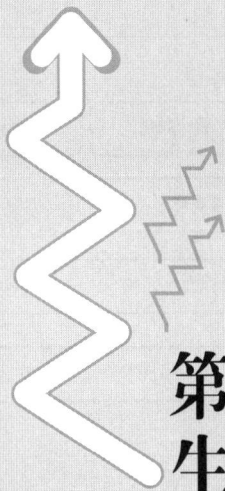

第四章
生产与成本理论

【学习目标】

1. 知识目标

理解总产量、平均产量、边际产量及其相互关系；

理解等产量曲线与等成本曲线的含义；两种可变生产要素的最优组合；

理解会计成本、机会成本、经济成本的区别及联系；

理解短期总成本、短期平均成本、短期边际成本的变化规律及其相互关系；

理解会计利润与经济利润、正常利润与超额利润的区别；

掌握边际收益递减规律；

掌握盈亏平衡点与停止营业点的经济意义；

掌握利润最大化原则；

掌握生产者均衡及其条件。

2. 能力目标

能够运用生产理论进行最优生产决策；

初步运用成本与收益理论进行盈亏分析与经营决策；

运用利润最大化原则进行厂商经营决策。

3. 思政目标

通过机会成本与沉没成本，引导学生更加珍惜学习时光和重视理性决策；

通过边际收益递减规律，引导学生合理使用各项资源，提高资源利用效率。

【结构导图】

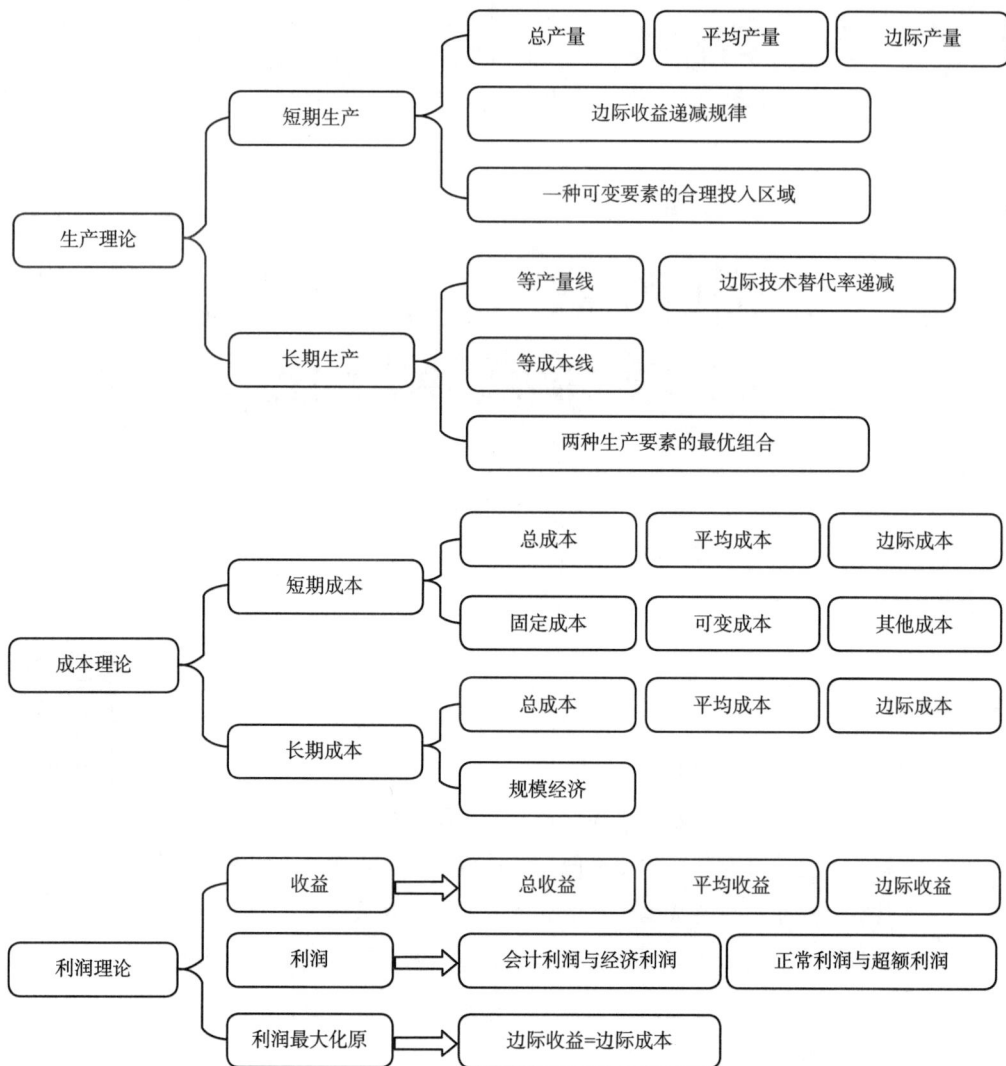

【引导案例】

王永庆与台塑的成功

台塑是王永庆成功经营的大企业。这家企业生产聚氯乙烯（PVC）塑胶粉。开始时，该企业规模仅为月产量100吨，尽管产量很低，仍然供大于求，台湾地区的需求仅为每月20吨。产量低，平均成本无法实现最低，价格降不下来，台湾地区仅有的20吨市场需求也被日本商家占领。扩大产量，产品销路又成问题。王永庆处于两难境地。这时台塑的股东纷纷要求退股，王永庆毅然卖掉自己的大部分企业，买断了台塑的产权，独自经营。

王永庆知道，企业困难的关键在于产量上不去，平均成本降不下来。如果只考虑需求，减少产量，平均成本会更高，更缺乏市场竞争力。因此，扩大产量使平均成本降到最低是转败为胜的关键。于是，他决定把产量扩大到平均成本最低的月产 1200 吨。这时平均成本最低，而且当时台湾是世界烧碱的主要生产基地之一，生产烧碱中被弃置不用的氯气可用于生产 PVC。这样，在实现最低成本时，其货币成本还低于世界其他国家，有了这种优势，产品就可以打入世界。结果，王永庆成功了。

王永庆的成功说明，在确定企业规模时，一定要达到平均成本最低的产量，即实现规模经济。

——摘自张银亭主编：《经济学基础》，高等教育出版社 2011 年版，第 60 页

市场经济条件下，生产者行为的目的是实现利润最大化，就是要使扣除成本后的收益达到最大化，而收益取决于价格和产量。本章首先介绍生产理论，研究生产要素投入量与产量之间的关系以及生产者均衡的实现，然后分析企业的成本，最后提出利润最大化的原则。

第一节　生产理论

一、生产要素与生产函数

1. 厂商

厂商（Manufacturer）（也称企业）是生产产品和劳务以获取最大利润的单位。厂商可以是单位，也可以是个人。如玩具企业生产玩具，农民个人家庭生产粮食；产出的既可以是有形的实物产品，如面包、服装、房屋、汽车、食品、机器等，也可以是无形的劳务，如诊疗服务、法律咨询、金融服务、旅游服务等。厂商之所以愿意生产各种产品和劳务，其目的是获取利润。因此，生产就是厂商为获取利润，对生产要素进行组合利用以制造产品和提供劳务的过程，生产也是把投入变为产出的过程。追求利润是厂商生产的原动力。

2. 生产要素

厂商要组织生产，就必须投入相应的生产要素。生产要素（Factors of Production）是指生产中所使用的各种资源。这些资源可以分为劳动、土地、资本和企业家才能。生产过程就是生产要素组合的过程，产品是生产要素组合的结果。

3. 生产函数

生产函数（Production Function）是指在一定技术水平下，生产要素的数量与某种组合和它所能生产出来的最大产量之间依存关系的函数，是某一特定投入品组合下的产出。假定产量为 Q，投入的生产要素分别为劳动 L、资本 K、土地 N、企业家才能 E，则生产函数的一般形式为：

$$Q=f(L,\ K,\ N,\ E)$$

技术系数是厂商在生产产品过程中，投入的各种生产要素的配合比例。分为固定技术系数和可变技术系数。固定技术系数是指随着产量增加或减少，各种要素必须按照固定比例增加或减少。比如，一辆汽车配一个司机，两辆汽车要配两个司机。可变技术系数是指某些产品生产中的要素配合比例是可变的。

生产中的短期和长期不以时间长短来划分，而以要素是否可变为标准。短期是指企业能够改变可变生产要素（如原材料和劳动），但不能改变固定生产要素（如厂房、设备）来调整生产，或者至少有一种生产要素投入不能改变。短期内生产要素可分为不变要素和可变要素。长期是指包括固定资产在内的所有生产要素都能得到调整，或者所有的投入要素都可以变动。长期生产要素都是可变要素。经济学通常以一种可变要素的生产函数来研究短期生产，以两种可变要素的生产函数来分析长期生产。

知识链接：柯道函数

1928 年，美国经济学家道格拉斯与柯布根据美国 1899～1922 年的工业生产统计资料，研究这期间美国的资本与劳动两种生产要素对产量增加的影响，得出这一时期的美国生产函数为：

$$Q=AK^{\alpha}L^{\beta}\quad(\alpha+\beta=1)$$

该生产函数被称为柯布 - 道格拉斯生产函数。式中 A 代表既定的技术水平，K、L 分别代表资本与劳动，分别代表资本和劳动对产量的贡献。他们通过研究得出结论：产量增加中约有 3/4 是劳动的贡献（即 $\beta=\dfrac{3}{4}$），1/4 是资本的贡献（即 $\alpha=\dfrac{1}{4}$）。

二、短期生产函数

短期生产函数是指在一定技术水平下，其他要素投入量固定时，一种可变生产要素投入量与最大产量之间的依存关系。假定劳动为可变生产要素，其他为固定要素，则短期生产函数表示如下：

$$Q=f(L)$$

它表明在其他要素投入不变的条件下，劳动投入量的变化引起产品产量的变化。

从生产函数中，我们可以得到三个重要的概念：总产量、平均产量和边际产量。

1. 总产量、平均产量和边际产量

总产量（Total Product）是指一定量的某种生产要素所生产的全部产量。用 *TP* 来表示。

平均产量（Average Product）是指平均每单位某种生产要素所生产的产量。用 *AP* 来表示。

边际产量（Marginal Product）是指某种生产要素每增加一单位所增加的产量。用 *MP* 来表示。

如果以 *L* 代表某种生产要素的投入量，ΔL 代表某种生产要素投入的增加量，则上述三种产量可以表示为：

$$TP = AP \cdot L$$

$$AP = AP/L$$

$$MP = \Delta TP/\Delta L$$

以农业生产为例，假定土地的投入始终不变，为 1 公顷，如表 4-1 所示，观察在 1 公顷土地中劳动投入的变化所引起的农产品的总产量、平均产量和边际产量的变化。

表4-1　劳动投入所引起的农产品产量的变化

土地投入 *K*	劳动投入 *L*	总产量 *TP*	平均产量 *AP*	边际产量 *MP*
1	0	0	—	—
1	1	100	100	—
1	2	240	120	140
1	3	390	130	150
1	4	520	130	130
1	5	610	122	90
1	6	660	110	50
1	7	660	94.25	0
1	8	640	80	−20

从上表可以看出，随着劳动投入量的增加，总产量一直上升，但当劳动投入增加到一定水平之后，总产量不仅没有增加，反而下降。在劳动投入初期，总产量增加的速度较快，在劳动投入后期，总产量增加的速度变慢。同时，随着劳动投入量的增加，平均产量先上升，后下降。边际产量也是先上升后下降，当劳动投入量达到某一水平后，边际产量甚至出现负值。

2. 总产量曲线、平均产量曲线和边际产量曲线

根据表 4-1 中数据绘制总产量、平均产量和边际产量曲线图，如图 4-1 所示，图中，横轴表示可变要素劳动的投入数量，纵轴表示产量。

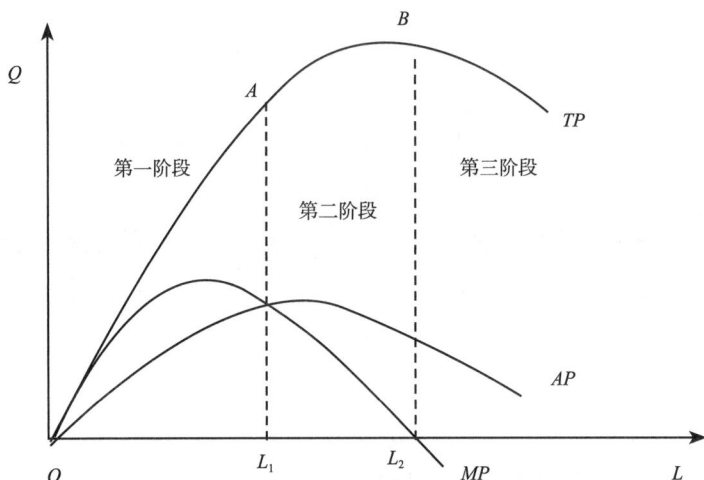

图 4-1　总产量、平均产量、边际产量

总产量、平均产量和边际产量的关系如下：

（1）在资本量不变的情况下，随着劳动量的增加，总产量、平均产量和边际产量之间都是先递增，但各自增加到一定程度后分别递减，所以，总产量曲线、平均产量曲线、边际产量曲线都呈钟型分布。

（2）总产量与边际产量的关系。当边际产量 MP 为正值时，总产量 TP 上升；当边际产量 MP 为负值时，总产量 TP 下降；当边际产量 MP 等于零时，总产量 TP 达到最高。

（3）平均产量与边际产量的关系。当边际产量 MP 与平均产量 AP 相交时，平均产量 AP 达到最大；相交前，边际产量 MP 大于平均产量 AP；相交后，边际产量 MP 小于平均产量 AP。

3. 边际收益递减规律

边际收益递减（Marginal Revenue）是指在技术和其他投入不变的情况下，连续增加同一单位某种可变生产要素所增加的产量会逐步减少，引起边际收益减少。假定产品价格保持不变，边际收益就等于边际产量（MR=MP）。

为什么会出现边际收益递减规律呢？原因在于：随着某一种要素的不断投入，如劳动的更多单位增加到固定数量的土地、机器上，劳动可使用的其他要素越来越少。土地变得更加拥挤，机器超负荷工作，增加的劳动所增加的产量越来越少，从而引起边际收益递减。下面以美国的一次农业实验研究结果为例说明边际收益递减规律，如表 4-2 所示。

表4-2　美国的一次农业实验研究结果

每亩施用纯氮（磅）	每亩玉米产量（英斗）	每增施25磅氮肥所增收的玉米（英斗）
10	84	—
60	117	16.5
110	133	8.0
135	139	6.0
160	144	5.0
210	146	1.0

从上表可以看出，随着每亩施用纯氮数量的增加，尽管每亩玉米产量（总产量）在增加，但每增施25磅氮肥所增收的玉米产量（边际产量）在逐渐减少。

理解边际收益递减规律要注意几个问题：

第一，边际收益递减是以技术条件不变为前提的。如果技术水平提高，增加投入，边际收益会增加。比如，由于农业技术的不断提高，水稻从30年前每亩几百斤的产量，增加到了现在每亩一千几百斤的产量。由于水稻育种与栽培技术革新，增加投入，水稻的边际产量大大增加。

> 想一想：
> 边际收益递减规律与边际效用递减规律有何区别？

第二，是在其他生产要素不变的条件下，每一种生产要素投入的逐渐增加，使边际产量递减。如果其他生产要素也发生变化，边际产量不一定递减，还有可能产生 $1+1>2$ 的效果。

第三，边际收益递减，不是一开始就递减，而是某一生产要素投入增加到一定点后，边际收益才递减。边际收益先递增后递减。

思考：看寓言故事，想经济学道理

中国寓言故事"一个和尚挑水吃，两个和尚抬水吃，三个和尚没水吃"，所反映的就是资本不变（木桶不增加）时，增加劳动越多，可利用的资本（木桶）就越少，以致互相攀比、推诿，出现人浮于事、大锅饭、平均主义，劳动的边际产量（收益）递减趋势。

——摘自缪代文编著：《微观经济学与宏观经济学》（第四版），

高等教育出版社2012年版，第117页

---

4. 一种可变要素的合理投入区域

根据图4-1三种产量曲线的形状，可以把生产区分为三个阶段：

第一阶段：收益递增阶段。要素投入从0到 L_1 之间为收益递增阶段，即劳动的平均产量由 0 到最高点的阶段。劳动的边际产量大于劳动的平均产量，从而使平均产量和总产量都在增加。

第二阶段：收益递减阶段。要素投入从 L_1 到 L_2 之间为收益递减阶段，即总产量达到最高点的阶段。劳动的边际产量小于劳动的平均产量，平均产量递减，但由于边际产量大于 0，所以总产量仍继续增加。

第三阶段：负收益阶段。要素投入超过 L_2 之后为负收益阶段，总产量开始下降的阶段。劳动的边际产量下降为负值，总产量也在递减。

在第一阶段，平均产量呈上升趋势，边际产量高于平均产量，理性的厂商不会把劳动投入量确定在该区域。在第三阶段，劳动的边际产量小于 0，增加投入不仅不会增加产量，反而使产量下降，厂商也不会把投入确定在这一阶段。在可变投入的第二阶段，为可变生产要素的合理投入区间。所以，在劳动作为唯一可变生产要素的情况下，劳动这种生产要素的合理投入区间应该是在平均产量最大至边际产量为零之间，即厂商应在第二阶段从事生产。

案例分析：一年三熟不如一年二熟

我国长江流域主要农作物大都为一年二熟，一季水稻或棉花，一季麦子或油菜。这是我国农民从生产实践中总结出来的行之有效的经验，说明在传统农业技术条件下，土、肥、水等生产要素得到了充分利用。

1958～1960 年的"大跃进"运动在全国范围内掀起了经济建设的激进运动，提出了"人有多大胆，地有多大产"这样的严重主观主义口号，浮夸风盛行一时。于是，一些地方把农作物传统的一年二熟改成一年三熟，即一季麦子或油菜加上二季水稻，这就是双季稻。为了多种一季水稻，必须抢收抢种，农时不等人，这就是"双抢"的由来。

实践表明，双季稻的平均亩产高于单季稻，因而水稻总产量也是增加的，但为此而增加的肥、水、劳等生产要素则更多，实质得不偿失。"三三得九，不如二五得十"，当时流传的这一句顺口溜，就是对"一年三熟不如一年二熟"的恰当评价。到了 80 年代，普遍改回一年二熟。

——摘自邓先娥主编：《经济学基础》（第 2 版），人民邮电出版社
2016 年版，第 77 页

三、长期生产函数

长期生产函数是指在一定技术水平下，多种可变生产要素的投入组合与所能产出的最大产量之间的依存关系。为简化分析，以劳动、资本两种要素为例。在长期中，劳动和资本两种要素都是可以变动的且可以相互替代。因此，要生产一定数量的产品，可以由两种

要素进行多种组合来生产。既可以选择多使用资本少使用劳动的生产方式，也可以选择少使用资本多使用劳动的生产方式，关键在于确定两种生产要素的合理投入比例。为此，需引入等产量曲线和等成本线的概念。

1. 等产量曲线

等产量曲线（Isoquant Curve）是指在获得相同产量的情况下，投入两种生产要素不同数量组合的轨迹。例如，生产800千克水稻，需要投入劳动和资本两种生产要素，它们可以有6种不同数量的组合，如表4-3所示。

表4-3　生产800千克水稻的不同生产要素组合

组合方式	1	2	3	4	5	6
劳动投入量	10	15	20	30	45	60
资本投入量	60	45	30	20	15	10

根据表中数据，可以画出图4-2。在图中，横轴 OL 代表劳动量，纵轴 OK 代表资本量，Q 为800千克水稻的等产量曲线，也就是说，在 Q 曲线上任何一点，劳动和资本的投入，其产量都是800千克水稻。

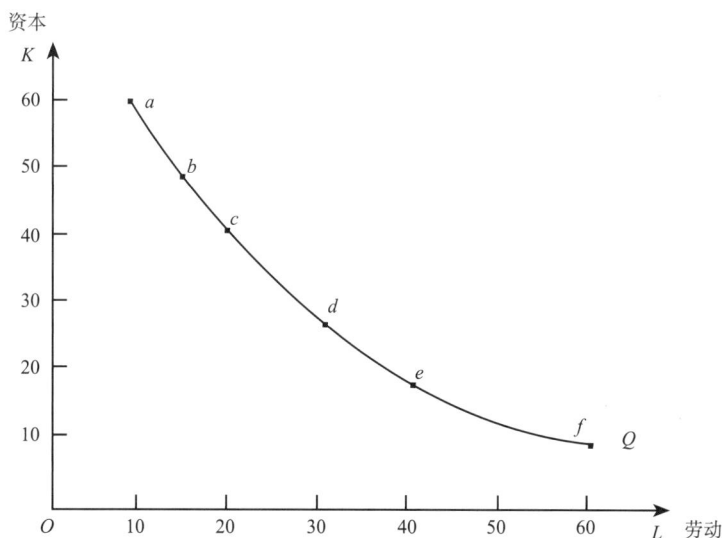

图4-2　等产量曲线

从图4-2可以看出等产量曲线有以下特征：

第一，等产量曲线是一条向右下方倾斜的曲线，其斜率为负值，且资本和劳动的投入可以相互替代。当资本缺少时，可以多用劳动替代；当资本充裕时，可以少用劳动替代。比如，过去挖河、造公路等使用大量的人工，使用机器比较少，现在由于科技进步，机械化、自动化水平大大提高，就可以多用机器而少用人工。

第二，在同一平面内，可以有无数条等产量曲线，离原点越远，表示产量水平越高。比如水稻可以有 800 千克、850 千克、900 千克等不同的等产量曲线。

第三，不同的等产量曲线不可能相交，比如水稻 800 千克、850 千克、900 千克的等产量，曲线永远不可以相交。如果相交就肯定不是等产量曲线。

第四，等产量曲线是一条凸向原点的曲线。

2. 边际技术替代率及递减规律

边际技术替代率（Marginal Rate of Technical Substitution）是指一种生产要素替代另一种生产要素的比率。以上分析表明，在保持产量相同的情况下，劳动和资本可以相互替代，它们可以有不同数量的组合；当逐渐增加资本投入时，就逐渐减少劳动的投入量。用 ΔK 代表资本投入的变动量，ΔL 代表劳动投入的变动量，用 $MRTS_{LK}$ 表示以劳动代替资本的边际技术替代率。

$$MRTS_{LK} = \frac{\Delta K}{\Delta L}$$ （边际技术替代率实际为负值，为分析方便取其绝对值）

上式中，当 ΔL 趋向于零时，劳动 L 对资本 K 的边际技术替代率公式为：

$$MRTS_{LK} = \lim_{\Delta L \to 0} \frac{\Delta K}{\Delta L} = -\frac{dK}{dL}$$ （分析时取其绝对值）

由上可知，等产量曲线上某一点的边际技术替代率就是等产量曲线上该点斜率的绝对值。

如图 4-2 所示，在等产量曲线上从 a 点到 b 点，劳动增加了 ΔL，由此增加的产量为 $MPL \times \Delta L$，资本减少了 ΔK，由此减少的产量为 $MPK \times \Delta K$，总产量保持不变，即：

$$MP_L \times \Delta L + MP_K \times \Delta K = 0$$

$$\Delta K / \Delta L = -MP_L / MP_K$$

由此可得：

$$MRTS_{LK} = \frac{\Delta K}{\Delta L} = -\frac{MP_L}{MP_K}$$ （分析时取其绝对值）

两种生产要素的边际技术替代率也等于它们的边际产量之比的绝对值。

边际技术替代率递减规律是指在保持产量不变的条件下，当一种生产要素投入量不断增加时，每一单位该生产要素所能替代的另一种生产要素的数量递减。两种生产要素相互替代过程中，普遍存在边际技术替代率递减现象。

根据表 4-3 所示生产 800 千克水稻时资本和劳动的不同组合，可以作出表 4-4 边际替代关系。

表4-4 边际替代关系

变动情况	ΔL	ΔK	边际技术替代率 $\Delta K/\Delta L$
1 ~ 2	5	15	3
2 ~ 3	5	15	3
3 ~ 4	10	10	1
4 ~ 5	15	5	0.33
5 ~ 6	15	5	0.33

上述例子表明，在保持产量水平不变的前提下，当劳动要素的投入量逐渐增加时，每一单位的劳动要素所替代的资本要素的数量是不断递减的。

3. 等成本线

等成本线（Isocost Line）又称厂商预算线，是指在总成本既定和生产要素价格既定的条件下，所能购买到的两种生产要素各种最大可能数量组合的轨迹。例如，某企业预定总成本为16000元，劳动的单价 L=200元，资本的单价 K=100元，则总成本函数为：$16000=200L+100K$。

当成本全部购买劳动时，则资本为零，即 $200L=16000$，$L=80$；

当成本全部购买资本时，则劳动为零，即 $100K=16000$，$K=160$。

如图 4-3 表示，当成本全部购买劳动时，在 B 点（0，80）；当成本全部购买资本时，在 A 点（160，0）连接 AB 两点，就是一条等成本线。

以 M 表示总成本，P_L、P_K 分别表示劳动、资本的价格，Q_L、Q_K 表示劳动、资本的购买量，等成本线可表示为：$M = P_L \times Q_L + P_K \times Q_K$

上式也可改写为：$Q_K = M/P_K - P_L/P_K \times Q_L$

上式为一直线方程式，其斜率为 $-P_L/P_K$。

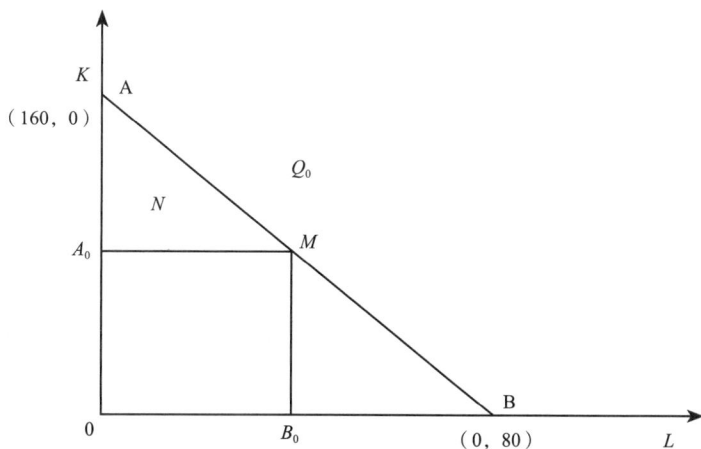

图 4-3 等成本线

等成本线具有以下 5 个特点：

第一，等成本线上的任何一点，代表两种生产要素组合的总成本相等。图 4-3 中，在 AB 线上任何一点，用 16000 元都可以买到相应数量的资本和劳动，如图中 M 点，用 16000 元可以买到 OA_0 数量的资本、OB_0 数量的劳动。

第二，等成本线表明了企业生产的限制条件，即购买生产要素所花费用不能大于或小于预算成本，如图 N 点，相应的资本和劳动可以购买到，但总成本小于 16000 元；而图中 Q_0 点，相应的资本和劳动的总成本大于 16000 元；只有在 AB 线上，任意一点所代表的资本和劳动两种要素的总成本等于 16000 元，且是资本和劳动数量的最大组合。

第三，等成本线的斜率是两种生产要素的价格比率，如图中资本的价格为 100 元，劳动的价格为 200 元，则等成本线的斜率为 0.5。

第四，如果厂商的预算成本发生变化，而生产要素价格不变，则等成本线会平行移动，如总成本从 16000 元增加到 32000 元，则等成本线向上移动，如图 4-4 所示，在总成本为 16000 元时，等成本线为 AB，现在总成本为 32000 元，等成本线上移为 A_1B_1。

第五，如果厂商的预算成本不变，而生产要素价格变动，则等成本线也会发生变动。

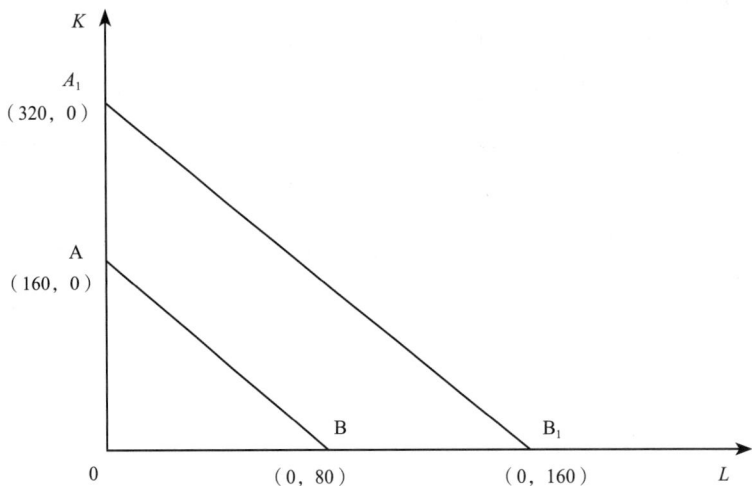

图 4-4　等成本线的变化

4. 两种生产要素的最优组合

生产要素最优组合有两种情况：一是在成本既定时产量最大，二是在产量既定时成本最小。

（1）成本既定下产量最大。如图 4-5 所示，成本既定，等成本线为 AB，有 3 条等产量线，分别为 Q_1、Q_0、Q_2。Q_1 与等成本线相交于 C 点和 D 点，在 CD 范围内，购买资本和劳动的数量都能满足 Q_1 产量的要求，但产量太低，经济效益不好；等产量线 Q_2 产量虽高，但是等成本线不能与其相交或相切，等成本线 AB 上任何点所购买的资本和劳动数

量都满足不了 Q_2 生产要求；等产量线 Q_0 与等成本线相切于 M 点，在 M 点所购买的资本和劳动数量才能满足 Q_0 的生产要求。Q_0 是既定成本线时最大的生产可能性曲线。此时，最佳资本量为 OA_0，最佳劳动量为 OB_0。

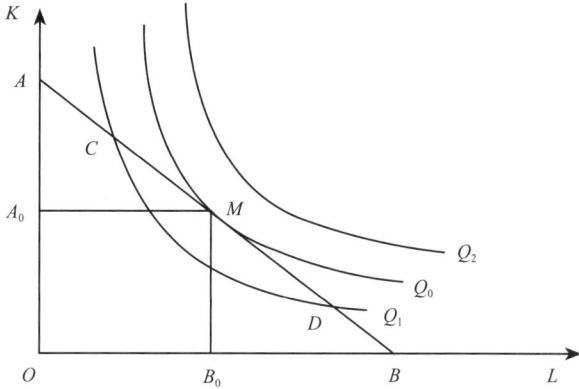

图 4-5　成本既定时的产量最大

（2）产量既定下成本最小化。如图 4-6 所示，等产量曲线 Q 既定，有三条等成本线，分别为 A_0B_0，A_1B_1，A_2B_2。如果是 A_1B_1 等成本线，在任何一点购买的资本和劳动都不可能生产出 Q 的产量；如果是 A_2B_2 等成本线，与 Q 产量线相交于 C、D 两点，在成本线 CD 范围内购买的资本和劳动都能满足 Q 产量的要求，但成本太高，经济效益不理想；等成本线 A_0B_0 与等产量曲线 Q 相切于 M 点，只有在 M 点购买的资本 OK_0 和劳动 OL_0 数量才符合生产 Q 产量的要求，A_0B_0 是等产量曲线既定条件下的最小成本线。此时，最佳资本量为 OK_0，最佳劳动量为 OL_0。

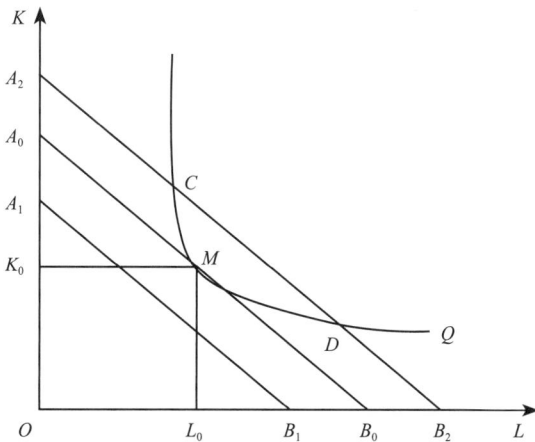

图 4-6　产量既定时的成本最小

因此，等产量曲线与等成本线的切点就是在既定条件下两种生产要素的最佳组合，在切点 M 处，两条曲线的斜率相等。

等产量曲线的斜率就是边际替代率，即：$MRTS_{LK}=\Delta K/\Delta L=-MP_L/MP_K$，等成本线的斜率是$-P_L/P_K$。因此：

$MP_L/MP_K=P_L/P_K$　推导出　$MP_K/P_K=MP_L/P_L=\lambda$　（λ：单位货币的边际产量）

如果投入 n 种要素，则最佳组合的条件为：

$$MP_1/P_1=MP_2/P_2=\cdots=MP_n/P_n=\lambda$$

该式的经济含义是：如果劳动和资本两种生产要素可以完全替代，那么厂商可以通过对两种要素投入量的不断调整，使最后一单位货币成本无论用来购买哪一种生产要素，所获得的边际产量都相等，从而实现生产要素的最优组合。

知识链接：规模收益与适度规模

规模收益也叫规模报酬，是指所有生产要素同时变动对产量的影响。随着投入生产要素的增加，生产规模出现从小到大，规模收益呈现递增、不变和递减三个阶段。

规模收益递增，即总产量增加的速度大于生产要素增加的速度。例如，某化工厂把劳动、资本和原料增加 20%，而总产出增加 30%。规模收益不变，即总产量增加的速度等于生产要素增加的速度。例如，劳动、资本和其他投入增加 20%，产出也增加 20%。规模收益递减，即总产量增加的速度小于生产要素增加的速度。例如，某农户种植玉米，种子、人工和机器都增加了 20%，而总产量仅增加了 15%。

适度规模：由于存在规模收益的变化，所以企业要有适度规模，即规模不能太小，也不能太大，而最佳规模的确定要根据行业特征、市场条件等因素综合考虑。所以企业并不是越大越好或越小越好，而是适度才好。

第二节　成本理论

在现实生活中，我们经常看到一些饭店和休闲娱乐场所虽然门庭冷落，但却仍然坚持营业。比如有一家高尔夫球场，在那里打高尔夫球的价格相当低，甚至低于成本。厂商为什么这么做？厂商的目标是追求利润最大化，当产品或服务价格已经低于成本时，厂商为什么还在继续营业？他们这样做，是不是越做越亏呢？

要回答这些问题，需要分析厂商在什么情况下应继续经营，在什么情况下应停止经营。这要求我们必须正确理解成本类型及其含义，掌握不同成本对企业决策的影响。

一、几种成本概念

成本（Cost）是企业生产一定数量的产品或提供一定数量的劳务所消耗的全部费用的总和，是投入生产要素必须支付的代价。

1. 固定成本与可变成本

固定成本（Fixed Cost）是指不随生产规模的变化而变化的成本。不管生产规模大小，固定成本始终保持不变。比如，厂房不管生产与否都要折旧。可变成本（Variable Cost）是指随生产规模变化而变化，比如原材料、生产一线工人，规模越大，生产越多，使用原材料越多，用工量越大。

2. 短期成本与长期成本

短期成本（Short-run Cost）是指短期内厂商从事生产所发生的成本。短期内，厂商不能调整全部生产要素的投入量，至少有一种生产要素不可以调整。短期成本分为固定成本和可变成本。比如，某年国庆节期间，扬州瘦西湖的玩具卖得非常火爆，出现了脱销现象。这时厂家只能组织工人日夜加班，但来不及增加机器，机器这种要素在短期内不可调整。

长期成本（Long-run Cost）是指长期内厂商从事生产所发生的成本。在长期，所有生产要素投入量都可以调整，比如国庆节后玩具仍然畅销，可以增加生产设备，扩大生产规模。因此，长期不存在固定成本，一切成本都是可变成本。

3. 会计成本与经济成本

会计成本（Accounting Cost）是计入会计账目的各种货币支出，即企业购买或租赁所有权归他人的生产要素而形成的成本，包括工资、利息、租金、原材料购买费用等。

经济成本（Economic Cost）是企业生产经营中应该支付的代价，包括企业生产经营过程中利用自有要素和他人要素的费用总和。它不仅包括会计成本，还包括所有权归企业主自己所有的生产要素所形成的成本。

4. 机会成本与沉没成本

机会成本（Opportunity Cost）是指使用某种资源生产某产品时，放弃的该资源用于其他用途所能得到的最高收入。比如某块耕地可用来生产粮食、蔬菜和花木，但只能生产其中一种作物，如果生产这种作物，也就放弃了生产其他作物的机会。假设生产每种作物的收入如表4-5所示，相应的机会成本就产生了。

表4-5　耕地的机会成本

种植产品	年收入（元）	机会成本（元）
粮食	8000	10000
蔬菜	9000	10000
花木	10000	9000

判断资源是否优化配置，用收入和机会成本来对比。当收入大于机会成本时，表明资源实现了优化配置；当收入小于机会成本时，表明资源配置不优。上表种植花木收入10000元大于机会成本9000元，说明这块地实现优化配置，这块地种植粮食和蔬菜，资源配置都不优。

补充阅读：上大学的会计成本与机会成本

上大学是要花钱的，这就是上大学的成本。从目前来看，每位大学生在四年期间学费、书费等各种支出约为4万元。这种钱要实实在在地支出，称为会计成本。

上大学的代价绝不仅是这种会计成本。上大学放弃工作的机会和工资收入就是上大学的机会成本。例如，如果一个人不上大学而去工作，每年可以得到2万元，这四年的机会成本就是8万元。上大学的总成本等于会计成本与机会成本之和，共计12万元。

不同的人上大学的总成本是不一样的。一个达到NBA水平的篮球天才，如果高中毕业后上大学，他大学四年的总成本可能高达504万美元，这其中有500万美元是机会成本。

当你了解机会成本后，就知道为什么有些年轻人不上大学了。

——摘自缪代文编著：《微观经济学与宏观经济学》（第四版），

高等教育出版社2012年版，第112页

沉没成本（Sunk Cost）又称沉淀成本，是指已经支出且无法收回的成本。例如，企业因为广告支出发生的成本，购置的专用设备因转产而闲置，银行的呆账、坏账等。所谓"覆水难收"就是指一种难以收回的沉没成本。

在经济学家看来，真实成本可能会因忽视机会成本而被低估，也可能会因对沉没成本抓住不放而高估。经济学家在决策时对于成本的考虑与普通人思维方式可能有所不同：重视普通人可能忽略的机会成本，而忽略普通人可能不愿舍弃的沉没成本。

5. 显性成本与隐性成本

显性成本（Explicit Cost）是指厂商在生产要素市场上购买或租用所需要的生产要素的实际支出，如工资、利息、地租等。显性成本又叫会计成本。通俗地讲，显性成本在会计账目上——记录，是显而易见的。

隐性成本（Implicit Cost）是指厂商使用自己拥有的生产要素应该支付但没有实际支付的费用。或者说厂商自己拥有的那些生产要素的机会成本。比如使用自有房屋而节省的租金、使用自有资金而节省的利息等。厂商使用自有要素应该支付的成本没有作账支付，在会计账目上没有反映，而是被隐藏了，这便是隐性成本。

6. 私人成本与社会成本

私人成本（Private Cost）是指个别厂商从事生产活动所应支付的各种费用，它包括显性成本和隐性成本，即厂商的生产成本。

社会成本（Social Cost）是指整个社会为某项生产活动所支付的成本，既包括厂商支付的私人成本，也包括整个社会为此付出的代价，即外在成本。例如，化工厂生产化工产品导致环境污染，外在成本包括整个社会环境污染的损失和治理环境的支出。

上述有关成本之间的关系：

$$会计成本=显性成本$$

$$机会成本=隐性成本$$

$$经济成本=显性成本+隐性成本=会计成本+机会成本$$

二、短期成本分析

1. 短期总成本、总固定成本、总可变成本

短期总成本（Short-run Total Cost，STC）是指短期内生产一定数量产品的成本总和。它包含总固定成本与总可变成本。

总固定成本（Total Fixed Cost，TFC）是指厂商短期内不能改变的固定投入而支付的成本，比如地租、利息、机器、厂房设备的折旧等，不管是否生产都要支付这方面的成本。

总可变成本（Total Cariable Cost，TVC）是指厂商为其使用的可变投入所支付的成本，如工资、原材料、燃料等。

下面以一个固定成本为60美元的面包店的各类成本与产量之间的关系为例，看各种成本的计算及相互关系，如表4-6所示。

表4-6　各种成本计算

产量 Q	总固定成本 TFC	总变动成本 TVC	总成本 STC	边际成本 SMC	平均固定成本 AFC	平均可变成本 AVC	平均成本 SAC
（1）	（2）	（3）	（4）=（2）+（3）	（5）	（6）=（2）/（1）	（7）=（3）/（1）	（8）=（6）+（7）

产量 Q	总固定成本 TFC	总变动成本 TVC	总成本 STC	边际成本 SMC	平均固定成本 AFC	平均可变成本 AVC	平均成本 SAC
0	60	0	60	—	—	—	—
1	60	30	90	30	60	30	90
2	60	55	115	25	30	27.5	57.5
3	60	75	135	20	20	25	45
4	60	105	165	30	15	26.2	41.2
5	60	155	215	50	12	31	43
6	60	225	285	70	10	37.5	47.5
7	60	315	375	90	8.6	45	53.6
8	60	425	485	110	7.5	53.2	60.7
9	60	555	615	130	6.7	61.6	68.3
10	60	705	765	150	6	70.5	76.5

2. 短期平均成本与短期边际成本

短期平均成本（Short-run Average Cost，SAC）是指厂商在短期内生产一定量的产品时，平均每单位产品所需要的成本，包括平均固定成本与平均可变成本。

平均固定成本（Average Fixed Cost，AFC）是指平均每单位产品所消耗的固定成本。平均可变成本（Average Variable Cost，AVC）是指平均每单位产品所消耗的可变成本。如果以 Q 代表产量，则有 $SAC = \dfrac{STC}{Q} = \dfrac{TFC}{Q} + \dfrac{TVC}{Q}$，即 $SAC = AFC + AVC$。

短期边际成本（Short-run Marginal Cost，SMC）是指每增加或减少一个单位产量所引起总成本的变动量，以 ΔQ 代表变动的产量，ΔSTC 代表变动的总成本，则 $SMC = \dfrac{\Delta STC}{\Delta Q}$ 各项指标计算如表 4-6 所示。

3. 各类短期成本曲线的变动规律及其关系

（1）短期总固定成本、总可变成本、总成本变动规律，如图 4-7 所示。

总固定成本曲线 TFC 是一条与横轴平行的直线，反映了固定成本不随产量的变化而变化。

总可变成本曲线 TVC 从原点出发，表示产量为 0 时可变成本为 0；随着产量增加不断增加，是一条向右上方倾斜的曲线。其变动规律为"两头陡中间平"。

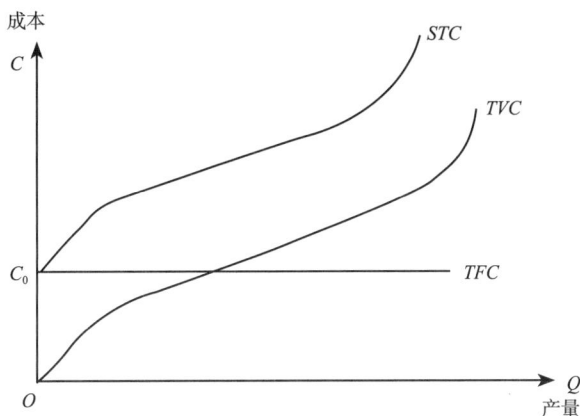

图 4-7　短期总成本、总可变成本、总固定成本

总成本曲线 STC 不从原点出发，表示即使没有产量，总成本也等于固定成本；其形状与可变成本曲线相同（斜率相同）；其数值等于可变成本曲线垂直上移一段相当于 TFC 的距离。

（2）短期平均成本变动规律，如图 4-8 所示。

短期平均成本含短期平均固定成本、短期平均可变成本和短期平均总成本。

由于短期总固定成本不变，随着产量的增加，短期平均固定成本 AFC 逐渐下降，但开始下降幅度比较大，之后越来越小，所以 AFC 是一条单调递减的曲线。

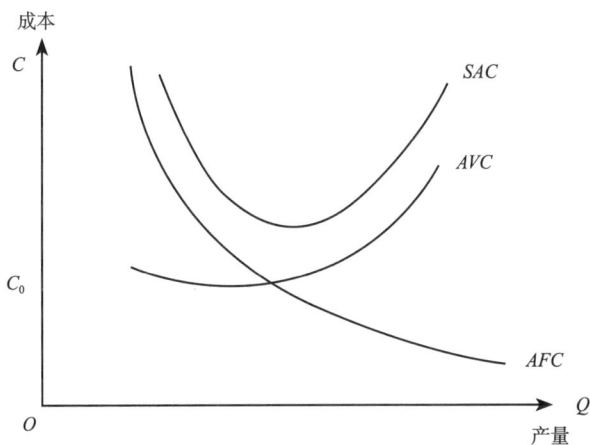

图 4-8　短期平均总成本、平均固定成本、平均可变成本

短期平均可变成本 AVC 变动是随着产量的增加先下降后上升。表示随着产量的增加，平均可变成本呈现出先减少后增加的规律。平均可变成本曲线呈 U 形。

短期平均总成本 SAC 变化趋势是先下降后上升，表示随着产量的增加，平均总成本呈现出先减少后增加的规律。平均总成本曲线呈 U 形。

（3）短期边际成本变动规律。短期边际成本 SMC 的变化呈现为先下降后上升的特征。

表示随着产量的增加，短期边际成本先逐步减少后逐步增加的规律。SMC 曲线呈 J 形。如图 4-9 所示 SMC 曲线。

三、几种成本间的关系

1. 短期边际成本与短期平均成本的关系

短期边际成本曲线 SMC 与短期平均成本曲线 SAC 相交于 N 点。相交前，边际成本小于平均成本；相交时，边际成本等于平均成本；相交后，边际成本大于平均成本。同时，在 N 点左侧平均成本逐渐下降；在 N 点右侧，平均成本逐步增加，如图 4-9 所示。

盈亏平衡点：边际成本 SMC 与平均成本 SAC 相交于 SAC 的最低点 N 点，当平均收益或单位价格（P）与该点平均成本相等时，厂商收支相抵，此点即为收支相抵点，也称盈亏平衡点。只有这一点价格正好等于平均成本，平均成本等于边际成本，即 $P=SAC=SMC$。这时收支相抵、盈亏平衡，如图 4-9 所示。

2. 短期边际成本与短期平均可变成本的关系

短期边际成本曲线 SMC 与短期平均可变成本曲线 AVC 相交于 M 点，相交前，边际成本小于平均可变成本；相交时，边际成本等于平均可变成本；相交后，边际成本大于平均可变成本，如图 4-9 所示。

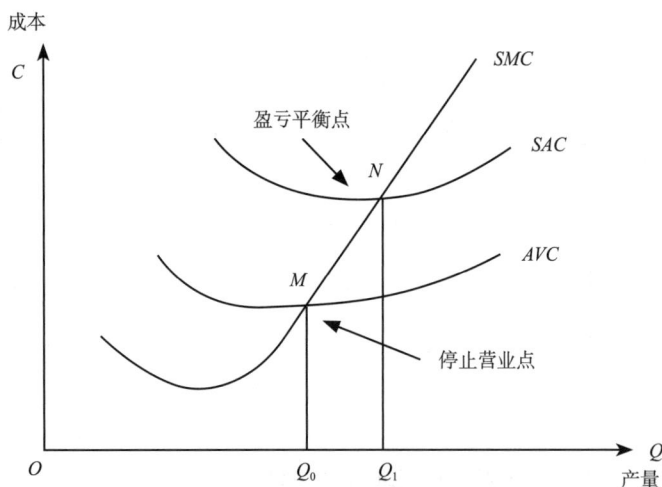

图 4-9　短期边际成本、平均成本、平均可变成本曲线

停止营业点：短期边际成本 SMC 与平均可变成本 AVC 最低点相交的点 M。在 M 点，当 $P=AVC$ 时，厂商刚好收回可变成本；当 $P > AVC$ 时，能收回部分固定成本，可以继续营业；当 $P \leqslant AVC$ 时亏损，连可变成本也不能完全收回，就必须停止营业。所以 M 点被称为停止营业点，表示当平均收益或单位价格与该点相等时，厂商停止营业，

如图 4-9 所示。

四、长期成本分析

　　从长期看，所有生产要素都可以调整，扩大或缩小生产规模。长期生产成本包含长期总成本、长期平均成本、长期边际成本。

1. 长期总成本

　　长期总成本（Long-run Total Cost，LTC）厂商在长期中生产一定量产品所花费的成本总和，如图 4-10 所示。从长期看，厂商的每一产量水平可以面对不同的生产规模（要素投入及组合）。长期总成本曲线是不同规模下的最低成本曲线，是短期总成本曲线的包络线。

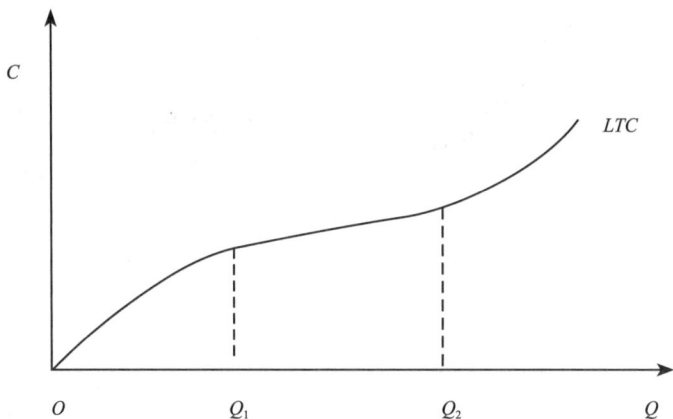

图 4-10　长期总成本曲线

上图中，长期成本曲线 LTC 从 0 开始，表示当总产量为 0 时，长期总成本为 0；向右上方倾斜，表示长期总成本随着产量的增加而增加，产量在 $O \sim Q_1$ 之间，成本增加率大于产量增长率；产量在 $Q_1 \sim Q_2$ 之间，成本增加率小于产量增加率；产量在 Q_2 之后，成本增长速度大于产量增长速度。

知识链接：LTC 曲线与 STC 曲线

　　长期总成本曲线 LTC 与短期总成本曲线 STC，两者的形状相似，都是一条反 S 形曲线，但两者形似而神异。第一，LTC 曲线从原点出发，STC 曲线不从原点出发。因为，长期不存在固定成本，当产量为零时，长期总成本也为零。第二，决定两者形状的因素不同。STC 曲线的形状是由可变生产要素的边际产量递减规律决定的，而 LTC 曲线的形状是由生产规模报酬递减规律决定的。

——摘自徐美银主编：《经济学原理》（第二版），

高等教育出版社 2016 年版，第 100 页

---

2. 长期平均成本

　　长期平均成本（Long-run Average Cost，LAC）是指厂商在长期生产中平均每单位产品的成本。长期平均成本曲线可以根据短期平均成本曲线求得。

　　以汽车制造厂为例，假设有 3 种不同的设计规模，年产汽车分别为 20 万辆、50 万辆和 100 万辆，随着产量的变化，它的短期平均成本的变化如图 4-11 所示。

　　SAC_1 代表在年产 20 万辆汽车的短期平均成本曲线，SAC_2 代表年产 50 万辆汽车的短期平均成本曲线，SAC_3 代表年产 100 万汽车的短期平均成本曲线。

　　厂商根据不同汽车产量来决定生产规模，目标是使平均成本达到最低。在产量为 20 万辆时，要选择 SAC_1 这一规模，这时平均成本 OC_1 最低。如果产量 50 万辆，要选择

SAC_2 这一规模，这时平均成本 OC_2 最低。如果是 100 万辆的产量，要选择 SAC_3 这一规模，因为这时平均成本 OC_3 最低。

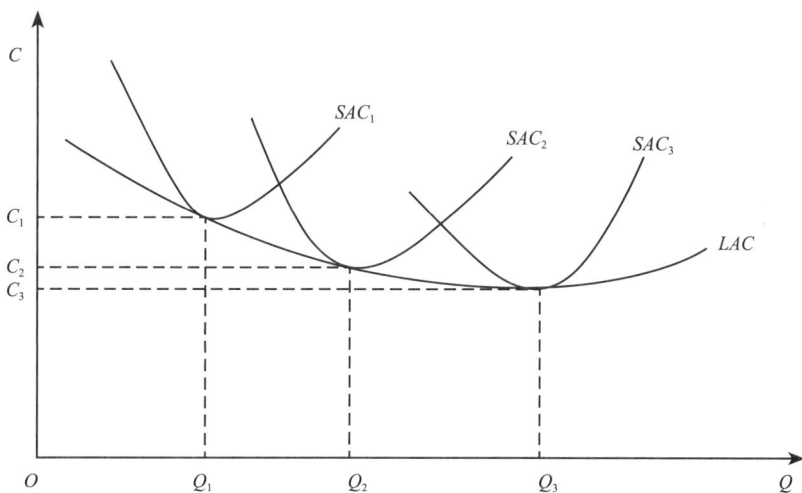

图 4-11　长期平均成本曲线

把各个最低平均成本点连接起来，就形成了长期平均成本曲线，上图中 LAC 就是把 SAC_1、SAC_2、SAC_3 等各最小短期平均成本点连接起来的长期平均成本曲线。由于短期平均成本曲线有无数条，长期平均成本曲线是一条与无数条短期平均成本曲线相切的曲线。

在连续变化的每一个产量水平上，都存在 LAC 曲线与一条 SAC 曲线相切的点，这条 SAC 曲线所代表的生产规模就是生产该产量的最优规模，切点所对应的平均成本就是该产量的最低成本。

知识链接：LAC 曲线与 SAC 曲线

LAC 曲线与 SAC 曲线都呈 U 形，但其成因不同。短期平均成本曲线 SAC 呈 U 形是由边际报酬递减规律作用所致，长期平均成本曲线 LAC 呈 U 形则是由长期生产中的规模经济和规模不经济所致。

——摘自邓先娥：《经济学基础》，人民邮电出版社第 2 版，第 97 页

长期平均成本曲线 LAC 也是一条先上升后下降的 U 形线。表示长期平均成本随着产量的增加先减少后增加。随着产量的增加，开始时规模收益递增，平均成本减少；后出现规模收益不变，平均成本不变；最后，出现规模收益递减，平均成本增加。

3. 长期边际成本

长期边际成本（Long-run Marginal Cost，LMC）是指厂商在长期中每增加一单位产量所引起的长期总成本 LTC 的增加量，是长期总成本曲线上各点的导数。其形状也是一条

先下降后上升的 U 形曲线，表示成本随产量的增加先减少后增加，如图 4-12 所示。

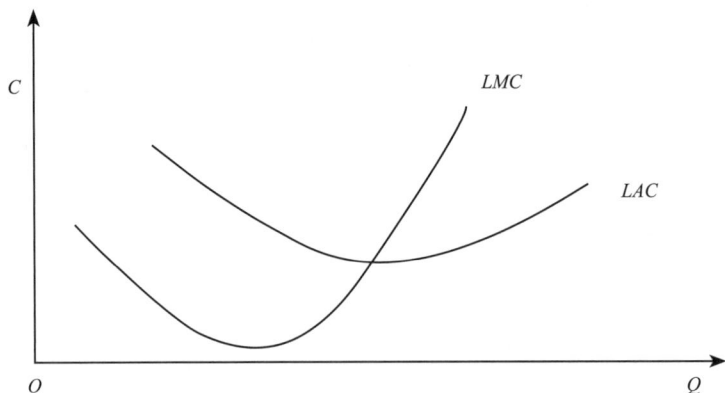

图 4-12　长期边际成本与长期平均成本

4. 长期边际成本与长期平均成本的关系

长期边际成本曲线与长期平均成本曲线相交前，$LMC < LAC$；相交后，$LMC > LAC$；相交时，$LMC=LAC$。长期边际成本线 LMC 经过长期平均成本线 LAC 的最低点。

知识链接：LAC 与 LMC 的关系

LAC 曲线和 LMC 曲线的关系可以用一个实例来说明。假设某汽车制造厂生产了 Q 辆汽车，平均每辆车的成本为 20000 元，如果再多生产一辆汽车多花 19999 元，可以断定，$Q+1$ 辆汽车的平均成本一定低于 20000 元，也就是说，边际成本小于平均成本时必然会使平均成本递减。如果多生产一辆多花 20001 元，可以断定，$Q+1$ 辆汽车的平均成本必然会高于 20000 元，也就是说，边际成本大于平均成本时必然会使平均成本上升。只有当边际成本等于平均成本时，平均成本才最低。

——资料来源：金立其：《经济学原理》，浙江大学出版社 2009 年版，

第 101 页

五、规模经济

规模经济（Scale Economy）是指随着厂商生产规模的扩大，长期平均成本呈下降的趋势。当厂商在扩大规模时，总成本增加幅度小于总产量增加幅度，长期平均成本随着总产量的增加而下降，即为规模经济；相反，当长期平均成本随着总产量的增加而增加，则为规模不经济；当长期平均成本不随总产量的变动而变动，则为规模收益不变。

规模经济分为内部规模经济与外部规模经济两个方面。内部规模经济是指厂商扩大规模时因自身内部因素导致的效率提高或成本下降。例如，技术创新、专业化的设备、精细

的分工、更高的市场份额等提高了管理效率，使平均成本下降。外部规模经济是由于产业规模和产业链形成而使厂商生产成本降低、收益增加。例如，硅谷等高科技区域，研发、生产、销售的上下游体系分明，信息与交易成本降低，形成规模经济效应。

知识链接：规模报酬与规模经济的区别

首先，两者属于不同的理论范畴。规模报酬是指由于生产要素按既定比例增加而引起的产量增加，研究生产要素投入与产量之间的关系，通过生产函数来表现，属于长期生产理论范畴；规模经济是在一定产量范围内，随着产量的增加，平均成本不断降低的趋势，研究产量与成本之间的关系，属于长期成本理论范畴。

其次，规模经济的范畴包括规模报酬，或者说，规模报酬是规模经济的特例。规模报酬递增必然产生规模经济，因为规模报酬递增意味着产出增长率大于生产要素投入增长率，平均成本下降，产生规模经济。另外，规模经济并不一定处于规模报酬递增阶段，因为规模经济只表明平均成本下降的事实，并不一定表明产出增长率大于各种生产要素投入增长率，即规模报酬递增。

第三节　利润最大化原则

厂商进程生产的目的是实现利润最大化。要解决利润最大化问题，除了了解成本的概念外，还要对收益、利润和利润最大化的实现条件进行分析。

一、总收益、平均收益与边际收益

厂商的收益是指厂商销售商品所得到的收入，即销售收入。关于收益，有三个重要的概念，即总收益、平均收益和边际收益。

总收益（Total Revenue, TR）是指厂商销售一定数量产品得到的全部收入。总收益等于销售的产品数量乘以其价格。以 P 表示产品价格，以 Q 表示销售总量或产量。公式表示为：

$$TR = P \cdot Q$$

平均收益（Average Revenue, AR）是指厂商销售单位产品所得到的收入。平均收益等于厂商总收益除以销售产品数量。公式表示为：

$$AR = TR / Q$$

边际收益（Marginal Revenue MR）是指厂商每增加销售一单位产品所增加的收入。公式表示为：

$$MR = \Delta TR / \Delta Q$$

总收益、平均收益、边际收益的变动规律与总产量、平均产量、边际产量的变动规律相同，两者曲线形状也相似，如图 4-13 所示。当产品销售为 Q_0 时，总收益最大，这时边际收益为零。如果扩大产品销售，总收益不升反降，边际收益为负数。

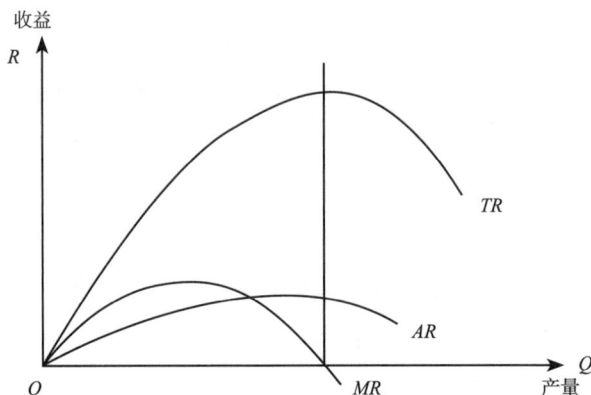

图 4-13　总收益、平均收益、边际收益曲线

二、利润的类型

利润是总收益减去总成本的差值。由于成本类型的差异，利润也有不同的类型。

1. 会计利润与经济利润

会计利润（Accounting Profit）是厂商进行生产活动实际盈亏在账面上的反映，等于总收益与会计成本的差额。经济利润（Economic Profit）是总收益与经济成本的差额，真实地反映生产活动的实际盈亏，是厂商获得最大利润的决策工具。

会计利润 = 总收益 – 会计成本 = 总收益 – 显性成本

经济利润 = 总收益 – 经济成本 = 总收益 – （会计成本 + 机会成本）

= 总收益 – （显性成本 + 隐性成本）= 会计利润 – 机会成本

由于会计成本小于经济成本，因此会计利润高于经济利润。经济利润是会计利润的一部分。两种利润之间的关系如图 4-14 所示。

课堂讨论

会计师计算的利润与经济学家计算的利润为何不同？

---

2. 正常利润与超额利润

正常利润（Normal Profit）是企业家才能的价格，也是企业家才能这种生产要素所得到的收入。它包括在成本中，是总成本的组成部分。其性质与工资相类似，是由企业家才能的需求与供给所决定的，也是厂商要留在该行业中所必须获得的最低利润。

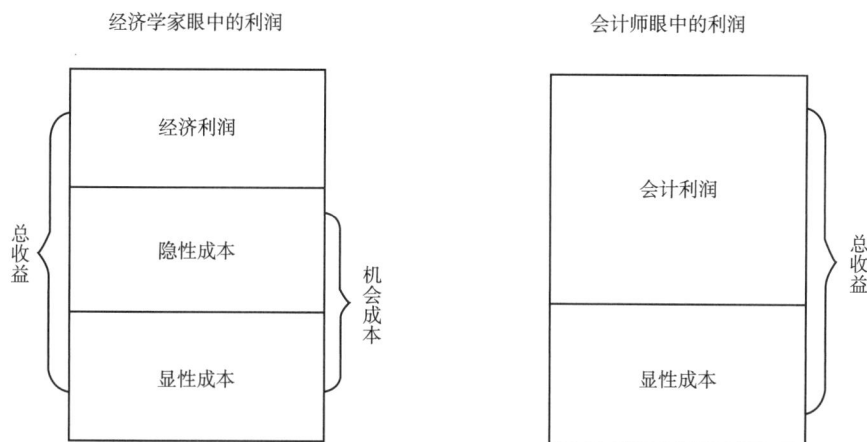

图4-14 经济利润和会计利润之间的关系

超额利润（Excess Profit）是指超过正常利润的那部分利润，又称为纯粹利润或经济利润。当厂商的经济利润或超额利润为零时，厂商仍然获得了正常利润。

三、利润最大化原则

厂商从事生产经营的目的是实现利润最大化（Profit Maximization），根据利润的定义，如果用 Π 代表利润，TR、TC 分别表示总收益、总成本，则利润的计算公式如下：

$\Pi = TR - TC$

$TR = P_x \times Q$

$TC = C_x \times Q$

P_x：单位产品价格

C_x：单位产品成本

Q：产量

由于总收益 TR、总成本 TC 都是产量的函数，因此，利润 Π 也是产量 Q 的函数。对厂商而言，利润最大化就是要确定一个合适的产量，使总收益与总成本的差额最大，这就需要对厂商的利润目标函数求极值。

利润目标函数：$\Pi(Q) = TR(Q) - TC(Q) = P_x \times Q - C_x \times Q$

根据数学原理，令 Π 的一阶导数为零，则 Π 取最大值。即：

$$\frac{d\Pi}{dQ} = \frac{dTR}{dQ} - \frac{dTC}{dQ} = 0$$

TR（Q）的一阶导数就是边际收益 MR，TC（Q）的一阶导数就是边际成本 MC。

当 $MR - MC = 0$ 时 Π 取最大值，利润最大化条件是：

$$MR = MC$$

利润最大化原则是：当且当边际成本＝边际收益时，厂商实现了利润最大化。

为什么当边际收益＝边际成本时，厂商利润才能实现最大化？

若 $MR > MC$，每多生产一单位产品所增加的收益＞生产这一单位产品所增加的成本，增加产品能使利润增加，还有潜在利润存在，没有实现利润最大化。

若 $MR < MC$，每多生产一单位产品所增加的收益＜生产这一单位产品所增加的成本，减少产量可以增加利润，此时也没有实现利润最大化。

只有当 $MR = MC$ 时，厂商才不会调整产量，实现了利润最大化。

以某厂商销售某产品的产量、价格、收益、成本等数据验证这个道理，如表4-7所示。

表4-7　某厂商销售产品数量及相关情况

销售量 Q	价格 P	总收益 TR	总成本 TC	边际收益 MR	边际成本 MC	利润
0	8	0	6	0	—	-6
1	7	7	8	7	2	-1
2	6	12	9	5	1	3
3	5	15	12	3	3	3
4	4	16	20	1	8	-4
5	3	15	35	-1	15	-20

从上表中可看出，当边际收益＝边际成本，该厂商销售该产品的数量为 3 个单位时利润最大，此时的利润为 3 个单位。

【本章小结】

生产要素是指生产中所使用的各种资源，包括劳动、土地、资本和企业家才能等资源。

短期生产函数是指在一定技术水平下，其他要素投入量固定时，一种可变生产要素投入量与最大产量之间的依存关系。

总产量是指一定量的某种生产要素所生产的全部产量。平均产量是指平均每单位某种生产要素所生产的产量。边际产量是指某种生产要素每增加一单位所增加的产量。

边际收益递减是指在其他投入不变时，连续增加某种可变生产要素投入所增加的产量会逐步减少，即边际收益减少。在劳动作为唯一可变生产要素时，劳动的合理投入区间应该在平均产量最大至边际产量为零之间。

等产量曲线是指在获得相同产量的情况下，投入两种生产要素不同数量组合的轨迹。

边际技术替代率是指一种生产要素替代另一种生产要素的比率。边际技术替代率递减规律是指在保持产量不变的条件下，当一种生产要素投入量不断增加时，每一单位该生产要素所能替代的另一种生产要素的数量递减。等成本线是指在总成本既定和生产要素价格既定条件下，所能购买到的两种生产要素各种最大可能数量组合的轨迹。

生产要素的最优组合条件是：每一单位货币成本无论用来购买哪一种生产要素，所获得的边际产量都相等：

$$MP_1/P_1 = MP_2/P_2 = \cdots = MP_n/P_n = \lambda$$

成本是企业生产一定数量的产品或提供一定数量的劳务所消耗的全部费用的总和，是投入生产要素所必须支付的代价。包括固定成本与可变成本、短期成本与长期成本、会计成本与经济成本、机会成本与沉没成本、显性成本与隐性成本、私人成本与社会成本等类型。

短期成本是短期内生产一定数量产品的成本。它包含短期固定成本与短期可变成本、短期平均成本与短期边际成本等类型。

盈亏平衡点是指边际成本 SMC 与平均成本 SAC 相交于 SAC 的最低点。停止营业点是指边际成本 SMC 与平均可变成本 AVC 相交于 AVC 的最低点。

利润是总收益减去总成本的差值，有会计利润与经济利润、正常利润与超额利润之分。

利润最大化原则是：当且当边际成本＝边际收益时，厂商实现了利润最大化。

【重点掌握】

总产量、平均产量、边际产量及其关系。

边际产量递减规律。

等产量曲线与等成本曲线。

两种生产要素的最优组合。

各种短期成本之间的关系。

盈亏平衡点与停止营业点。

利润最大化原则。

扫码获取有关知识视频

【练习与思考】

一、单项选择题

1. 经济学关于短期与长期的划分取决于（　　　）。

A. 能否调整产品产量　　　　　B. 能否调整产品价格

C. 能否调整某种生产要素的投入量　　D. 能否调整所有生产要素的投入量

2. 在总产量、平均产量、边际产量的变化过程中，最先发生递减的是（　　　）。

A. 边际产量　　B. 平均产量　　C. 总产量　　D. 以上都不是

3. 根据总产量、平均产量、边际产量的变化规律，一种可变生产要素的合理投入是在（　　）的区间。

A. 总产量从 0 到最高值　　　　　　　B. 边际产量递增

C. 平均产量递增　　　　　　　　　　D. 平均产量最高值到总产量最高值

4. 等产量曲线是指在这条曲线上的各点代表（　　）。

A. 为生产同等产量投入要素的各种组合比例是不能变化的

B. 为生产同等产量投入要素的价格是不变的

C. 投入要素的各种组合所能生产的产量都是相等的

D. 不管投入何种要素，产量总是相等的

5. 等成本线平行向外移动表明（　　）。

A. 产量提高　　　　　　　　　　　　B. 成本增加

C. 生产要素投入量减少　　　　　　　D. 生产要素的价格按相同比例提高

6. 已知等成本线与等产量线既不相交又不相切，如果要达到等产量曲线所表示的产量水平，应该（　　）。

A. 增加投入　　　B. 减少投入　　　C. 保持投入不变　　　D. 不确定

7. 两种可变生产要素的最优组合取决于（　　）。

A. 边际产量递减规律　　　　　　　　B. 两种生产要素的边际技术替代率递减规律

C. 两种生产要素的边际技术替代率与价格之比相等

D. 两种生产要素的边际产量等于 0

8. 当某厂商以最小成本生产出既定产量时，（　　）。

A. 总收益为零　　　　　　　　　　　B. 一定获得最大利润

C. 一定未获得最大利润　　　　　　　D. 无法确定是否获得最大利润

9. 在长期中，下列成本中不存在的一项是（　　）。

A. 可变成本　　　B. 平均成本　　　C. 机会成本　　　　D. 隐含成本

10. 由企业购买或租用任何生产要素所发生的成本是指（　　）。

A. 显性成本　　　B. 隐性成本　　　C. 变动成本　　　　D. 固定成本

11. 机会成本的经济含义是（　　）。

A. 使用一种资源的机会成本是放弃这种资源另一种用途的收入

B. 放弃这种资源在其他用途中所能得到的最高收入

C. 是将其用于次优用途的收入

D. 如果一个人选择了上学而不是工作，那他的机会成本等于他在学习期间的学费

12. 假定某机器原来生产产品 A，利润为 200 元，现在改生产产品 B，所花的人工、材料费为 1000 元，则生产产品 B 的机会成本是（　　）。

A. 200 元　　　　B. 1200 元　　　C. 1000 元　　　　D. 无法确定

13. 长期平均成本曲线成为 U 形的原因与（　　）。

A. 规模报酬有关   B. 外部经济、外部不经济有关

C. 要素的边际生产率有关   D. 固定成本与可变成本所占比重有关

14. 长期总成本曲线是各种产量的（　　　）。

A. 最低成本点的轨迹   B. 最低平均成本点的轨迹

C. 最低边际成本点的轨迹   D. 平均成本变动的轨迹

15. 当产出增加时 LAC 曲线下降，这是由于（　　　）。

A. 规模的不经济性   B. 规模的经济性

C. 收益递减律的作用   D. 上述都正确

16. 假如增加一单位产量所带来的边际成本大于产量增加前的平均可变成本，那么在产量增加后平均可变成本（　　　）。

A. 减少   B. 增加   C. 不变   D. 都有可能

17. 已知产量为 500 单位时，平均成本是 2 元，产量增加到 550 单位时，平均成本等于 2.50 元，在这个产量变化范围内，边际成本（　　　）。

A. 随着产量的增加而上升，并在数值上大于平均成本

B. 随着产量的增加而上升，并在数值上小于平均成本

C. 随着产量的增加而下降，并在数值上小于平均成本

D. 随着产量的增加而下降，并在数值上大于平均成本

18. 假如增加一单位产量所增加的边际成本小于产量增加前的平均成本，那么在产量增加后平均成本将（　　　）。

A. 下降   B. 上升   C. 不变   D. 都有可能

19. 已知某企业生产的商品价格为 10 元，平均成本为 11 元，平均可变成本为 8 元，则该企业在短期内（　　　）。

A. 停止生产且亏损   B. 继续生产且存在利润

C. 继续生产但亏损   D. 停止生产且不亏损

20. 利润最大化的原则是（　　　）。

A. $MR=AC$ B. $AR=MR$ C. $MC=AC$ D. $MR=MC$

二、多项选择题

1. 边际收益递减规律成立的条件是（　　　）。

A. 生产技术保持不变   B. 保持其他生产要素投入数量不变

C. 边际产量递减发生在可变投入增加到一定程度之后

D. 扩大固定资本的存量

2. 一种可变要素投入的合理区域条件是（　　　）。

A. TP 递减   B. AP 递增   C. $AP=MP$ D. $MP=0$

3. 等产量曲线具有如下性质（　　　）。

A. 凸向原点   B. 斜率为负

C. 任何两条等产量曲线不能相交　　　　D. 离原点越远的等产量曲线表示产量越大

4. 在厂商的盈亏平衡点上，存在（　　）。

A. $TR = TC$　　　B. $AR = SAC$　　C. $P = AR$　　　　D. $MR = MC$

5. 下列关于短期成本曲线说法正确的有（　　）。

A. 随着产量的增加，短期平均可变成本曲线先下降后上升

B. 随着产量的增加，短期总成本曲线先下降后上升

C. 随着产量的增加，短期边际成本曲线先下降后上升

D. 随着产量的增加，短期边际成本曲线交于短期平均成本曲线的最低点

6. 下列关于长期总成本曲线说法正确的有（　　）。

A. 长期总成本曲线与坐标纵轴相交，并有正的截距

B. 长期总成本曲线从坐标原点出发

C. 长期总成本曲线向右上方倾斜

D. 长期总成本曲线倾斜的斜率，先递减，后递增

7. 当产量为零时，下列（　　）等于零。

A. 短期总成本　　B. 可变成本　　C. 固定成本　　　　D. 长期总成本

8. 下列关于停止营业点的说法中正确的是（　　）。

A. 在停止营业点，$SMC = SAC$

B. 在停止营业点，$SMC = AVC$

C. 若产品价格高于平均可变成本，但低于平均成本，厂商应继续生产

D. 若产品价格低于平均可变成本，厂商必须停止生产

9. SMC 曲线与 SAC 曲线的交点称为（　　）。

A. 停止营业点　　B. 盈亏平衡点　C. 最低可变成本点　　D. 最低平均成本点

10. 以下对规模经济的理解正确的是（　　）。

A. 规模经济是指随着厂商生产要素投入的增加，产量以更大幅度增加

B. 规模经济是指随着厂商生产规模的扩大，长期平均成本呈下降的趋势

C. 分为内部规模经济与外部规模经济

D. 外部规模经济是指由于外部市场需求增加，厂商扩大生产规模而导致长期平均成本下降

三、判断题

1. 随着生产技术水平的变化，生产函数也会发生变化。（　　）

2. 当其他生产要素不变时，一种生产要素投入越多，则产量越高。（　　）

3. 只要边际产量减少，总产量一定也在减少。（　　）

4. 等产量曲线上任意一点所表示的生产要素组合，都可以生产出同一数量的产品。（　　）

5. 当要素价格不变时，随着生产者货币成本增加，等成本线会发生移动。（　　）

6. 平均固定成本不会随产量的增加而提高。（　　　）

7. 长期平均成本线是一条与无数条短期平均成本线相切的曲线。（　　　）

8. 某厂商每年从企业的总收入中取出一部分作为自己所提供生产要素的报酬，这部分资金被视为固定成本。（　　　）

9. 随着产量的增加，平均固定成本在开始时下降，然后趋于上升。（　　　）

10. 长期平均成本曲线在达到一定的产量水平后趋于上升，是由边际收益递减规律所造成的。

11. 当边际成本达到它的最低点时，平均成本达到最低。（　　　）

12. 收益就是利润，因此，收益最大化就是利润最大化。（　　　）

四、简答题

1. 某企业打算投资扩大生产，其可供选择的筹资方法有两种，一是利用利率为 10% 的银行贷款，二是利用企业利润。该企业的经理认为应该选择后者，理由是不用付利息因而比较便宜。你认为他的话有道理吗？

2. 假如你要招聘工厂流水线操作工，在平均劳动产出与边际劳动产出中，你更关心什么？如果你发现平均产出开始下降，你会雇用更多的工人吗？这种情况的出现意味着你刚雇用的工人的边际产出如何？

3. 某人决定暑假去参加一个计算机培训班，这样他就不能去打工赚 2000 元。参加这个培训班学费 2000 元，书本费 200 元，生活费 1400 元。参加这个培训班的机会成本是多少？

五、计算题

1. 假定某企业将生产一件售价为 10 美元的产品，生产该产品的固定成本为 5000 美元，该产品每件可变成本为 5 美元。试问，该产品生产多少时正好盈亏平衡？

2. 假定某产品生产的成本函数为：$TC = Q_3 - 4Q_2 + 10Q + 100$，求固定成本函数、可变成本函数、平均成本函数、边际成本函数。

3. 在下表中填空。

Q	TC	FC	VC	AFC	AVC	SAC	SMC
0	50						
1	70						
2	100						
3	120						
4	135						
5	150						
6	160						

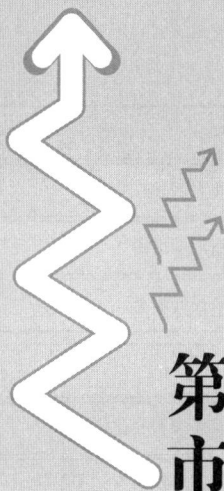

第五章
市场结构理论

【学习目标】

1. 知识目标

　　了解市场结构的概念、划分标准与基本特征；

　　掌握完全竞争市场厂商的均衡条件；

　　理解完全垄断市场厂商的短期均衡；

　　理解完全垄断市场的价格歧视；

　　理解垄断竞争市场的产品差别；

　　理解寡头垄断市场的特征。

2. 能力目标

　　掌握不同市场类型厂商的主要竞争策略，并加以运用。

3. 思政目标

　　树立正确的竞争意识、守法意识。

扫码获取本章课件

【结构导图】

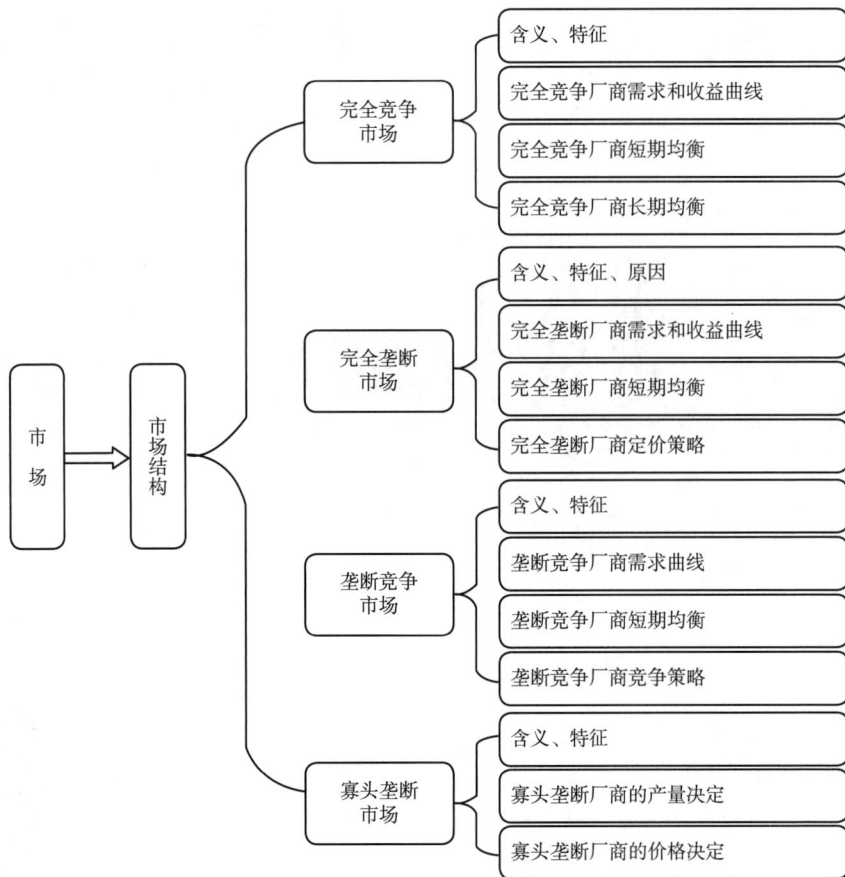

【引导案例】

把牛奶倒入大海

汤姆是生活在美国乌有城城郊的一位奶牛场主，不知何故，方圆数百里就这一家奶牛场。汤姆的奶牛场有 2000 头奶牛，每月产奶 2000 吨，这些牛奶供应乌有城的市民和周边农村的农民。牛奶售价是每吨 500 美元，每吨生产成本是 300 美元。因此，汤姆一个月可以赚 40 万美元。

在大学就读的儿子杰瑞正在对当地牛奶市场进行调查，这是老师布置的寒假作业，意在巩固并实际应用课堂上学到的供求理论。经过一个月的调查，杰瑞向父亲指出了他的一个惊人发现："这些年你平均每个月损失 130 万美元！"

第二天，汤姆的奶牛场做了一件让人瞠目结舌的事：把 1000 吨香喷喷的牛奶倒入了海中，然后宰杀了 1000 头奶牛，并且将牛奶的价格翻了两番。穷人不再喝牛奶，而城里人仍然购买汤姆的牛奶，因为，方圆几百里只有汤姆一家奶牛场。

问题：为什么杰瑞建议汤姆把牛奶倒入大海？生产厂商是如何达到均衡的？

——摘自金焕，方方主编：《经济学及应用》，中国劳动社会保障出版社

2010 年版，第 65—66 页

导致将牛奶倒入大海这种极端事件的根本原因是市场垄断。从一般意义上讲，这种行为就是宁可闲置生产能力也不愿增产降价，其目的是要维持垄断高价带来的高利润。

市场结构不同，即厂商的市场地位和所处市场环境不同，厂商的行为特征和竞争策略也不相同。本章就是具体分析在不同市场结构下，厂商实现利润最大化的均衡产量和均衡价格是如何决定的，即市场结构理论或厂商均衡理论。

第一节 市场结构

一、市场结构的概念

市场结构（Market Structure）是指某一行业市场的竞争与垄断程度。不同的市场结构决定了企业不同的市场目标和竞争手段。根据市场竞争与垄断的程度，可将市场结构分为不同的类型。

二、划分市场结构的标准

经济学通常依据市场集中度、产品差别、进入壁垒三个标准对市场结构进行划分。

1. 市场集中度

市场集中度（Market Concentration）是指某个行业中大企业对整个市场的占有和控制程度，即某一行业的生产和销售是集中在少数企业，还是分散在众多企业。用市场占有率来表示。最常用的是四家集中率（CR4）和赫芬达尔－赫希曼指数（HHI）。

四家集中率是指某一行业中最大的四家企业在整个市场销售额中所占的比例。计算公式如下：

$$CR4 = \frac{S_1 + S_2 + S_3 + S_4}{S}$$

公式中，S 表示该行业的市场销售总额，S_1，S_2，S_3，S_4 分别表示该行业规模最大的

四家企业的市场销售额。

假设某一市场中的总销售额为 3000 亿元，该市场上最大的四家企业的销售额分别为 750 亿元、600 亿元、500 亿元和 400 亿元，则该行业的四家集中率就是：

$$CR4 = \frac{750 + 600 + 500 + 400}{3000} = 75\%$$

赫芬达尔－赫希曼指数是指某行业 50 家最大企业每家市场占有份额的百分数的平方和。如果小于 50 家就是每家企业市场占有份额的百分数的平方之和。计算公式如下：

$$HHI = \sum_{i=1}^{50} S_i^2 = S_1^2 + S_2^2 + S_3^3 + \cdots + S_{50}^2$$

公式中，S_1，S_2，S_3，S_i，S_{50} 分别表示某行业 50 家最大企业的市场占有率的百分数。

假设某个市场上最大的 50 家企业的市场占有率分别为 10%、9%、8%，…，0.1%，则：

$$HHI = (10\%)^2 + (9\%)^2 + (8\%)^2 + \cdots + (0.1\%)^2 = 102 + 92 + 82 + \cdots + 0.12$$

四家集中率和赫芬达尔－赫希曼指数都是反映市场垄断程度的指标。四家集中率和赫芬达尔－赫希曼指数越低，这说明市场垄断程度越低，竞争程度越高；反之，则垄断程度越高，竞争程度越低。美国司法部反垄断规则认为，HHI 小于 1000 的市场是"非集中的"，大于 1000 而小于 1800 的市场是"比较集中的"，大于 1800 的市场是"高度集中的"。

2. 产品差别

产品差别（Product Differentiation）是指同一种产品在质量、品牌、包装或销售条件等方面的差别。是某一产品区别于其他同类产品的显著区别或不同。造成产品差别的原因包括：产品的内在质量和功能不同，产品的外在形象和包装不同，产品的品牌不同，产品的销售和服务不同。例如，国产手机华为即为优秀民族品牌，联想计算机是消费者广泛认同的知名品牌，美的电器、格力空调都是同行业的优秀产品。

产品差别会引起垄断。产品差别越高的行业，垄断程度越高，竞争程度越低；产品差别越低的行业，垄断程度越低，竞争程度越高。

3. 市场壁垒

市场壁垒（Market Barrier）是指厂商进入或退出某个行业所遇到的障碍或干扰，也称市场限制。市场进出障碍越小，竞争程度越大；反之，市场进出障碍越大，竞争程度越低。市场限制分为市场进入限制和市场退出限制，一般将进入与退出限制统称为进入限制。进入限制主要来自于自然原因和立法原因。

自然原因包括资源控制与规模经济。一家或几家企业控制了某个行业的关键资源，其他企业无法得到这种资源。南非德比尔斯公司控制了世界钻石资源的 80%，其他企业很难进入钻石行业。例如，日本汽车行业主要由丰田、本田、日产汽车公司三家巨头控制。

立法原因是政府法律规定对某些行业进行限制。政府通过特许经营，如邮政业务由国家邮政局独家特许经营；许可证制度，如我国许多城市对出租车实行许可证经营，开业行医必须拥有许可证；专利制度，通过法律手段确认发明人对其发明享有专有权利，即排他性垄断权。

三、市场结构的类型及特征

根据上述三个标准，可以把市场结构分为四种类型，即完全竞争市场、垄断竞争市场、寡头垄断市场、完全垄断市场。各类市场的主要特征如表 5-1 所示。

表5-1　四种市场结构主要特征

市场结构	厂商数量	产品差别	价格控制	进入限制	市场信息	举例
完全竞争	很多	无差别	无	无	完全信息	农产品、股票
垄断竞争	较多	有差别	较小	较小	不完全信息	服装、食品、家具
寡头垄断	较少	有差别或无差别	较大	较大	不完全信息	钢铁、石油、通信
完全垄断	唯一	唯一产品，无替代品	完全	很高	不完全信息	自来水、邮政

第二节　完全竞争市场

一、完全竞争市场的含义与特征

1. 完全竞争市场的含义

完全竞争市场（Perfectly Competitive Market），又叫纯竞争市场，是指不受任何阻碍和干扰、没有任何垄断因素的市场。完全竞争市场中，买卖人数众多，买者和卖者是价格的接受者，资源可自由流动，市场完全由"看不见的手"进行调节，政府对市场不作任何干预，扮演的只是"守夜人"的角色。

2. 完全竞争市场的特征

（1）大量的生产者和消费者。任何一个生产者或消费者都不能影响市场价格。由于存在大量生产者和消费者，任何一个买者和卖者在市场总体中所占份额极其微小，没有能力影响市场产量和价格，产品价格由整个市场的供给与需求共同决定。他们是市场价格的被动接受者，而不是市场价格的决定者。

（2）产品具有同质性。市场上有许多生产同种产品的厂商，这些产品的质量、性能、外形、包装等几乎没有差别，任何一个厂商都无法通过产品差异来影响价格，从而形成垄断；对于消费者来说，不同厂商的产品具有完全替代性，消费者无法根据产品差别形成偏好。

（3）进退无壁垒。厂商可以根据自己的意愿，自由进入或退出某个行业，没有任何人为和自然的壁垒。生产要素可以在厂商之间和行业之间完全自由流动，资源可以及时投向能获得最大利润的行业，并及时从亏损行业中退出。行业内的每个企业只能获得正常利润。

（4）市场信息畅通。所有买者和卖者都对交易具有完全信息。例如，厂商对生产要素价格、产品成本及收入完全了解；消费者对产品市场价格及交易完全了解。买者和卖者都可以及时获得完整的市场信息，不存在相互欺诈。

完全竞争市场是一种理想的市场模式。现实生活中，完全符合上述四个条件的市场类型很少，或几乎不存在。一般认为农产品市场，如小麦、大米市场等比较接近完全竞争市场。在完全竞争市场中，资源配置最为合理，生产效率最高，是衡量其他现实市场的一个标准，是其他市场理论的基础。

课堂讨论：你见过大米、小麦的广告吗

我们每天看电视、报纸、杂志都不得不接受泛滥成灾的广告。你有没有见到农民推销大米、小麦的广告？

——摘自陈福明主编：《经济学基础》，高等教育出版社 2011 年版

二、完全竞争厂商的需求曲线和收益曲线

1. 完全竞争厂商的需求曲线

在完全竞争市场上，整个行业和个别厂商面临着不同的需求曲线。对整个行业来说，消费者对整个行业商品的需求总量是该行业的需求量，相应的需求线为该行业的需求曲线。需求曲线是一条向右下方倾斜的曲线。生产者对整个行业商品的供应总量是该行业的供给量，相应的供给线为该行业的供给曲线。供给曲线是一条向右上方伸展的曲线。整个行业的价格是由整个行业的需求与供给所决定的均衡价格，如图 5-1（a）所示。

对个别厂商来说，当市场价格确定后，这个价格就是既定的，无论如何变动产量都不能影响市场价格，它只是市场价格的接受者，厂商没有能力也没有必要去改变这一价格。也就是说，市场对个别厂商产品的需求是无限的。因此，市场对个别厂商产品的需求曲线是一条与横轴平行的直线，如图 5-1（b）所示。

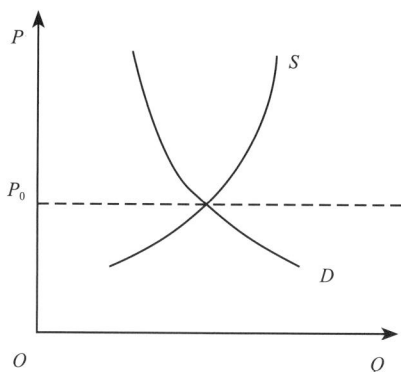

图 5-1（a）　整个行业需求曲线　　　　　图 5-1（b）　单个厂商需求曲线

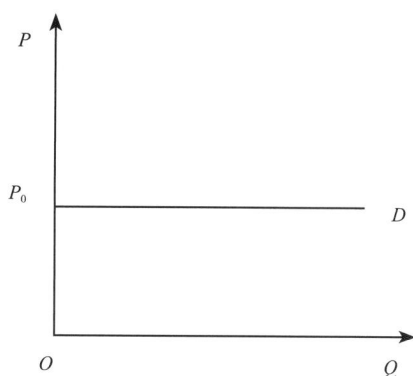

2. 完全竞争厂商的收益曲线

完全竞争市场上，单个厂商按既定的市场价格出售产品，每单位产品的销售价格也就是每单位产品的平均收益，因此，价格等于平均收益。

完全竞争条件下，个别厂商销售量的变动，并不能影响市场价格，即厂商每增加一单位产品的销售，市场价格仍然不变，从而每增加一单位产品销售的边际收益也不变，因此，平均收益等于边际收益。

若以 P 表示价格，以 Q 表示销售量，以 TR 表示总收益，以 AR 表示平均收益，以 MR 表示边际收益，则有：

总收益 $TR=P \times Q$

平均收益 $AR=TR/Q=P \times Q/Q=P$

边际收益 $MR=\Delta TR/\Delta Q=\Delta（P \times Q）/\Delta Q=P \times \Delta Q/\Delta Q=P$

∵　$AR=P$，$MR=P$

∴　$MR=AR=P$

即在完全竞争市场上，个别厂商平均收益等于边际收益等于产品价格。需要说明的是，所有市场类型中，厂商的平均收益等于价格；只有在完全竞争市场，厂商的边际收益等于价格，此时，价格是一个常数。以上可用表 5-2 来说明。

表5-2　完全竞争厂商的收益

销售量 Q	价格 P	总收益 TR	平均收益 AR	边际收益 MR
1	10	10	10	10
2	10	20	10	10
3	10	30	10	10
4	10	40	10	10
5	10	50	10	10

图 5-2 是根据表 5-1 绘制的收益曲线，可见，完全竞争厂商的平均收益曲线 *AR*、边际收益曲线 *MR* 和需求曲线 *D* 三条线重叠，它们都是同一条由既定价格水平出发的与横轴平行的直线，如图 5-2（a）所示。此外，完全竞争厂商的总收益曲线 *TR* 是一条由原点出发的斜率不变、向右上方延伸的直线，如图 5-2（b）所示。

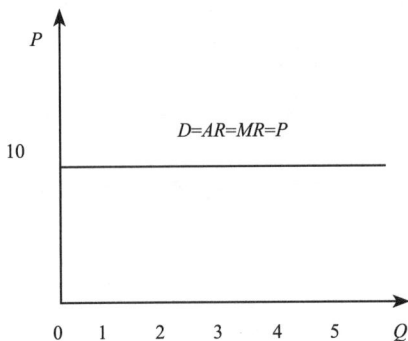

图 5-2（a） 平均收益线与边际收益线　　　图 5-2（b） 总收益曲线

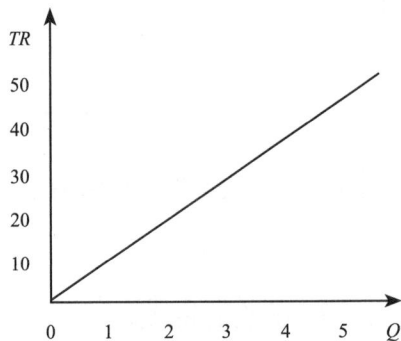

三、完全竞争厂商的短期均衡

厂商短期均衡是指在部分生产要素不能变动的情况下，厂商实现利润最大化的状态。完全竞争厂商短期生产中，市场价格是给定的，只能通过对产量的调整来实现 $MR=MC$ 的利润最大化。当厂商实现 $MR=SMC$ 时，有可能获利，也有可能亏损，完全竞争厂商的短期均衡有以下几种情况：

1.厂商获得超额利润

整个行业供给小于需求，该行业产品市场价格上升，价格高于短期平均成本时，存在超额利润，即经济利润大于零。在图 5-3（a）中，根据 $MR=SMC$ 的利润最大化条件，厂商利润最大化均衡点为 *MR* 曲线和 *SMC* 曲线的交点 *E*，相应均衡产量为 *OM*。在 *OM* 的产量上，价格水平为 *ON*，平均成本为 *FM*。由于价格大于平均成本，厂商获得超额利润。图中，厂商单位产品利润为 *EF*，产量为 *OM*，两者乘积 *EF·OM* 等于总利润，相当于矩形 *NGFE* 的面积。

2.厂商获得正常利润

整个行业供求平衡，产品市场价格等于短期平均成本时，存在正常利润，即经济利润等于零。在图 5-3（b）中，厂商需求曲线 *D* 相切于 *SAC* 曲线的最低点，该点是 *SAC* 曲线和 *SMC* 曲线的交点，恰好也是 $MR=SMC$ 的利润最大化的均衡点 *E*。在均衡产量 *OM* 上，平均收益等于平均成本，厂商利润为零，但实现了正常利润。在均衡点 *E* 上，厂商既无利润也无亏损，所以，该均衡点被称为厂商的收支相抵点或盈亏平衡点。

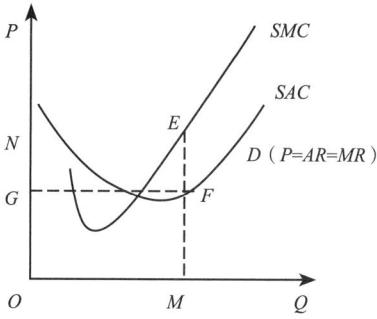

图 5-3（a）厂商存在超额利润

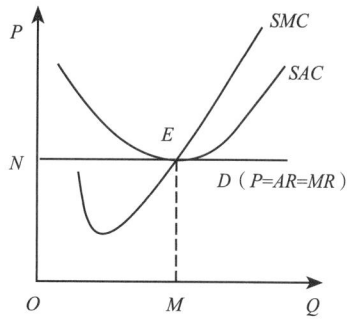

图 5-3（b）厂商处于盈亏平衡

3. 厂商存在亏损

整个行业供给大于需求，该产品市场价格下降，价格低于短期平均成本时，存在亏损，即经济利润小于零。在图 5-3（c）中，由均衡点 E 和均衡产量 OM 可知，厂商的价格低于平均成本，厂商亏损，其亏损量相当于 NGFE 的面积。由于在 OM 产量上，厂商价格大于平均可变成本 AVC，厂商虽然亏损但仍继续生产。因为，只有这样厂商才能在全部收益弥补全部可变成本后还有剩余，以弥补短期不变成本的一部分。

4. 厂商处于停止营业状态

在亏损经营时，厂商是否生产取决于平均可变成本。在图 5-3（d）中，厂商需求曲线 d 相切于 AVC 曲线的最低点，该点是 AVC 曲线和 SMC 曲线的交点。该点恰好也是 MR=SMC 的利润最大化的均衡点 E。在均衡产量 OM 上价格等于平均可变成本 AVC，厂商可以继续生产，也可不生产，厂商生产或不生产的结果一样，都不能弥补不变成本，收益只能弥补可变成本。在这个均衡点上，厂商处于关闭企业的临界点，所以该点（图中 E_1 点）称为停止营业点。

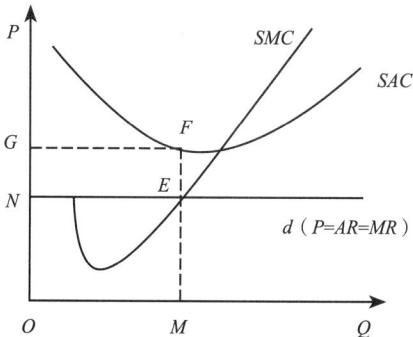

图 5-3（c）厂商存在亏损

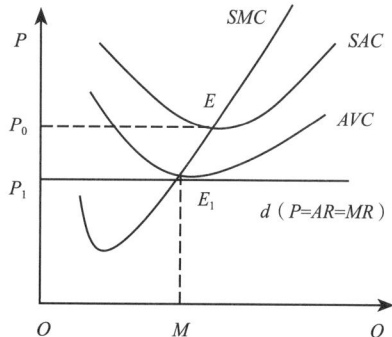

图 5-3（d）厂商处于停止营业点

综上所述，完全竞争厂商短期均衡的条件是：

边际收益=短期边际成本，即$MR=SMC$

均衡条件下的产量即为单个厂商的最优产量。在短期均衡产量上，厂商的超额利润可能大于零，可能等于零，可能小于零。

四、完全竞争厂商的长期均衡

长期中所有生产要素都是可变的，厂商可以调整全部生产要素来实现利润最大化。在市场价格一定的条件下，厂商对生产要素的调整表现为两方面：一是对最优生产规模的选择，二是对进入和退出行业的决策。

短期内厂商来不及调整生产规模，出现超额利润或亏损，长期中这两种情况将不复存在。因为，如果短期内厂商获得超额利润，长期内新的厂商就会加入，或原有厂商扩大生产规模，整个行业供给增加，价格水平下降。如果短期内厂商出现亏损，长期内厂商就会退出，或者缩小生产规模，整个行业供给减少，价格上升。最终价格水平会达到使各个厂商既无超额利润又无亏损的状态。所以，长期中厂商获得正常利润。

完全竞争市场厂商长期均衡条件为：

$$P=MR=LMC=LAC=AR$$

长期均衡点上，厂商经济利润为零；平均成本最低，价格低；供求相等，资源配置优化，如图5-4所示。

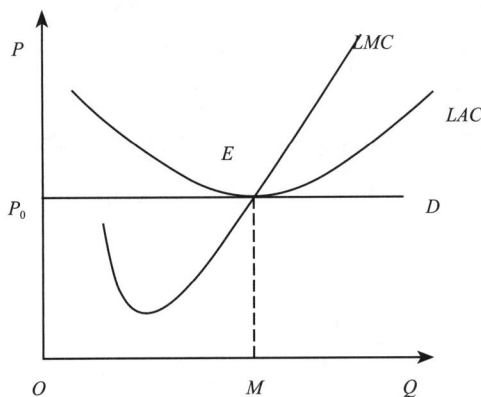

图5-4 完全竞争厂商的长期均衡

第三节　完全垄断市场

一、完全垄断市场的含义、特征及原因

1. 完全垄断市场的含义

完全垄断（Perfect Monopoly）又称为纯粹垄断，是指整个行业中只有一个厂商独家经营的市场结构，即一家厂商完全控制了某种产品生产与销售。例如，微软公司第一次设计 Windows 软件时，它申请得到了政府给予的排他性版权。城市自来水一般由一家公司垄断经营。煤气、电力、邮政、高速公路等接近于完全垄断市场。

2. 完全垄断市场的特征

第一，厂商唯一，独此一家。市场上只有一个厂商提供市场所需全部产品，厂商就是行业，市场集中度为 100%。垄断厂商控制了整个行业的供给，是产品价格的制定者，能够自行决定产品产量和价格。

第二，产品唯一，不可替代。市场没有任何与之替代的产品，垄断厂商不存在直接的竞争者。

第三，进入壁垒非常高。其他厂商进入该行业都极为困难或不可能。

第四，实行差别定价或非价格竞争。为实现利润最大化，垄断厂商实行差别定价或采取非价格竞争。

3. 垄断形成的原因

第一，资源壁垒。生产所需的关键资源由单个厂商独家拥有，其他厂商不能生成这种产品。例如，第二次世界大战之前的美国制铝公司，该公司近 40 年控制着全美铝矾土矿的开采，成为美国制铝行业垄断者。加拿大国际制镍公司由于控制了世界镍矿的 90% 而垄断了制镍行业。

第二，政府管制。政府通过特许经营、许可证制度、专利和版权制度等给予单个厂商排他性生产某种产品的权利。玻璃纸刚发明出来时，美国杜邦公司就凭借专利垄断了全部玻璃纸的生产。

第三，规模经济。由于规模报酬递增，企业规模扩大时，其平均成本随产量扩大而降低，其他企业无利可图而退出，该企业垄断了整个行业，如表 5-3 所示。一般出现在需要大量资本、设备、技术的行业，如自来水、供电、煤气等行业。

表5-3 微波炉产量与单位成本

微波炉产量（万台）	微波炉单位成本（元）
80	1200
100	1000
200	800
400	600
500	500
800	400
1000	300

第四，技术壁垒。垄断者掌握某种核心或关键技术而形成垄断。例如，英特尔、三星、英伟达、高通等公司是世界上最大的芯片公司，垄断了芯片制造核心技术；可口可乐饮料凭借独特配方而占领市场；微软公司是世界上最大的软件公司，占世界软件市场的80%以上。

二、完全垄断厂商的需求曲线和收益曲线

1.垄断厂商的需求曲线

由于完全垄断厂商是市场上唯一的生产者，因此，完全垄断厂商就代表了整个行业或市场，厂商的需求曲线就是市场的需求曲线。在图5-5中，D是市场的需求曲线，也是厂商的需求曲线。它是一条向右下方倾斜的需求曲线，这表明完全垄断厂商想要增加销量，必须降低价格。

2.垄断厂商的收益曲线

前面讲过，任何市场条件下，平均收益等于价格，厂商每单位产品的收益等于产品价格，因此，垄断厂商的平均收益也等于产品价格。垄断厂商需求曲线D同时也是其平均收益线AR。在垄断市场上，当销售量增加时，产品价格会随之下降，边际收益减少。所以厂商平均收益曲线AR向右下方倾斜。

与此同时，厂商从每增加一单位产品销售中所得到的边际收益MR也是递减的，且在每一个销量下，都小于平均收益AR，即边际收益曲线MR总是位于平均收益曲线AR的下方。这是因为当平均产量减少时，边际产量小于平均产量，因此，当平均收益减少时，边际收益小于平均收益。只有在边际收益MR小于平均收益AR的条件下，市场价格才能不断下降，所以，边际收益总是小于平均收益。边际收益曲线也是一条向右下方倾斜的曲线，且位置比平均收益曲线要低，如图5-5所示。

完全垄断厂商的价格、总收益、平均收益与边际收益之间的关系如表5-4所示。

表5-4　垄断厂商的总收益、平均收益与边际收益

价格 P	销售量 Q	总收益 TR	平均收益 AR	边际收益 MR
9	1	9	9	9
8	2	16	8	7
7	3	21	7	5
6	4	24	6	3
5	5	25	5	1
4	6	24	4	-1

从上表可以看出，价格随销售量的增加而下降，平均收益与价格相等，也是随销售量增加而下降，而边际收益下降比平均收益下降的速度更快。

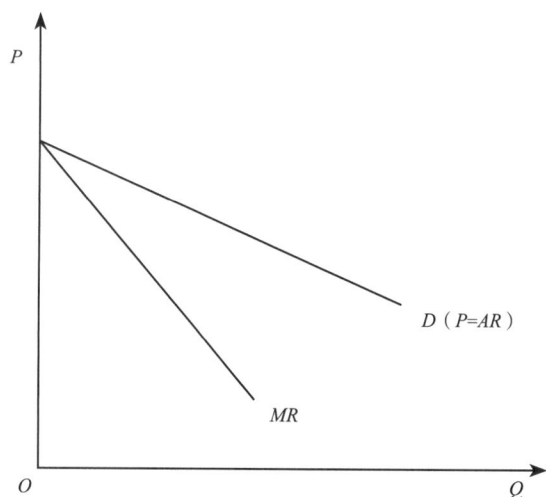

图 5-5　平均收益与边际收益曲线

三、完全垄断厂商的短期均衡

在短期中，完全垄断厂商会根据 $MR=SMC$ 的原则，通过调整产量来确定价格，使所确定的产量和价格能带来最大利润。垄断厂商短期均衡有以下三种情况。

1. 获得超额利润的短期均衡

当供给小于需求，价格高于平均成本时，存在超额利润，如图 5-6（a）所示。当 SMR 曲线与 SMC 曲线相交于 E 点时，$SMR=SMC$。OM 产量是能带来最大利润的产量，ON 是垄断者确定的价格。产量为 OM 时的平均成本为 MF，总成本是矩形 $OKFM$，总收益为 $ONGM$。由于价格高于平均成本，厂商获得超额利润。矩形 $KNGF$ 表示超额利润。OM 产量是短期均衡产量，ON 是短期均衡价格，即垄断价格。

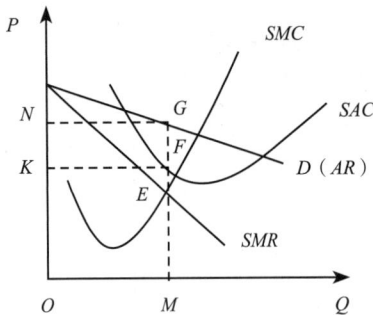

图 5-6（a） 完全垄断厂商获得超额利润　　图 5-6（b） 完全垄断厂商获得正常利润

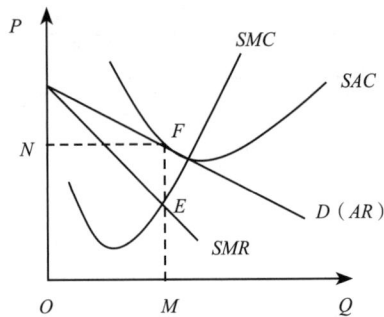

2. 获得正常利润的短期均衡

当供给等于需求，价格等于平均成本时，存在正常利润。如图 5-6（b）所示。当 *SMR* 曲线与 *SMC* 曲线相交于 *E* 点时，*SMR=SMC*。*OM* 产量是能带来最大利润的产量，*ON* 是垄断者确定的价格。产量为 *OM* 时的平均成本为 *MF*，总成本是矩形 *ONFM*，总收益也为 *ONFM*。由于价格等于平均成本，总收益等于总成本，超额利润消失，厂商只能获得正常利润。矩形 *ONFM* 表示正常利润。*OM* 产量是短期均衡产量。*ON* 价格是短期均衡价格，即垄断价格。

3. 蒙受亏损的短期均衡

当供给大于需求，价格低于平均成本时，厂商出现亏损。厂商为使亏损降到最低，仍根据 *SMR=SMC* 的原则把产量确定在 *OM* 水平上，该产量对应的价格为 *ON*，平均成本为 *OF*，总收益为矩形 *ONGM*，总成本为 *OKFM*，厂商亏损为 *NKFG* 部分。亏损时厂商是否继续生产要取决于平均可变成本的情况。如果厂商需求曲线 *D* 与平均可变成本曲线 *AVC* 相切，表示总收益在弥补了全部可变成本外，还有一部分可补偿部分固定成本，在短期内维持生产比停止生产亏损要小；如果厂商的需求曲线低于平均可变成本曲线 *AVC*，表示生产不仅不能弥补固定成本，连可变成本也补偿不了，停产可以使损失更小。平均可变成本曲线 *AVC* 与需求曲线 *D* 的切点 *G* 即为停止营业点，如图 5-6（c）所示。

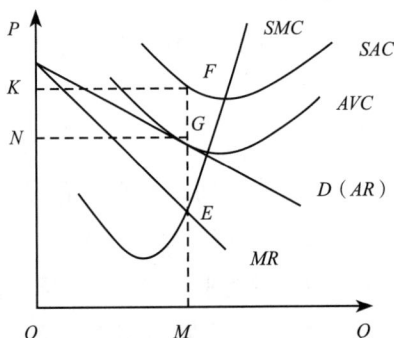

图 5-6（c） 垄断厂商面临亏损

综上所述，完全垄断厂商短期均衡的条件是：

边际收益=短期边际成本，即$MR=SMC$

在实现短期均衡时，完全垄断厂商的超额利润可能大于零，可能等于零，可能小于零。

四、完全垄断厂商的长期均衡

长期中垄断厂商根据市场需求状况，调整全部生产要素的投入量，实现利润最大化。由于垄断行业排除了其他厂商进入的可能，其利润在长期内不会由于新厂商的加入而减少，因此亏损在长期内将不复存在。完全垄断厂商不会满足于获得正常利润，因此，规模调整的最终结果将使平均成本低于价格，以获得超额利润，如图5-7所示。因此，完全垄断厂商的长期均衡条件是边际收益等于长期边际成本，平均收益大于长期平均成本，即$MR=LMC$，$AR>LAC$。

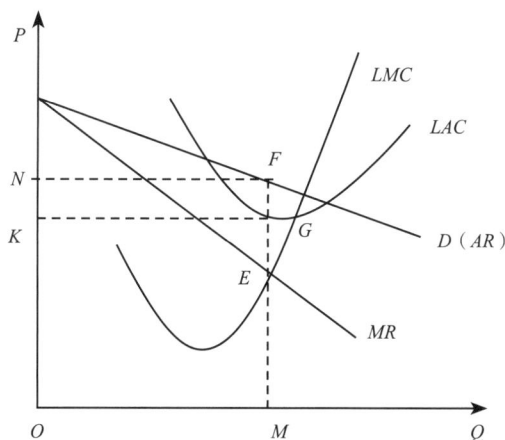

图5-7 完全垄断厂商的长期均衡

五、完全垄断厂商的定价策略

在完全垄断市场上，垄断企业通常采用两种定价策略，一是单一定价，二是价格歧视。

1. 单一定价

在完全垄断市场上，由于垄断企业是市场的唯一供应者，完全控制了市场，所以企业可以通过改变产量来决定价格。垄断企业为了实现利润最大化，可以采用低产高价策略或高产低价策略，必须根据产品特性，全面考虑市场供求关系。一般而言，如果产品是富有弹性的，那么垄断企业采取低价多销的策略就是合理的；如果产品是缺乏弹性的，那么垄断企业采取低产高价的策略就是合理的。

2. 价格歧视

经济学上，歧视是中性词，是区别对待的意思。价格歧视（Price Discrimination）是指垄断企业以不同的价格销售同一种产品，也称歧视定价。价格歧视分为三种。

（1）一级价格歧视。一级价格歧视也称完全价格歧视，是指垄断企业对每一单位商品都按照消费者愿意支付的最高价格销售。例如，英国劳斯莱斯汽车公司为少数富豪和明星量身定做顶级豪华跑车。这些富豪单独提出要求，分别报价，最终该公司每一辆跑车的售价都不相同。拍卖是近似于完全价格歧视的例子。实行一级价格歧视时，消费者剩余全部转化为垄断企业的超额利润。

（2）二级价格歧视。垄断厂商在出售产品时，按购买数量分段定价销售。购买数量越少，价格越高；购买数量越多，价格越低。例如，自来水公司规定，居民家庭基本用水量实行较低价格，超出部分实行较高价格，再超出部分实行更高价格，以鼓励居民节约用水。再如，扬州公交公司投币客户 2 元 / 人次，刷卡客户 1.6 元 / 人次。超市多买多送，多买多优惠。实行二级价格歧视时，消费者剩余部分转化为垄断企业的超额利润。

（3）三级价格歧视。垄断厂商针对不同人群或不同地域的人收取不同的价格，不同市场不同价格销售同一产品。例如，航空公司对商务舱和经济舱机票价格不同；餐厅和茶楼的水、饮料，与便利店相比，它们的价格差距非常大；体育馆演唱会位置好的座位票价特别高；工业用电价格一般高于居民用电价格。实行三级价格歧视的关键是可以区分不同的需求价格弹性。需求价格弹性小的市场提高商品的价格，需求价格弹性大的市场适当降低商品的价格，以获取更多超额利润。

第四节　垄断竞争市场

一、垄断竞争市场的含义与特征

1. 垄断竞争市场的含义

垄断竞争（Monopolistic Ompetition）是指许多厂商生产和销售有差别的同种产品的市场结构。是一种既有垄断又有竞争，既不是完全竞争又不是完全垄断的市场形态。垄断竞争市场是一种常见的市场结构，如服装、洗护品等日用品市场，餐馆、旅馆等服务行业，牛奶、饼干等食品类市场，书籍、药品等市场，大都属于此类。

2. 垄断竞争市场的特征

（1）产品既存在差别，又有替代性。一方面，产品差别会引起垄断，产品差别是指同类产品的差别，即同类产品在价格、外观、性能、质量、颜色、包装、品牌、服务等方面的差别；另一方面，产品差别又存在替代性，各种有差别的产品之间可以相互替代，满足消费者需求，产品差别会引起竞争，从而形成既垄断又竞争的状态。

（2）厂商数量众多。垄断竞争市场上，厂商数量众多，都生产同类产品，相互之间具有较强的竞争关系。每一个厂商占有的市场份额不大，虽然它们对市场价格产生一定影响，但影响是有限的。厂商独立行动，不会相互勾结操纵市场。

（3）厂商进退比较容易。垄断竞争条件下，厂商规模不大，资本数量不太多，厂商可以比较容易地进入或退出市场，基本上不存在障碍或壁垒。

二、垄断竞争厂商的需求曲线

垄断竞争厂商面临两条需求曲线。一条是主观需求曲线，表示当某个厂商改变自身产品价格，行业中其他厂商并不随之而改变价格时，该厂商销售量会大幅变动。因为该厂商在其他厂商价格不变时降价，把对其他厂商的需求吸引过来。这条曲线富有弹性，比较平坦，表示价格小有变动，需求量有较大变动。另一条是客观需求曲线，表示当某个厂商改变自身产品价格，行业中其他厂商也随之改变价格时，该厂商销售量变化不大。因而，这条需求曲线缺乏弹性，比较陡峭。这条曲线也称实际需求曲线，如图5-8所示。

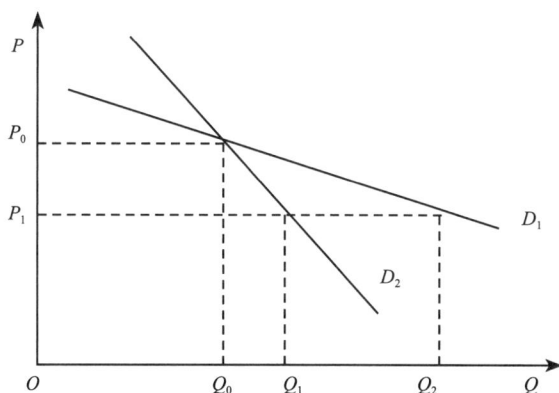

图 5-8　垄断竞争市场上厂商的需求曲线

如上图所示，D_1 为某厂商主观需求曲线，D_2 为某厂商实际需求曲线。原来价格水平为 P_0，销售量为 OQ_0。当价格由 OP_0 下降为 OP_1，需求曲线为 D_1 时，厂商销售量由 OQ_0 增至 OQ_2；当需求曲线为 D_2 时，厂商销售量由 OQ_0 增至 OQ_1。价格下降的幅度相同，但销售量增加的幅度显然不同。

三、垄断竞争厂商的短期均衡

垄断竞争市场上，每个厂商都认为，由于厂商众多，如果自己降价来增加销量，其他厂商不会随同，即认为自己的需求曲线为 D_1。每个厂商都按此行事时，实际上各厂商的需求曲线都是 D_2，如图 5-9 所示。

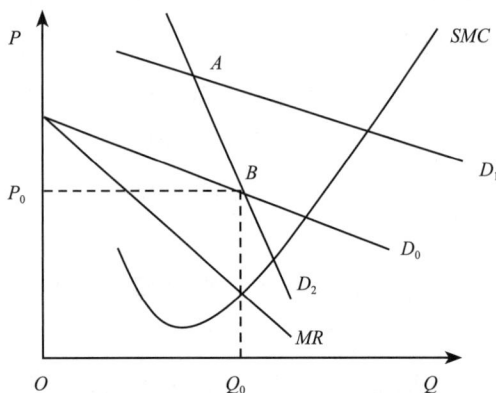

图 5-9　垄断竞争市场上厂商的需求曲线

在短期中，厂商的需求曲线 D_2 是不变的。垄断竞争条件下，短期内厂商不能调整全部生产要素，新厂商也来不及加入该行业，垄断竞争厂商对生产的差别产品具有垄断性，仍然按照 $MR=MC$ 的原则进行生产。结果从价格较高的 A 点开始，不断降低价格，增加销售量，当到达 B 点时，边际收益等于边际成本，决定产量为 OQ_0，价格为 OP_0。在这一过程中，D_1 实际上移动到了 D_0，这时就实现了短期均衡。可见，垄断竞争厂商短期均衡的条件是：$SMR=SMC$。

在短期内，垄断竞争厂商存在三种均衡：供小于求时，价格高于平均成本，厂商获得超额利润；供大于求时，价格低于平均成本，厂商出现亏损，亏损时是否生产取决于平均可变成本，如果价格在平均成本与平均可变成本之间，则厂商在长期内会继续生产以使亏损最小化，如果价格低于平均可变成本，厂商就会停止生产，以免亏损更多；供求相等时，价格等于平均成本，厂商获得正常利润。

四、垄断竞争厂商的长期均衡

垄断竞争厂商可以调整全部生产要素，原有厂商可以退出，其他厂商也可以进入。当某个厂商在短期内获得超额利润时，原有厂商会扩大生产规模，其他厂商也会加入这一行业，经过长期激烈竞争，最终使超额利润消失。如果某行业出现亏损，厂商就会缩小生产规模，原有厂商也有部分退出行业，最终使亏损消失。总之，通过厂商间的竞争，厂商长期内在获得正常利润的情况下实现均衡生产，如图 5-10 所示。

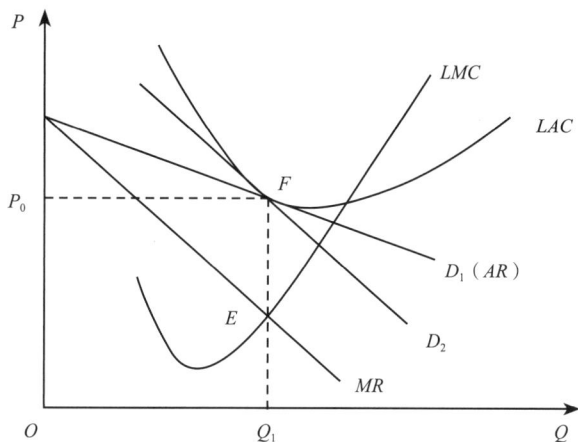

图 5-10　垄断竞争市场上厂商的长期均衡

从图 5-10 可以看出，厂商按照 $MR=MC$ 的利润最大化原则进行生产，边际收益曲线 MR 与长期边际成本曲线的 LMC 交点 E 决定了产量为 OQ_1，价格为 OP_0。长期平均成本线与需求曲线（平均收益线）相切于 F，即平均收益与平均成本都为 Q_1F，总收益等于总成本，都是矩形 OQ_1FP_0 的面积，既没有超额利润，也没有亏损，获得了正常利润，实现了长期均衡。

五、垄断竞争厂商的竞争策略

在垄断竞争市场上，厂商可以采用价格竞争策略和非价格竞争策略。由于厂商众多，产品间有一定替代性，厂商对价格的控制力较小，价格竞争利益不大。同时，产品间的差异越大，则垄断势力越强，促使垄断竞争厂商更注重突出产品差异化的非价格竞争。

非价格竞争是指通过改变产品质量、功能、外观、包装、售后服务及广告宣传等手段参与市场竞争的形式。非价格竞争的实质是打造产品特色、强化产品差异，其主要手段有产品变异和广告等。

案例：北京两家餐馆的不同策略

居德林素菜

生活水平的提高使人们的膳食结构也发生了变化。吃清淡爽口又有营养的素菜逐渐成为时尚。居德林素菜厅顺应了这个趋势，丰富了素菜近百种。引进上海功德林的素菜并结合北京人的口味进行了创新，开发了红白两大类上百种素菜系列，其用料讲究、制作精细。

第五节　寡头垄断市场

一、寡头垄断市场的含义与特征

1. 寡头垄断市场的含义

寡头垄断市场（Oligopoly Market）又称寡占市场，是指少数几家厂商控制整个（或绝大部分）市场的生产和销售的市场组织，这几个厂商被称为寡头企业。例如，美国汽车业的通用、福特和克莱斯勒，投资银行业的美林、高盛和摩根斯坦利等，是有名的寡头垄断市场。再如，钢铁、石油等行业被认为是典型的寡头垄断市场。

2. 寡头垄断市场的特征

（1）厂商数量极少。市场上只有极少数的大生产商，每个厂商在市场中都具有举足轻重的地位，对其产品价格具有相当的影响力，如美国零售业由沃尔玛等几家大企业控制。

（2）相互依存。相互依存是寡头垄断市场的基本特征。由于厂商数目少且占据市场份额大，一个厂商的行为会影响对手的行为，影响整个市场。所以，每个寡头在制定自己的策略时，都非常重视对手的反应。寡头垄断者虽然是独立自主经营单位，但他们的行为又互相影响、互相依存。寡头厂商通过各种方式达成共谋、协议或勾结。寡头垄断厂商既不是价格的制定者，也不是价格的接受者，而是价格的寻求者。

（3）产品同质或异质。产品没有差别，彼此依存的程度很高的纯粹寡头，存在于钢铁、尼龙、水泥等产业；产品有差别，彼此依存关系较低的差别寡头，存在于汽车、重型机械、石油产品、电气用具、香烟等产业。

（4）进出不易。其他厂商进入极其困难。因为在规模、资金、信誉、市场、原料、专利等方面，其他厂商难以与原有厂商匹敌。由于原有厂商相互依存，休戚相关，其他厂商不仅难以进入，更难以退出。

二、寡头垄断市场的产量决定

各寡头之间在决定市场产量的时候，存在相互勾结与相互不勾结两种形式，不同形式下的产量决定是有区别的。

当各寡头之间存在勾结时，产量是由各寡头共同协商而确定的。而协商确定的结果对谁有利，是由各寡头的实力大小决定的。这种协商一般是对各自产量的限定，如石油输出国组织对各产油国规定的产量限额。也可以是对销售市场的瓜分，不限制具体产量，只确定各寡头的市场范围。当各寡头的实力发生消长变化时，产量或市场范围的瓜分又重新开始，通过激烈竞争形成新的协定。

各寡头之间不存在勾结时，各寡头根据其他寡头的产量决策调整自己的产量。由于各寡头不知道其他企业的产量和价格决策，只能通过假设竞争对手的产量和价格，来推测确定自己的产量和价格，以实现利润最大化。经济学家做了许多不同假设，建立了很多寡头模型来分析产量问题，并得到不同的答案。著名的有古诺模型、斯威齐模型等。

三、寡头垄断市场的价格决定

在寡头垄断市场上，不存在寡头勾结的定价方法是价格领导定价和成本加成定价，存在寡头勾结的定价方法是卡特尔。

1. 价格领袖制

价格领袖制是指行业中某一企业首先制定或变动价格，其余寡头随后确定各自的价格。价格领袖又可以分为支配型价格领袖、晴雨表型价格领袖和效率型价格领袖。支配型价格领袖是指本行业最大、最有支配力量的寡头企业。晴雨表型价格领袖在掌握市场行情变化或其他信息方面明显优于其他寡头企业。效率型价格领袖是本行业中成本最低、效率最高的寡头垄断企业。

2. 成本加成定价

成本加成定价是指在估计的平均成本的基础上加一定百分比的利润来确定价格。如用 r 表示固定利润率，用 AC 表示平均成本，用 P 表示价格，那么 $P=AC(1+r)$。平均成本可以根据长期内成本变动的情况确定，而所加的利润比率则要参照全行业的平均利润率来确定。这种定价方法可以避免各寡头之间的价格竞争，使价格相对稳定，避免在降价竞争中两败俱伤，是寡头垄断市场上最常用的方法之一。

3. 卡特尔

卡特尔是指生产同类产品的垄断厂商就产品的市场价格、产量分配和市场份额达成公开协议而联合行事的一种组织。例如，石油输出国组织（OPEC）就是这样一个国际卡特尔。卡特尔根据行业需求曲线和利润最大化原则，共同制定统一的价格和总产量，再将总产量分配给参加卡特尔的各寡头企业。实际上，由于卡特尔各成员间的矛盾，有时达成的协议也很难兑现，甚至造成卡特尔解体。没有公开勾结的卡特尔，各寡头还会通过暗中勾结（又称默契）来确定价格。

【本章小结】

市场结构是指某一行业市场的竞争与垄断程度。通常依据市场集中度、产品差别、进入壁垒三个标准，把市场结构划分为四种类型，即完全竞争市场、垄断竞争市场、寡头垄断市场、完全垄断市场，如表 5-5 所示。

表5-5　四种市场类型小结

市场类型	销售方式和销售策略	产量决定短期均衡条件	长期均衡条件	效率	经济利润
完全竞争	低进高出，把握时期	$MR=MC$	$MR=LMC=LAC$	高产低价 $P=LAC=LMC$	短期盈亏，长期为零
垄断竞争	广告竞争、质量竞争	$MR=MC$	$MR=LMC$ $AR=LAC$	$P=LAC$ $P>LMC$	短期有盈亏，长期为零
寡头垄断	竞争与合作	$MR=MC$	寡头博弈	高于垄断	有，但低于垄断
完全垄断	产量和价格控制	$MR=MC$	$MR=LMC=SMC$	低产高价 $P>LAC>LMC$	短期有盈亏，长期有利润

完全竞争市场是指不受任何阻碍和干扰、没有任何垄断因素的市场。它有大量的生产者和消费者、产品具有同质性、进退无壁垒、市场信息畅通等特征。完全竞争厂商的平均收益曲线 AR、边际收益曲线 MR 和需求曲线 D 三条线重叠。完全竞争厂商短期均衡的条件是 $MR=SMC$，厂商的超额利润可能大于零，也可能等于零，还可能小于零。其长期均衡条件为：$P=MR=LMC=LAC=AR$。长期均衡点上，厂商经济利润为零；平均成本最低，价格低；供求相等，资源配置优化。

完全垄断市场是指整个行业中只有一个厂商独家经营的市场结构。它有厂商唯一、产品唯一、进入壁垒非常高、实行差别定价或非价格竞争等特征。其形成原因有资源壁垒、政府管制、规模经济、技术壁垒等。完全垄断厂商短期均衡的条件是 $MR=SMC$，其超额利润可能大于零，可能等于零，也可能小于零。垄断企业通常采用单一定价、歧视定价两种定价策略。

垄断竞争市场是指许多厂商生产和销售有差别的同种产品的市场结构。它有产品既存在差别又有替代性，厂商数量众多，厂商进退比较容易等特征。垄断竞争厂商短期均衡的条件是 $SMR=SMC$。长期内在获得正常利润的情况下实现均衡生产。厂商可以采用价格竞争策略和非价格竞争策略。

寡头垄断市场是指少数几家厂商控制整个市场的生产和销售的市场组织。它有厂商数量极少、相互依存、产品同质或异质、进出不易等特征。各寡头之间在决定市场产量的时候，有相互勾结与相互不勾结两种形式。在价格决定上有价格领袖制、成本加成定价、卡特尔等形式。

【重点掌握】

市场结构四种类型。
完全竞争厂商的短期和长期均衡。
完全垄断厂商的短期均衡和价格歧视。
垄断竞争市场的产品差别。
寡头垄断市场的特征。

扫码获取有关知识视频

【练习与思考】

一、单项选择题

1. 下面哪个行业最接近完全竞争行业（　　）。
A. 飞机制造行业　B. 家具行业　　　C. 自来水行业　　　D. 大豆行业
2. 一般地，当商品价格低于（　　）时厂商将停止营业。
A. 平均成本　　B. 平均可变成本　　C. 平均固定成本　　D. 边际成本
3. 在完全竞争市场上，厂商的价格与边际收益的关系是（　　）。
A. 价格 = 边际收益　　B. 价格 > 边际收益　　C. 价格 < 边际收益
4. 在完全垄断市场上，厂商价格（平均收益）与边际收益的关系是（　　）。
A. 价格 = 边际收益　　B. 价格 > 边际收益　　C. 价格 < 边际收益
5. 寡头垄断厂商是价格的（　　）。
A. 接受者　　　B. 影响者　　　C. 寻求者　　　D. 制定者
6. 完全垄断市场上，厂商需求曲线（　　）。
A. 向右下方倾斜　B. 向右上方倾斜　　C. 平行　　　D. 垂直

7. 完全竞争市场厂商短期均衡时（　　　）。

A. 能获得超额利润　　　　　B. 不能获得超额利润　　　　　C. 能得到正常利润

D. 取得超额利润、获得正常利润、发生亏损三种情况都可能发生

8. 市场上只有一个厂商，生产一种没有替代品的产品，这样的市场结构被称为（　　　）。

A. 垄断竞争　　　　　　　　B. 完全垄断　　　C. 寡头垄断　　　　　D. 完全竞争

9. 垄断竞争厂商实现竞争的途径有（　　　）。

A. 价格竞争　　　　　　　　B. 品质竞争　　　C. 广告竞争　　　D. 以上途径都可能用

10. 厂商之间关系最密切的市场是（　　　）。

A. 完全竞争市场　　　　　　B. 寡头垄断市场　　　　　　　C. 垄断竞争市场

二、多项选择题

1. 完全竞争市场的特征有（　　　）。

A. 厂商众多　　　　B. 产品异质　　　C. 进退无限制　　　　　D. 完全信息

2. 垄断的主要成因是（　　　）。

A. 资源控制　　　　B. 规模经济　　　C. 政府管制　　　　D. 专利法

3. 下列行业中，（　　　）为垄断竞争市场。

A. 电力行业　　　　B. 餐饮行业　　　C. 食品行业　　　　D. 服装行业

4. 在停止营业点上，厂商持续经营时，（　　　）。

A. 亏损 SFC　　　　B. 亏损 SVC　　　C. 收回 SFC　　　　D. 收回 SVC

5. 在完全垄断厂商的均衡点上，（　　　）。

A. $MR=MC$　　　　B. $P > SMC$　　　C. $P=AR$　　　　　D. $AR > MR$

三、判断题

1. 市场结构是指市场的竞争与垄断程度。（　　　）

2. 在完全竞争市场上，厂商的需求曲线是一条与横轴平行的线。（　　　）

3. 只有在完全竞争市场，厂商的边际收益等于价格。（　　　）

4. 在完全垄断市场上，边际收益一定大于平均收益。（　　　）

5. 垄断竞争市场的产量高于完全垄断市场，价格却低于完全垄断市场。（　　　）

6. 由于寡头之间可以勾结，所以他们之间并不存在竞争。（　　　）

7. 在完全竞争市场上，任何一个厂商都可以成为价格的决定者。（　　　）

8. 在完全竞争市场上，当厂商实现了长期均衡时，可获得超额利润。（　　　）

9. 寡头垄断市场上的产量是由各寡头之间协商确定的。（　　　）

10. 实行一级价格歧视时，消费者剩余全部转化为垄断企业的超额利润。（　　　）

四、简答题

1. 养鸡场与包子铺都是小企业，为什么养鸡场是完全竞争的，包子铺是垄断竞争的？

2. 什么是价格歧视？垄断厂商实行价格歧视的条件是什么？

3. 成为垄断者的厂商可以任意定价，这种说法对吗？

五、计算题

已知垄断者成本函数为 $TC=6Q+0.05Q_2$，产品需求函数为 $Q=360-20P$，求：

（1）利润最大的销售价格、产量和利润。

（2）如果政府试图对该垄断企业采取规定产量措施，使其达到完全竞争行业所能达到的产量水平，求解这个产量水平和此时的价格以及垄断者的利润。

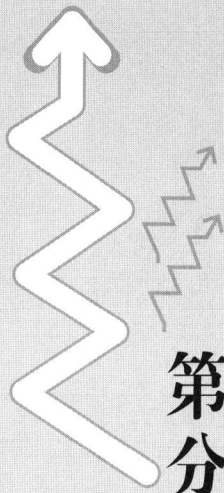

第六章
分配理论

【学习目标】

1. 知识目标

   掌握生产要素价格的决定；

   掌握工资、利息、地租、利润等基本概念；

   理解工资、利息、地租和利润的决定；

   理解并掌握洛伦兹曲线与基尼系数。

2. 能力目标

   能运用所学知识分析现实中的要素价格决定问题；

   能结合本章所学分析社会中收入差距的原因及对策。

3. 思政目标

   正确认识我国现阶段收入分配政策；

   提升学生大局意识和社会责任感。

扫码获取本章课件

【结构导图】

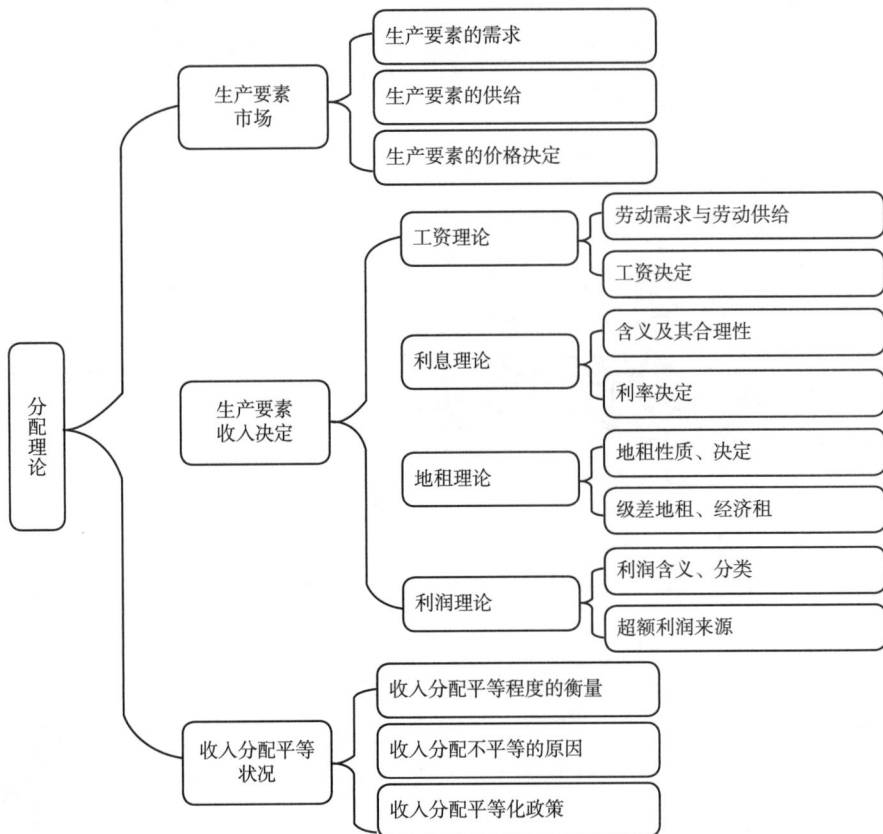

【引导案例】

马太效应

《马太福音》中曾经讲过这么一个故事：一个人要往外国去，就叫了仆人来，把他的家业交给他们，并按照各人的才干给他们银子。一个给了五千，一个给了两千，一个给了一千。那领五千的，随即拿去做买卖，另外赚了五千。那领两千的，也照样赚了两千。但那领一千的却掘开地，把主人的银子埋藏起来。过了许久，仆人们的主人回来了。那领五千银子的又带着另外的五千来，说："主啊，你交给我五千银子，请看，我又赚了五千。"主人说："好，你这良善又忠心的仆人，你可以进来享受你主人的快乐。"那领两千的也来说："主啊，你交给我两千银子，请看，我又赚了两千。"主人说："好，你这又良善又忠心的仆人，你也可以进来享受你主人的快乐。"那领一千的也来说："主啊，我把你的一千银子埋藏在地里。请看，你的原银在这里。"主人回答说："你这又恶又懒的仆人，你知道我既没有种的地方要收割，也没有散的地方要聚敛。就当把我的银子放给兑换银钱的人，到我来的时候，可以连本带利收回。拿出你这一千来，给那有一万的。因为凡有的，还要加给他，叫他有余。没有的，连他所有的，也要夺过来。"

——摘自宿春礼，邢群麟编著：《20几岁要懂点经济学》企业管理出版社
2010年版

上述寓言故事中提到的"贫者越贫、富者越富"现象在1968年被美国社会学家罗伯特·莫顿归纳为"马太效应"。富人享有更多的资源：金钱、荣誉以及成功，穷人却变得一无所有。在人类资源的分配上，《马太福音》所预言的"贫者越贫、富者越富"的现象更是十分明显。社会收入分配问题也成为世界经济学最关注的问题之一。

分配理论研究生产成果如何在社会成员之间分配的问题，主要解决"为谁生产"的问题。作为资源配置的问题之一，收入分配问题也由价格来解决。由于各种生产要素的价格即生产要素所有者获得的报酬或收入，因此，收入分配问题即生产要素价格的决定问题，是价格理论在生产要素市场上的应用。

第一节　生产要素市场

生产要素是指在生产活动中投入的各种经济资源，主要包括劳动、资本、土地和企业家才能四类。劳动投入者得到工资、土地投入者得到地租、资本投入者得到利息、企业家才能投入者得到利润。要分析生产要素的价格决定，首先需要了解生产要素的需求与供给。

一、生产要素的需求

生产要素（Factors of Production）的需求是指厂商在一定时期内，在每一个价格水平下愿意并且能够购买的生产要素的数量。

1. 生产要素需求的特点

（1）生产要素的需求主体是厂商或生产者。一般产品的需求主体是消费者，消费者为满足自身的需要（效用）购买各种产品，形成了对产品的需求。厂商或生产者需要生产要素是为了进行生产活动，例如，厂商为生产服装，需要购买劳动、机器设备、厂房、原材料等生产要素来保证生产。

（2）生产要素的需求是一种派生需求。消费者对一般产品的需求是一种直接需求，消

费者购买产品的目的是获取效用。而厂商对生产要素的需求则源于消费者对产品的直接需求，是一种派生需求。例如，消费者对服装的需求引起服装厂老板对服装制作工人、布料等生产要素的需求。

（3）生产要素的需求是一种联合的需求。例如，厂商生产服装，除了需要工人以外，还需要厂商、机器设备、布料等多种生产要素，只有多种生产要素联合发挥作用才能最终生产出衣服。不同的生产要素之间既具有互补性，也存在一定的替代关系。再如，生产同一种产品，既可以多用劳动少用资本，也可以多用资本少用劳动，劳动和资本间存在替代关系。

2. 影响生产要素需求的因素

（1）市场对产品的需求及产品的价格。一般而言，市场对某种产品的需求越大，该产品的价格就越高，则厂商对生产这种产品所用的生产要素的需求就越大，反之需求就越小。

（2）生产技术状况。生产技术的状况决定了对某种生产要素需求的大小。如果生产技术是资本密集型的，则对资本要素的需求越大，相反地，生产技术是劳动密集型的，则对劳动要素的需求越大。

（3）生产要素的价格。由于生产要素之间可以相互替代，厂商为了降低成本，一般会用价格低的生产要素代替价格高的生产要素，选择一个最佳的生产要素配合比例。由此可见，在其他条件不变的情况下，厂商对生产要素的需求曲线是一条向右下方倾斜的曲线。

二、生产要素的供给

生产要素市场上，生产要素的供给来自生产要素的所有者，四类生产要素的供给分别来自劳动者本人、资本所有者、土地所有者和企业家本人。一般而言，生产要素的供给曲线是一条向右上方倾斜的曲线，代表生产要素的供给量与生产要素本身的价格之间呈同方向变动关系。不同的生产要素性质不同，其供给规律也不同，具体可分为三类。

第一类，自然资源。在经济分析中假定这类资源的供给是固定的，供给曲线是一条垂直线，如图 6-1 所示。

第二类，资本品。资本品是利用其他资源生产出来的，也是和其他产品一样的产品。这一行业的产品往往是另一行业的生产要素。因此，这种生产要素的供给与一般产品的供给一样，与价格同方向变动。供给曲线向右上方倾斜，如图 6-2 所示。

第三类：劳动。这种生产要素的供给有其特殊性，其供给曲线是一条类似弯弓的弓形线。表示劳动力供给先增后减，如图 6-3 所示。

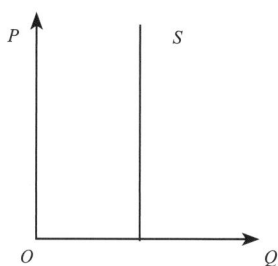

图 6-1　自然资源供给曲线　　图 6-2　资本品供给曲线　　图 6-3　劳动供给曲线

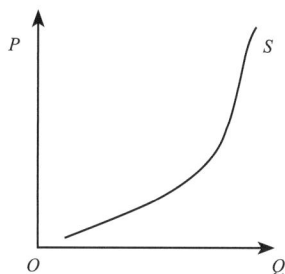

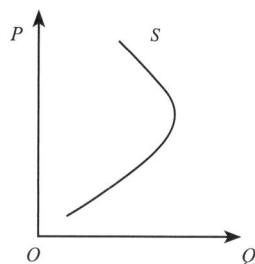

三、生产要素的价格决定

生产要素的价格也称生产要素的收入或报酬，如图 6-4 所示。生产要素的市场价格和其他商品一样，也由需求和供给两个方面共同决定。但由于四类生产要素的供给、需求特征不同，生产要素的价格决定过程也有其自身的特点，需要进行具体分析。

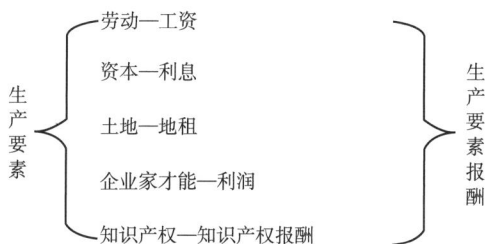

图 6-4　生产要素报酬

第二节　工资理论

【引导案例】

2020福布斯体坛收入榜公布　费德勒居首创历史

中新网 5 月 30 日电　福布斯日前公布了过去一年的世界体坛收入榜单，瑞士天王费德勒高居榜首，以 10630 万美元的收入力压 C 罗、梅西等体坛巨星，成为全世界过去一年中收入最高的运动员。而他也成为首位登顶该榜单的网球运动员，为世界网坛创下又一历史。

在费德勒之后，C罗（10500万美元）、梅西（10400万美元）、内马尔（9550万美元）和勒布朗－詹姆斯（8820万美元）分别排在第二至第五位。"新冠肺炎疫情期间，C罗和梅西均接受了不同程度的降薪，'帮助'费德勒登上了榜单首位。"福布斯在报道中表示。

——http://www.chinanews.com/ty/2020/05-30/9198694.shtml

工资（Wage）是劳动者所提供的劳务的报酬，也是劳动这种生产要素的价格。劳动者提供了劳动，理应获得工资作为回报；生产者或厂商雇佣劳动，也必须付出相应的工资作为人工成本代价。由此可见，工资是劳动这种生产要素的价格。本章主要分析货币工资的决定与变动。在完全竞争市场上，工资是由劳动的需求与供给共同决定的。

一、劳动需求

厂商对劳动的需求，是指在各种可能的工资下，厂商愿意并且能够雇佣的劳动数量。

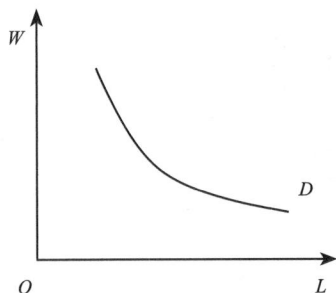

图 6-5　劳动需求曲线

厂商对劳动的需求受到产品销售、劳动力价格、劳动的重要程度等因素的影响。其中，劳动的价格即工资是最重要的。厂商对劳动的需求量与工资呈反方向变动关系，即劳动的需求曲线是一条向右下方倾斜的曲线。如图 6-5 所示，L 表示劳动的数量，W 代表工资水平，D 为劳动的需求曲线。劳动的需求曲线向右下方倾斜是由劳动的边际生产力递减规律所决定的，劳动的边际生产力是指在其他条件不变的情况下，增加一单位劳动所增加的产量。

二、劳动供给

劳动供给是指在各种可能的工资下，人们愿意并且能够提供的劳动数量。劳动者的时间分为劳动时间和闲暇时间两种，劳动意味着放弃休息，但可以给劳动者带来收入，闲暇意味着休息，但劳动者会丧失收入，因此，劳动的供给主要取决于劳动者在两种组合中的选择。

一般而言，当工资水平较低时，随着工资的提高，劳动者会增加劳动的供给量，劳动的供给曲线向右上方倾斜；当收入水平提高到一定程度后，继续提高工资，此时劳动者更愿意选择闲暇，闲暇的需求增加，劳动的供给量反而减少，此时劳动的供给曲线向后弯曲。可见，劳动的供给曲线呈现出先向右上方倾斜再向左上方倾斜的特征，即是一条向后弯曲的曲线。

经济学中常用"替代效应"和"收入效应"来解释劳动供给曲线向后弯曲的原因。收入效应是指随着收入水平的提高，劳动者对闲暇的需求增加，导致劳动的供给减少。替代效应是指随着工资的提高，不劳动（闲暇）的机会成本变大，劳动者愿意用劳动来代替闲暇，从而增加劳动的供给。替代效应与收入效应对劳动供给的影响方向是相反的，劳动供给曲线的形状取决于两种效应的强弱程度。一般来说，工资水平较低时，如图 6-6 所示中工资水平低于 W_0，人们更看重工资收入，替代效应大于收入效应，劳动的供给曲线向右上方倾斜；当工资水平较高时，如图 6-6 所示中工资水平高于 W_0，人们更重视闲暇，收入效应大于替代效应，劳动的供给曲线向右弯曲。

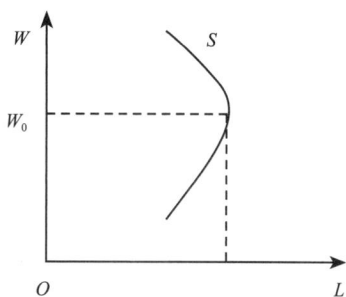

图 6-6　劳动供给曲线

三、完全竞争市场上工资的决定

在完全竞争市场上，劳动的价格即工资是由劳动的需求与供给共同决定的。如图 6-7 所示，劳动的需求曲线 D 与劳动的供给曲线 S 相交于 E 点，决定了均衡工资水平为 W_0，均衡劳动数量为 L_0，此时的工资水平等于劳动的边际生产力。

实际均衡工资水平是不断变化的，引起均衡工资变化的主要原因是劳动的需求或供给发生变化。

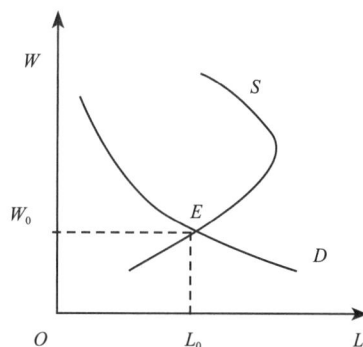

图 6-7　均衡工资的决定

1. 假定劳动供给不变，劳动需求发生变化

假定劳动供给不变，而劳动需求发生变化，均衡工资水平会发生相应的变化。如果劳动需求增加，工资水平就会上升；相反地，如果劳动需求减少，工资水平就会下降。

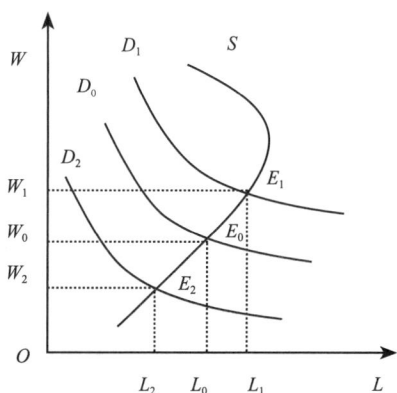

如图 6-8 所示，劳动供给始终不变，供给曲线为 S。原来劳动需求曲线为 D_0，劳动市场均衡点为 E_0，均衡工资为 W_0，均衡劳动量为 L_0。如果劳动需求增加，劳动需求曲线向右上方平移至 D_1，新的均衡点为 E_1，均衡工资为 W_1，均衡劳动量为 L_1；如果劳动需求减少，劳动需求曲线向左下方平移至 D_2，新的均衡点为 E_2，均衡工资为 W_2，均衡劳动量为 L_2。由此可见，劳动需求增加，工资水平上升，劳动量增加；相反地，劳动需求减少，工资水平下降，劳动量减少。工资水平与劳动需

图 6-8　劳动需求变化导致均衡工资变化

求呈同方向变动关系。

2. 假定劳动需求不变，劳动供给发生变化

假定劳动需求不变，而劳动供给发生变化，均衡工资水平会发生相应的变化。如果劳动供给增加，工资水平就会下降；相反地，如果劳动需求减少，工资水平就会上升。

如图 6-9 所示，劳动需求始终不变，需求曲线为 D。原来劳动供给曲线为 S_0，劳动市场均衡点为 E_0，均衡工资为 W_0，均衡劳动量为 L_0。如果劳动供给增加，劳动供给曲线向右下方平移至 S_1，新的均衡点为 E_1，均衡工资为 W_1，均衡劳动量为 L_1；如果劳动供给减少，劳动供给曲线向左上方平移至 S_2，新的均衡点为 E_2，均衡工资为 W_2，均衡劳动量为 L_2。由此可见，劳动供给增加，工资水平下降，劳动量增加；相反地，劳动供给减少，工资水平上升，劳动量增加。工资水平与劳动供给呈反方向变动关系。

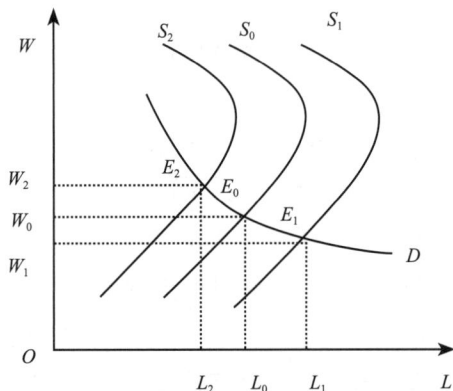

图6-9 劳动供给变化导致均衡工资变化

四、不完全竞争市场上工资的决定

不完全竞争是指劳动市场上存在不同程度的垄断。这种垄断存在两种情况：一种是劳动需求方的垄断（即买方垄断）；另一种是劳动供给方的垄断（即卖方垄断），主要通过劳动者组成的工会来实现。

想一想：

身边的家人朋友是否遇到过就业歧视呢？请举例说明。

劳动买方垄断有以下情形：雇主之间暗中串通或勾结，将工资压低到劳动的边际生产力以下；行业准入制度。通过设置行业准入门槛，使未取得相应职业资格证书的就业人员无法进入该行业工作；就业歧视性措施。即用人单位在招聘人员时存在各种各样的歧视，常见的有种族歧视、学历歧视、性别歧视、年龄歧视、地域歧视等。

在西方社会，工会力量强大，在工资决定、维护工人合法权益方面起着非常重要的作用。工会对工资决定的影响主要体现在以下三个方面。

1. 增加劳动需求

在劳动供给不变的情况下，通过增加劳动需求的方法来提高工资，既可以使工资增加，也可以增加就业。如图 6-10 所示，随着劳动需求从 D_0 增加到 D_1，工资从 W_0 增加到 W_1，形成的就业量也从 L_0 增加到 L_1。工会增加厂商对劳动需求的措施有协助雇主做产品广告，增加市场产品需求；通过议会或其他活动来增加出口，限制进口，实行贸易保护政策，从而增加国内外对产品的需求；反对用机器代替工人等，以增加对劳动的需求，从而提高工资，增加就业。

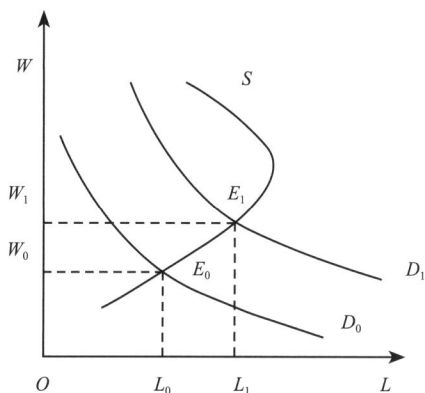

图 6-10 增加劳动需求

2. 减少劳动供给

在劳动需求不变的情况下，减少劳动的供给同样可以提高工资，但这种情况会使就业减少。如图 6-11 所示，随着劳动供给从 S_0 减少到 S_1，工资水平就会从 W_0 增加到 W_1，但就业量会从 L_0 减少到 L_1。工会通过限制非工会会员受雇、迫使政府通过强制退休、禁止使用童工、限制移民、减少工作时间的法律等方式减少劳动供给，从而达到提高工资的目的。

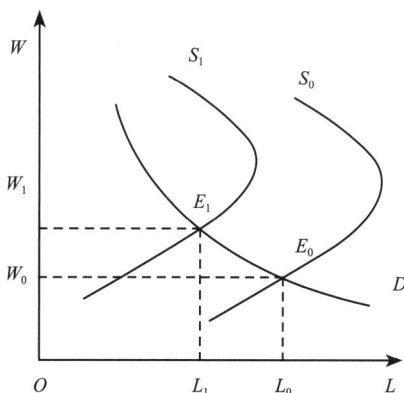

图 6-11 减少劳动供给

3. 实行最低工资法

通过立法规定最低工资，在劳动供给大于需求时可使工资维持在一定的水平上。最低工资是政府对劳动这种生产要素实行的一种支持价格，支持价格高于均衡价格，该价格会导致失业增加。如图 6-12 所示，完全由市场供求关系所决定的工资水平为 W_0 会影响人们的基本生活，为此政府通过立法规定了最低工资水平为 W_1。此时，劳动的需求量为 L_1，劳动的供给量为 L_2，L_2 大于 L_1，即劳动力供大于求，造成失业（失业人数为 L_1L_2），其中 L_1L_0 是由于需求量减少所造成的失业，L_0L_2 是由于较高的工资使供给量增多造成的失业。

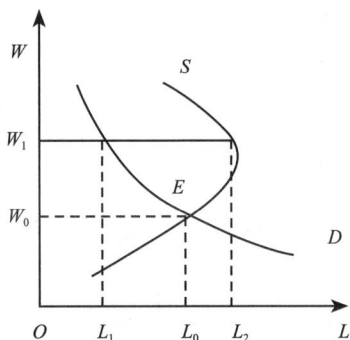

图 6-12 最低工资法

补充阅读：江苏省人力资源社会保障厅关于调整全省最低工资标准的通知
苏人社发〔2021〕74 号

各设区市、县（市）人民政府：

根据《最低工资规定》（原劳动保障部令第 21 号）和《江苏省工资支付条例》规定，经省人民政府同意，从 2021 年 8 月 1 日起调整全省最低工资标准。现就有关事项通知如下：

一、月最低工资标准：一类地区 2280 元；二类地区 2070 元；三类地区 1840 元。非全日制用工小时最低工资标准：一类地区 22 元；二类地区 20 元；三类地区 18 元。

企业支付给顶岗实习学生的实习报酬和勤工助学学生的劳动报酬按照小时计酬，并不得低于当地非全日制用工小时最低工资标准。

二、下列项目不作为最低工资的组成部分，用人单位应按规定另行支付：

（一）加班加点的工资；（二）中班、夜班、高温、低温、井下、有毒有害等特殊工作环境、条件下的津贴；（三）劳动者按下限缴存的住房公积金；（四）法律、法规和国家规定的劳动者福利待遇等。

三、请各设区市、县（市）人民政府在规定期限内向社会公布调整后的最低工资标准。

第三节　利息理论

一、利息和利率的含义

利息（Iinterest）是资本所有者出让资本使用权所得到的收入，是存款人的资金报酬，是借款人的资金成本，是资本这种生产要素的价格。利息的多少取决于利息率的高低，利息率（Interest Rate）是指一定时期内利息额在货币资本中所占的比率，是单位货币在单位时间内的利息水平。通常用百分比表示，按年计算则称为年利率。

案例：利率计算

张三年初在银行存了 5 万元的一年定期存款，到期后获得利息收入 975 元，其年利率是多少？

解：年利率 = 年利息 ÷ 货币资本 ×100%=975 ÷ 50000 ×100%=1.95%。

二、利息的合理性

1. 为什么对资本应该支付利息

之所以对资本应该支付利息，是因为人们具有一种时间偏好，即在未来消费与现期消费中，人们是偏好现期消费的。因为未来难以预期，人们对物品未来效用的评价总要小于现在的效用。因此，人们愿意放弃现期消费，将货币资本的现期使用权让渡出去，就应该得到利息作为报酬。

2. 为什么资本能带来利息

为什么资本能够带来利息呢？这与迂回生产理论有关。迂回生产是指首先生产生产资料（或资本品），然后用这些生产资料去生产消费品，迂回生产的过程越长，生产效率越高。例如，原始人赤手空拳去打猎是直接生产；当原始人先制造弓箭，再用弓箭去打猎时就是迂回生产，显然使用弓箭打猎的效率高于直接打猎。现代生产是迂回生产，但迂回生产必须借助投资，就需要减少当前消费。可见，资本使迂回生产成为可能，提高了生产效率。由于资本而提高的生产效率就是资本的净生产力，资本具有净生产力是资本能带来利息的根源。

三、利率的决定

1. 资本需求

资本需求主要来自企业或厂商的投资需求。因此，可以用投资来代表资本的需求。企业借入资本进行投资，是为了实现利润最大化，因此，投资就取决于利润率与利率之间的差额。利润率与利率的差额越大，即利润率越高于利率，纯利润越大，企业就越愿意投资。反之，利润率与利率的差额越小，即利润率越接近于利率，纯利润越小，企业越不愿意投资。可见，在利润率既定时，利率与投资呈反方向变动，利率越高，厂商的投资需求越少，利率越低，厂商的投资需求越多，资本的需求线是一条向右下方倾斜的曲线。如图 6-13 所示的曲线 D，横轴 OK 代表资本量，纵轴 Oi 代表利率。

2. 资本供给

资本供给主要源于储蓄。因此，可以用储蓄来代表资本的供给。人们进行储蓄，放弃现期消费是为了获得利息。利率越高，人们储蓄获得的利息收入越高，越愿意增加储蓄，资本的供给就越多；利率越低，人们越不愿意储蓄，资本的供给就越少。因此，利率与储蓄呈同方向变动，即资本的供给曲线是一条向右上方倾斜的曲线，如图 6-13 中曲线 S 所示。

3. 利率的决定

利率是由资本的需求与供给共同决定的。如图 6-13 所示，资本的需求曲线 D 和供给曲线 S 相交于 E 点时，资本的供给与需求达到了均衡，此时，均衡利率水平为 i_0，均衡资本量为 K_0。当市场利率高于 i_0 时，资本供大于求，供给过剩，会引起利率下降；当市场利率低于 i_0 时，资本供不应求，供给短缺，又会引起利率上升；只有在 i_0 水平上，利率达到均衡。

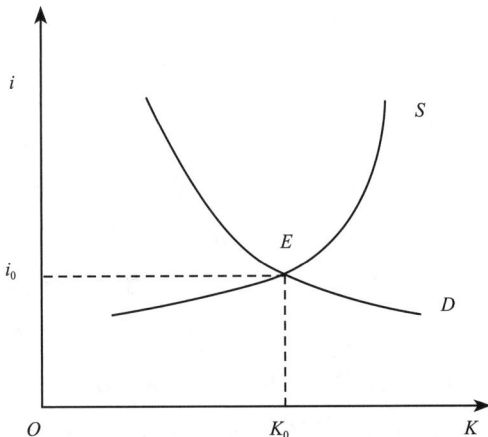

图 6-13 利率的决定

第四节　地租理论

在经济学中，土地泛指生产中使用的自然资源（包括可再生自然资源和不可再生自然资源），具有数量有限、位置不变、不可再生、需求难以替代等特点。

一、地租的性质

地租（Land Rent）是土地这种生产要素的价格，是土地所有者提供了土地后所得到的报酬，或使用土地等自然资源的租金。地租产生的根本原因在于土地本身具有生产力，可在生产过程中创造一定价值。即地租是利用土壤"原始的、不可摧毁的力量"的报酬。

二、地租的决定

地租既然是土地的价格，地租的高低是由土地的需求和供给共同决定的。

1. 土地需求

土地需求取决于土地的边际生产力，在其他要素投入不变的条件下，随着土地使用量的增加，土地的边际生产力也是递减的。因此，土地需求曲线是一条向右下方倾斜的曲线。如图 6-14 所示的曲线 D，横轴 ON 代表土地数量，纵轴 OR 代表地租，土地需求曲线 D 向右下方倾斜，表示在其他条件不变时，地租越高，对土地的需求量越小，地租越低，对土地的需求量越多，土地需求量与地租呈反方向变动关系。

2. 土地供给

在一定时期内，土地作为一种自然资源，其供给数量有限且固定，因为在每个地区，可以利用的土地总有一定的限度。因此，土地供给曲线是一条与横轴垂直的线，如图 6-14 所示垂线 S。

3. 地租的决定

地租由土地的需求与供给决定。如图 6-14 所示，土地的需求曲线 D 和供给曲线 S 相交于点 E，决定了均衡的地租为 R_0。一般而言，随着经济的发展，对土地的需求不断增加，由于土地的供给是固定的，因此地租具有不断上升的趋势。如图 6-15 所示，土地的

供给曲线 S 不变，当土地需求由 D_0 上升到 D_1 时，地租由 R_0 上升到 R_1。

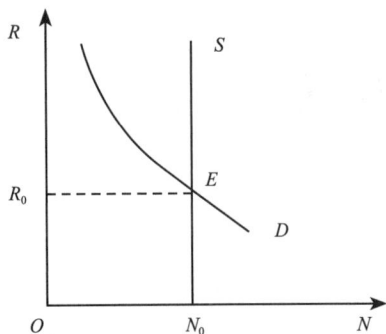

图 6-14　地租的决定

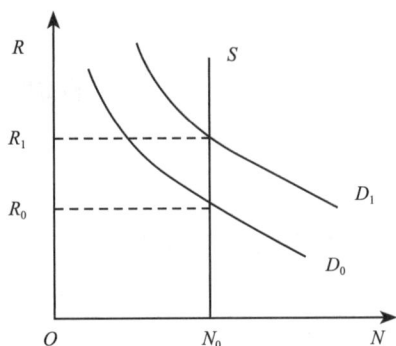

图 6-15　地租的变化

三、级差地租

实际生活中，由于土地肥沃程度与地理位置不同，造成土地的价格即地租也有差别。这种由于土地在肥沃程度和地理位置等方面的差别而引起的地租在经济学上称为级差地租。级差地租＝土地收益－生产成本。

级差地租（Differential Rent）等于土地的收益与生产成本之差。假设有面积相等但肥沃程度不同的 A、B、C、D、E 五块土地，在投入生产成本相同均为 500 元的情况下，A、B、C、D、E 五块土地收益分别为 1000 元、900 元、750 元、500 元、400 元，则五块土地的级差地租分别为 500 元、400 元、250 元、0 元、－100 元，如表 6-1 所示。类似的级差地租例子还有很多，如大城市中心地段与偏远郊区的级差地租是不相同的。

表6-1　级差地租的形成和决定

土地	产量	价格	总收益	生产成本	级差地租
A	200	5	1000	500	500
B	180	5	900	500	400
C	150	5	750	500	250
D	100	5	500	500	0
E	80	5	400	500	－100

四、准地租与经济租

1. 准地租

准地租又称准租金（Quasi-Rent），是指固定资产在短期内所得到的收入，该收入是产品价格（收益）超过其可变成本的余额。在短期内，固定资产是不变的，与土地的供给相似。因此，经济学家马歇尔将其称为"准地租"。准地租＝产品价格－平均可变成本。

固定资产的收入是指产品收益超过其可变成本的余额。这种收入是由于产品价格超过弥补其可变平均成本的余额而产生的，其性质类似地租，所以称为准地租。由于长期内固定资产是可变的，所以准地租只在短期内存在，长期内不存在准地租。

2. 经济租

如果生产要素的所有者所得到的实际收入高于他们所希望得到的收入，则超过的这部分收入就被称为经济租（Economic Rent）。这种经济租类似消费者剩余，所以也被称为生产者剩余，如表6-2所示。

表6-2　经济租的形成与决定

类别	期望工资	供给量	需求量	实际工资	经济租
A	200	200	200	200	0
B	150	200	200	200	50

表6-2中，劳动市场上有A、B两类工人各100人。A类工人技能高，所要求的日工资为200元，B类工人技能低，所要求的日工资为150元。如果某种工作A、B两类工人都可以担任，那么，厂商在雇用工人时，会优先雇用B类工人。但在B类工人不够时，也不得不雇用A类工人。假如某厂商现在需要工人200人，他就必须雇用A、B两类工人。此时，厂商必须按A类工人的标准支付200元工资。这样，B类工人所得收入超过了他们的预期。B类工人所得到的高于150元的50元收入就是经济租。图6-16所示阴影部分就是经济租。

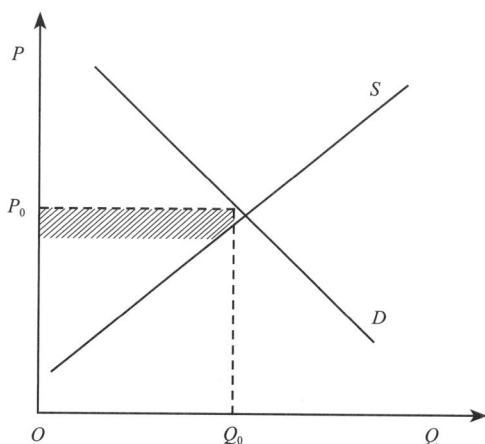

图6-16　经济租

思考：房价为什么会上涨

中国实行住房制度改革的最终结果是由福利型分房转变到货币化分房，相应地，商品房价格也逐步由市场来决定。购买住房成为许多家庭最重要的开支之一，其支出比例也占了一个家庭总支出甚至总财富的大部分。近十年来，国内住房价格不断上涨，有些城市房价上涨了 5 ~ 6 倍甚至更多，老百姓不堪重负。

启发思考：

（1）房价为什么会如此上涨呢？

（2）结合所学经济学知识分析房价上升是否合理。

第五节　利润理论

一、正常利润

正常利润（Normal Profit）是企业家才能的报酬，也是企业家才能这种生产要素所得到的收入。它包括在经济成本之中，其性质与工资相类似，也是由企业家才能的供求关系所决定的。

企业家才能是指企业家经营管理企业的能力和创新能力。在现代经济中，如何将劳动、资本和土地有效地组织起来并创造巨大经济效益，主要取决于企业家才能的高低。因此，现代社会对企业家才能的需求很大。但从供给角度看，只有那些受过良好教育、有胆识、有远见、有组织管理能力和创新能力的人才能成为真正意义上的企业家，因此，企业家才能的供给很小。企业家才能的需求和供给的特点决定了企业家才能的报酬——正常利润必然是很高的。

例如，2018 年特斯拉 CEO 艾伦·马斯克的收入高达 22.84 亿美元，2019 年我国 A 股上市公司华夏幸福 CEO 吴向东的年薪达到 3869 万元人民币。由此可见，企业家才能作为一种极其稀缺的人力资源，其所获得的正常利润远远高于普通劳动者的工资。

二、经济利润

经济利润（Econormic Profit）又称超额利润或纯粹利润，是指超过正常利润的那部分利润，是厂商的总收益与总成本的差额。在现代经济活动中，经济利润主要源于三个方面：创新、承担风险和垄断。

1. 创新

创新是指企业家对生产要素实行新的组合。它包括五种情况：引入一种新产品，采用一种新的生产方法，开辟一个新市场，获得一种原料的新来源，采用一种新的企业组织形式。引进新产品、开辟新市场可以提高价格获得超额利润，采用新生产方法、获得原料的新来源和采用新的企业组织形式都可以帮助企业提高生产效率，降低生产成本，从而获得超额利润。

创新是社会进步的动力，由创新所获得的超额利润是社会对创新者的奖励，也是社会进步必须付出的代价，因此通过创新获得的超额利润是合理的。

2. 承担风险

风险是从事某项事业时失败的可能性。由于未来具有不确定性，人们对未来的预测有可能发生偏差，因此，风险的存在是普遍的。例如，企业从事生产活动，可能会面临市场供求关系的突然变动、新冠肺炎疫情、暴雨洪涝灾害、政治动乱等诸多不确定性，而这些不确定性会增加企业生产经营的风险。实际生产生活中，并不是所有的风险都可以用保险的方法加以弥补，为激励企业承担生产经营的风险，就需要通过超额利润等方式加以补偿。因此，对于从事具有风险生产的企业来说，应该得到一定的超额利润作为补偿，这种补偿是合理的。

3. 垄断

因垄断而产生的超额利润也称垄断利润。现实经济中，垄断主要有两种形式，卖方垄断和买方垄断。卖方垄断也称专卖，是指对某种产品出售权的垄断。垄断者可以抬高销售价格以损害消费者的利益而获得超额利润。买方垄断也称专买，是指对某种产品或生产要素购买的垄断。垄断者压低收购价格，以损害生产者或要素供给者的利益而获得超额利润。

无论卖方垄断还是买方垄断，都是垄断者借助垄断势力，通过损害另一方利益的方式来获得超额利润。这种超额利润降低了社会生产效率，损害了消费者、生产者或要素所有者的利益，是不合理的。

综上所述，利润具有鼓励人们勇于创新和承担风险的功能，是社会进步的动力。且追求利润的目的是使企业自觉按社会的需要进行投资，组织生产，努力降低成本，有效地利用资源，使投资与资源的配置符合社会需要，从而在整体上符合社会利益。

第六节 收入分配平等状况

在市场经济中，按生产要素的贡献来分配收入是最基本的分配方式。按照这个原则分配能提高社会经济效率，也可能产生收入分配不平均问题，引起收入差距。

一、收入分配平等程度衡量

衡量社会收入分配平等程度的常用标准有洛伦兹曲线和基尼系数。这两个标准之间有着密切的联系，都反映了社会收入分配的平等程度。

1. 洛伦兹曲线

洛伦兹曲线（Lorenz Curve）是反映社会收入分配或财产分配平均程度的曲线，由美国统计学家洛伦兹提出而得名。洛伦兹将一国或地区的全部人口按收入由低到高分为五组，每组人口占总人口的20%，然后计算每组人口的收入占总收入的百分比，将收入累计百分比列为纵坐标，人口累计百分比列为横坐标，最后将各组人口累计百分比与收入累计百分比的对应点在平面坐标内标示出来，连线即可得出洛伦兹曲线，如图6-17所示曲线ODY。

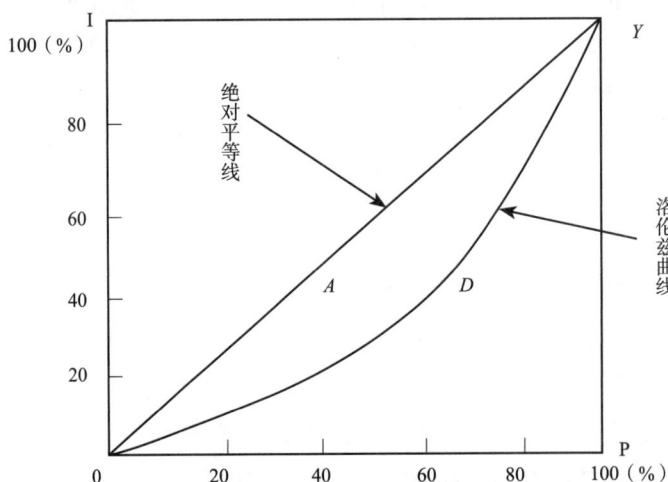

图6-17 洛伦兹曲线

在图6-17中，横轴OP代表人口累计百分比，纵轴OI代表收入累计百分比。对角线

OY 为 45° 线，这条线上的任意一点表示人口累计百分比与收入累计百分比相等，即收入分配绝对平等，故 OY 称为绝对平等线。折线 OPY 表示收入分配绝对不平等，称为绝对不平等线。实际的洛伦兹曲线 ODY 介于这两条线之间，洛伦兹曲线越接近 45° 线，表明收入分配越平等；洛伦兹曲线与 OPY 线越接近，表明收入分配越不平等。

2. 基尼系数

基尼系数（Gini Coefficient）是意大利统计学家基尼根据洛伦兹曲线提出的判断收入分配平等程度的指标。其含义是：在全部居民收入中，用于进行不平均分配的那部分收入占总收入的百分比。

如图 6-17 所示，将洛伦兹曲线 ODY 与绝对平等线 OY 之间的面积用 A 表示，用 B 表示洛伦兹曲线 ODY 与绝对不平等线 OPY 之间的面积。则基尼系数的计算公式为：

$$基尼系数 = \frac{A}{A+B}$$

如果 $A=0$，则基尼系数 $=0$，表示收入分配绝对平均；如果 $B=0$，基尼系数 $=1$，表示收入分配绝对不平均。可见，实际的基尼系数介于 0 到 1 之间。基尼系数越接近 0，说明收入分配越平均；基尼系数越接近 1，表明收入分配越不平均。

目前，国际上普遍采用基尼系数作为衡量各国收入分配平等程度的指标，按照联合国有关组织的规定，其评价标准如表 6-3 所示。

表6-3　基尼系数国际评价标准

基尼系数	0.2 以下	0.2~0.3	0.3~0.4	0.4~0.5	0.5 以上
收入分配平等程度	绝对平均	比较平均	基本合理	差距较大	差距悬殊

通常将基尼系数 0.4 作为监控贫富差距的警戒线，如果基尼系数小于 0.4，则表示收入分配基本合理，无须采取措施加以干预。改革开放前我国的基尼系数为 0.16，改革开放以来，随着经济的发展，基尼系数明显上升，2008 年高达 0.491，2009 年之后开始逐渐降低，2019 年下降至 0.465，但仍处于警戒线以上。

二、收入分配不平等的原因

1. 社会经济发展水平

美国经济学家库兹涅茨通过对 18 个国家经济增长与收入差距实证资料的分析发现，一国收入分配不平等程度与经济发展水平密切相关。当经济从较低水平开始发展时，收入分配不平均程度会随着经济发展而加剧；当经济发展达到一定水平后，收入分配不平均程度会相对稳定；当经济发展达到较高水平后，随着经济继续发展，收入分配差距会逐渐缩小，即一个社会收入分配不平均程度与经济发展水平之间呈倒 "U" 形关系。如

图 6-18 所示，横轴用 *GDP* 代表一国经济发展水平，纵轴用 *G* 代表收入分配不平均程度，*KC* 即为库兹涅茨曲线。

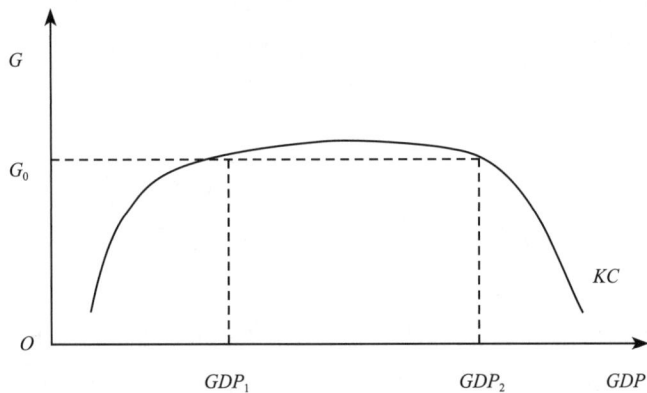

图 6-18　库兹涅茨曲线

　　我国自改革开放以来，国民经济进入快速发展阶段，与此同时，我国居民的收入分配差距也逐渐扩大，2009 年才开始小幅下降。由此可见，我国经济增长与收入分配差距的相关性与库兹涅茨曲线基本一致。

2. 制度设计

　　国家不合理的制度设计也会对收入分配状况产生影响，甚至加剧收入分配不平均程度。例如，部分国家存在的户籍制度、教育制度、种族歧视、性别歧视等都会造成人为的收入分配不均。在一些发达国家，工会制度也会引起收入分配不平均，工会会员受工会保护获得较高收入，非工会会员则因无力与雇主抗争，收入普遍较低等。

3. 个体差异

　　个体差异也是造成收入分配不平均的原因。每个人的家庭背景、先天禀赋、受教育程度、工作能力、勤奋程度、冒险程度、机遇等都有差异，这些差异会引起人们在收入分配方面的差距，导致收入分配不平均。

三、收入分配平等化政策

　　经济学家认为社会收入分配有三个标准：贡献标准、需要标准和平等标准。贡献标准即按要素分配，按社会成员的贡献分配国民收入，即按生产要素的价格进行分配。需要标准是按社会成员对生活必需品的需要分配国民收入。平等标准是按公平准则分配国民收入。

　　三个标准各有利弊，存在着平等与效率的永恒矛盾。贡献标准能够激励社会成员充分发挥自己的才干，有利于社会经济效率的提高，但容易引起收入分配不平等。需要标准和平等标准有利于保障社会收入分配的平等化，但不利于经济效率的提高。在市场经济中，应遵从效率优先、兼顾公平的原则，即采取贡献标准来提高社会经济效率，同时借助于政府的收入分配政策实现社会公平。

1.税收政策

税收作为一种重要的政策工具，在调节个人收入、缩小贫富差距、实现收入分配均等化方面起着重要的作用。税收的主要手段有：

（1）个人所得税。我国目前个人所得税的征收采用超额累进所得税制度，即根据收入的高低确定不同的税率，对高收入者按高税率征税，对低收入者按低税率征税，从而直接调节收入分配。我国自2018年10月起，对工资薪金所得，以每月收入额减除费用5000元后的余额为应纳税所得额，采用七级超额累进税率，最低一级税率为3%，最高一级税率为45%。自2019年1月1日起，将劳务报酬、稿酬、特许权使用费三项所得与工资薪金合并计算，并实行专项附加扣除，切实减轻中等收入者的纳税负担，缩小收入差距。

（2）消费税。消费税是对某些商品和劳务的消费征收税收。政府通过有目的、有重点、有选择地对一些商品征收消费税，可达到间接调节社会收入分配的目的。

（3）财产税。通过对财产的占有及转移征税，使财产富裕者多纳税，无产者不纳税，从而调节收入分配，防止财产过度集中于社会少数人手中，实现社会收入分配的平等化。

2.社会保障政策

社会保障政策是政府为了达成一定的社会目标期望，制定的关于社会保险、社会救济、社会福利、社会优抚安置等方面的系列政策的总和。该政策通过各种形式的社会保障与保险，保障公民在失业、伤残、生育、年老、疾病、死亡、突发灾害、生活困难等方面的特殊需要。通过对特殊困难群体给予帮助，满足他们的基本生活需要，改善穷人的地位和生活条件，缩小贫富差距，实现社会的安定、和谐发展。

补充阅读：我国脱贫攻坚战取得全面胜利

综合媒体报道，在迎来中国共产党成立一百周年的重要时刻，我国脱贫攻坚战取得了全面胜利，现行标准下9899万农村贫困人口全部脱贫，832个贫困县全部摘帽，12.8万个贫困村全部出列，区域性整体贫困得到解决，完成了消除绝对贫困的艰巨任务，创造了又一个彪炳史册的人间奇迹！

具体来看，一是贫困人口全面实现"两不愁三保障"及饮水安全有保障。据国家农村贫困监测调查，2020年国家贫困县农村居民人均可支配收入12588元，党的十八大以来年均增长11.6%，高于全国农村居民2.3个百分点。吃的方面，建档立卡户平常都能吃饱不挨饿，能摄入身体所需的蛋白质；穿的方面，一年四季都有应季的换洗衣物和御寒被褥；义务教育方面，适龄少年儿童除因身体原因不具备学习条件外，都有学上、上得起学，绝大多数在校就学；基本医疗方面，建档立卡人口都纳入了基本医疗保险、大病保险和医疗救助等制度保障范围；住房安全方面，原住房经鉴定或评定不安全的，均通过危房改造、易地扶贫搬迁等有效措施，保障其住上了安全住房。

二是精准帮扶政策得到了有效落实，对贫困人口全面实现脱贫发挥了关键决定作用。产业、就业、健康、教育、危房改造、易地扶贫搬迁、社会保障、残疾人、生态扶贫等帮扶政策锚定贫困人口精准发力，因村因户因人施策，因贫困原因施策，因贫困类型施策，符合条件的建档立卡户按实际情况均不同程度地享受过相关帮扶政策。

三是贫困地区基础设施和基本公共服务水平显著提高，对贫困人口全面实现脱贫提供了强有力的保障。贫困地区通硬化路、通动力电、通宽带互联网、通广播电视信号和集中供水等生产生活基础设施明显改善；县、乡、村三级医疗卫生服务体系健全，常见病、慢性病能获得及时诊治；教育文化设施及服务水平大幅提高，贫困家庭的孩子享受到更公平的教育机会。

【本章小结】

收入分配理论研究生产成果如何在社会成员之间进行分配的问题。厂商销售产品所取得的收入按照各要素的贡献分配给要素所有者，形成要素收入。生产要素所有者的收入就是生产要素的价格，即劳动投入者得到的工资、土地投入者得到的地租、资本投入者得到的利息、企业家才能投入者得到的利润。所以，生产要素价格决定的问题即是收入如何分配的问题，即"为谁生产"的问题。

工资是劳动这种生产要素的价格，是劳动者提供劳务所得的报酬。工资的高低取决于劳动的需求与供给，劳动的供给曲线有其特殊性，是一条向后弯曲的曲线。

利息是资本所有者出让资本使用权所得到的收入，是资本的价格。利息的多少取决于利率的高低，利率是由资本的需求与供给共同决定的。

地租是土地的价格，由土地的需求与供给决定。一般而言，在一定时期内，土地的供给是固定不变的，土地的供给曲线是一条垂线。

经济学中，利润有正常利润与经济利润之分。正常利润是企业家才能的报酬。经济利润也称超额利润，是厂商的总收益与总成本（含正常利润）的差额，超额利润主要源于创新、承担风险和垄断。

衡量社会收入分配平等程度的主要指标有洛伦兹曲线和基尼系数。洛伦兹曲线弯曲程度越小，越接近绝对平等线，收入分配越平均；反之，则收入分配越不平均。基尼系数越小，收入分配越平均；反之，收入分配越不平均。造成收入分配不平均的原因既有社会因素，也有个体差异。各国政府主要通过税收政策和社会保障政策缩小收入分配差距，实现收入分配平等化。

【重点掌握】

生产要素需求的性质。

劳动供给曲线的特征及工资的决定。

利率及其决定。

地租的性质及其决定。

超额利润的来源。

洛伦兹曲线与基尼系数。

扫码获取有关知识视频

【练习与思考】

一、单项选择题

1. 在劳动要素市场上，厂商是劳动要素的（　　）。

A. 需求者　　　　　B. 供给者　　　　　C. 替代者　　　　　D. 协作者

2. 如果政府大力提倡用先进的机器来替代劳动，这将导致劳动的（　　）平移。

A. 需求曲线向左　　B. 需求曲线向右　　C. 供给曲线向左　　D. 供给曲线向右

3. 利率是（　　）。

A. 厂商的预期利润率　　　　B. 资本品的购买价格

C. 资本的使用价格　　　　　D. 以上全不对

4. 正常利润是（　　）。

A. 经济利润的一部分　　　　B. 经济成本的一部分

C. 隐性成本的一部分　　　　D. B 和 C

5. 一定时期内，土地的供给曲线是一条（　　）。

A. 向右上方倾斜的曲线　　　B. 向右下方倾斜的曲线

C. 与横轴平行的线　　　　　D. 与横轴垂直的线

6. 一般而言，在工资水平较低的阶段，劳动的供给曲线将会（　　）。

A. 向右下方倾斜　　　　　　B. 向后弯曲

C. 向右上方倾斜　　　　　　D. 以上均不对

7. 随着社会经济的发展，地租的变化趋势是（　　）。

A. 上升　　　　　B. 下降　　　　　C. 不变　　　　　D. 难以确定

8. 洛伦兹曲线代表（　　）。

A. 税收体制的效率　　　　　B. 税收体制的透明度

C. 贫困程度　　　　　　　　D. 收入分配的平均程度

9. 如果收入是完全平均分配的，则洛伦兹曲线将会与（　　）。

A. 与纵轴重合　　　B. 与横轴重合　C. 与 45 度对角线重合　　　D. 无法判断其位置

10. 根据基尼系数的大小作比较，下列四个国家中，（　　）的分配最为平均。

A. 甲国的基尼系数为 0.1　　　　B. 乙国的基尼系数为 0.15

C. 丙国的基尼系数为 0.2　　　　D. 丁国的基尼系数为 0.18

二、多项选择题

1. 下列选项中，（　　）可减少劳动的供给。

A. 限制进口　　　B. 缩短工作时间　　　C. 限制移民　　　D. 禁用童工

2. 厂商对生产要素的需求是一种（　　）。

A. 直接需求　　　B. 间接需求　　　C. 引致需求　　　D. 联合需求

3. 超额利润的来源主要有（　　）。

A. 创新　　　B. 承担风险　　　C. 垄断　　　D. 机遇

4. 表示社会收入分配平等程度的分析工具是（　　）。

A. 菲利普斯曲线　B. 洛伦兹曲线　　　C. 基尼系数　　　D. 恩格尔系数

5. 收入分配不平等的主要原因有（　　）。

A. 经济发展阶段　B. 收入分配制度　　　C. 个体能力差异　　　D. 个体勤奋程度

三、判断题

1. 分配理论实际上是均衡价格理论在分配问题上的应用。　　　　（　　）

2. 生产要素的需求是一种直接需求。　　　　（　　）

3. 在生产要素市场上，需求来自个人，供给来自厂商。　　　　（　　）

4. 劳动的供给是价格越高，供给越多，因此，提高工资可以无限增加劳动供给。

（　　）

5. 正常利润是经济利润的一部分。　　　　（　　）

6. 一般而言，在利润率既定条件下，资本的需求量与利率呈反方向变动。　（　　）

7. 实际的基尼系数总是大于 0 而小于 1。　　　　（　　）

8. 如果收入是绝对平均的，则洛伦兹曲线将会与 45 度对角线重合。　　（　　）

9. 基尼系数越大，表明收入分配越平等。　　　　（　　）

10. 垄断可以带来超额利润。　　　　（　　）

四、简答题

1. 为什么劳动供给曲线是向后弯曲的？

2. 某人接受培训来增加人力资本，会使他以后每年增加 1000 元收入，而接受培训的费用为 12000 元，年利率不变为 10％，如果从经济收益看，他参加培训值得吗？为什么？

3. "劣等土地上永远不会有级差地租"这句话对吗？为什么？

五、应用题

了解你所在地区的最低工资标准，谈谈实行最低工资标准的利弊。

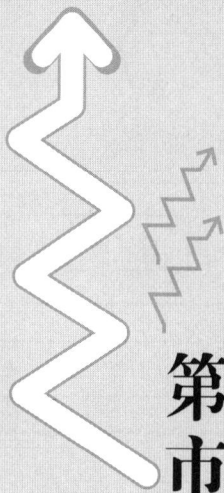

第七章
市场失灵

【学习目标】

1. 知识目标

   掌握垄断、外部性、公共物品和信息不对称的含义及其对策;

   理解垄断的危害与矫正,"搭便车"现象与对策;

   熟悉公共选择理论、逆向选择、道德风险、委托代理的内容;

   理解市场失灵的含义、原因和表现;

   了解私人物品与公共物品的区别。

2. 能力目标

   能对市场失灵现象进行解释和分析,并提出初步解决措施。

3. 思政目标

   正确认识市场机制的作用和缺陷;

   正确认知市场经济的道德观。

扫码获取本章课件

【结构导图】

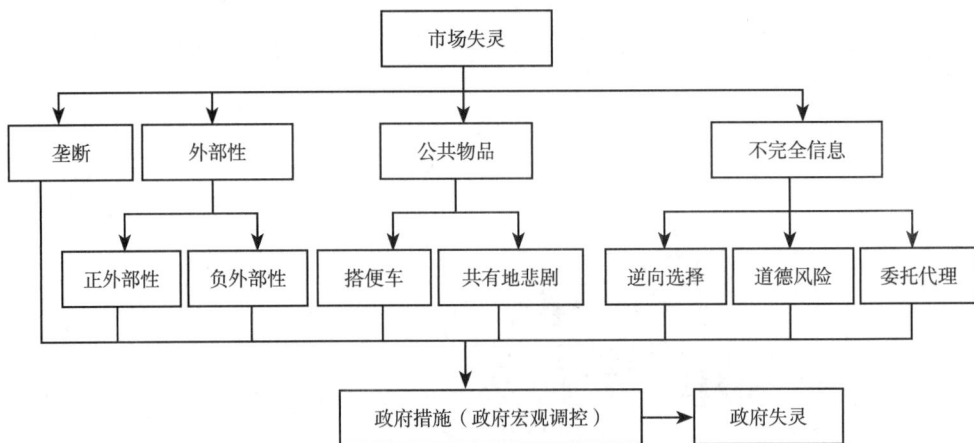

【引导案例】

发菜的故事

在我国西北地区，有一种野生食用藻类植物叫作"发菜"。这种植物为黑绿色，呈细长丝状，像一头乱糟糟的头发，所以被称为"发菜"。因为发菜是一种高蛋白低脂肪的营养品，名字吉利，产量又极低，所以价格十分昂贵。当地居民为了增加收入，就用特制的工具在草地上大量挖掘发菜。结果土地上的草根都被破坏了，造成草原沙漠化，沙尘暴一年比一年严重。

——摘自陈福明主编：《经济学基础》（第二版），高等教育出版社 2014 年版

这个案例告诉我们，市场机制提高了当地部分居民的收入，却破坏了整个地区居民赖以生存的环境。这是市场失灵的表现之一。

经济学主旨是实现社会资源的有效配置，实现社会效率最大化。经典经济理论告诉我们，在完全竞争条件下，市场经济在自发运行过程中，依靠价格机制和市场机制这只"看不见的手"，可以使资源配置达到最优状态。但是，市场经济并不是完美的，以价格机制为基础的市场机制也不是万能的。现实生活中，由于各种原因市场机制不能充分发挥作用而导致资源配置缺乏效率或资源配置失当的情况，称为市场失灵。如价格垄断、十字路口的红绿灯、拥挤的道路、化工厂排放的"三废"、逆向选择、贫富差距加大等，都是市场失灵的例子。

市场失灵的原因主要有：

（1）市场机制的功能和作用有局限性，市场调节存在自发性、盲目性、滞后性。

（2）现实经济生活中的市场具有不完全性，其有效发挥作用是有前提条件的。

（3）市场机制不可能自动有序地实现经济总量均衡和结构均衡。

市场失灵的主要表现：

（1）垄断性失灵。自发的市场竞争必然导致垄断或者过度竞争，干扰市场信号，导致资源配置缺乏效率和资源配置适当。

（2）外部性失灵。市场资源配置存在内部经济性和外部不经济性，产生外部负效应问题，如环境污染等。

（3）公共性失灵。市场经济不能保证满足众多社会目标（如社会治安、国家安全），公共产品供给不足，某些公共物品出现短缺。

（4）信息失灵。市场信息的不完全或不对称，造成市场欺诈，损害正当交易，导致经济中的不确定性。

（5）其他失灵。市场失灵还表现为失业、通货膨胀、经济波动、收入与财富分配不公、生态环境破坏等方面。通过市场竞争，优胜劣汰，按生产要素在生产中的贡献来分配收入，不能保证收入分配的社会公平，贫富差距必然出现。

第一节 垄 断

实际经济生活中，存在完全竞争、完全垄断、寡头垄断和垄断竞争四种市场结构，即自由竞争与垄断同时存在。一方面存在大量自由竞争的中小企业，另一方面存在一些经济实力雄厚的大垄断企业。垄断的存在阻碍了自由竞争和市场机制的作用，给社会经济带来一系列弊端。例如，世界大型飞机市场上的双头垄断、全球最大的计算机软件服务商微软公司等都是典型的垄断企业。

案例：空中客车－波音公司双头垄断占据了
大型飞机市场的99%

欧洲空中客车公司和美国波音公司在竞争激烈的航空制造业中占主导地位。双头垄断占据全球大型飞机订单的99%，这些大型飞机订单占整个飞机市场总量的90%以上。

在2018年，波音航空公司生产客机总数为806架，空客公司800架。在民用客机领域，波音和空客无疑是两大巨无霸，几乎垄断了全球所有客机订单。过去几年中，波音和空客两家公司的产量交替领先，不断打破产量的最高历史纪录。那么，背后的原因不仅仅是国际航空市场规模的扩大，更重要的是其他航空公司在夹缝中无法

一、垄断导致市场失灵

垄断（Monopoly）对社会经济发展起过积极作用。但是，垄断也带来种种弊病。与完全竞争条件下的厂商均衡相比，垄断更容易出现以下情况：产量受到限制、消费者剩余减少、垄断企业寻租、垄断产生净损失、技术进步和创新的动力减弱等，垄断造成社会经济的低效率。

1. 垄断导致产量减少

如图 7-1 所示，曲线 AD 和 MR 分别为某垄断厂商的需求曲线和边际收益曲线。为简单起见，假定平均成本和边际成本相等且固定不变，由水平直线 $AC=MC$ 表示。由于垄断厂商面临的需求曲线向右下方倾斜，使边际收益等于边际成本的垄断厂商的产量水平，低于价格等于边际成本的竞争行业的产量水平。竞争行业与垄断厂商具有相同的需求曲线和成本曲线，但是生产者不只一个，而是为数众多。如图 7-1 表示，垄断产量 Q_2 远远小于竞争产量 Q_1，而垄断价格 P_2 远远高于竞争价格 P_1。垄断厂商短期均衡价格高于边际成本和平均成本，说明垄断厂商缺乏生产效率。

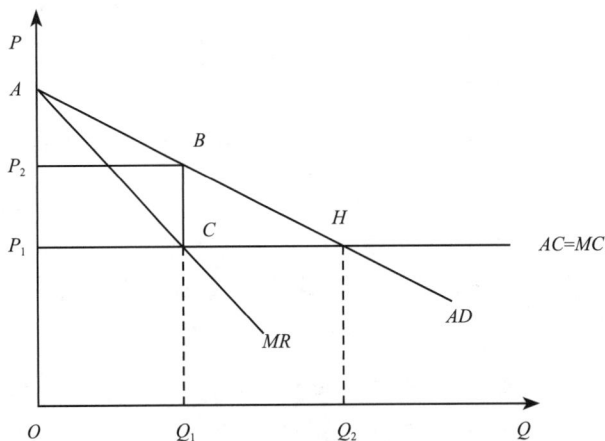

图 7-1　垄断与效率损失

2. 垄断导致消费者剩余减少

图 7-1 中，在完全竞争市场上，价格为 OP_1，产量为 OQ_2，此时消费者得到的消费者剩余为 AHP_1 这个三角形；而在完全垄断市场上，价格为 P_2，产量为 Q_1，消费者剩余

为 ABP_2 这个小三角形。消费者剩余大大减少。那么，减少的消费者剩余究竟到哪里去了呢？

3. 垄断导致寻租

图 7-1 中，在现实经济中，经常会出现某些个人、企业或团体，为了把其他人的收入重新分配或转移到自己手中，而试图影响政府的公共决策。假定某企业通过游说政府给予其垄断特权，即禁止其他企业从事该项生产和经营。该垄断企业为获得最大利润将把整个市场产量减少为 Q_1，价格为提高 P_2，因此该企业将获得 BCP_1P_2 部分的超额垄断利润。

知识链接：什么叫寻租

为了获得和维持垄断地位从而享受垄断的好处，垄断厂商经常要付出一定的代价。例如，向政府官员行贿或者雇用律师向政府官员游说等。这种为获得和维持垄断地位而付出的代价是一种纯粹的浪费，它不是用于生产，没有创造出任何有益的产品和服务，完全是一种"非生产性的寻利活动"。其目的是将收入从别人的手中转移到自己手中。

——摘自连有，王瑞芬主编：《西方经济学》，清华大学出版社 2008 年版，第 219 页

---

4. 垄断导致社会净损失

在图 7-1 中，市场由完全竞争变为垄断，消费者剩余减少了 P_2BHP_1 部分，其中 BCP_1P_2 部分转化为垄断厂商的超额利润，那么，减少的另一部分 BHC 部分由谁获取了呢？

由图 7-1 可知，如果生产在完全竞争条件下进行，则产出为 Q_1，价格为 P_1，在该均衡产出水平上，$P=MC$；如果生产在垄断条件下进行，则产出为 Q_2，价格为 P_2，在垄断产出水平上 $P>MC$。因此，垄断使产出减少了 Q_2Q_1，由此带来消费者剩余减少了 BHC 部分，该部分消费者剩余的减少并没有转移给生产者或其他方，而是垄断的净损失。可见垄断厂商的利润最大化并没有达到帕累托最优状态。在垄断厂商利润最大化产量 Q_2，价格 P_2 高于边际成本 MC，表明消费者愿意为增加额外一单位产量所支付的价格，超过了生产该单位产量所引起的成本，存在有帕累托改进的余地。如果能够设法使产量从垄断水平 Q_2 增加到最优水平 Q_1，则实现了帕累托最优。

二、对垄断的矫正

垄断经常导致资源配置缺乏效率。此外，垄断利润通常也被看成是不公平的。政府有必要对垄断进行管制。然而，垄断特别是自然垄断能够更好地获取规模经济，并更具有技术创新的能力，所以，目前许多国家对垄断势力是实行管制而不是禁止。政府对垄断的管制形式是多种多样的。主要讨论政府对垄断的价格管制和法律约束。

1. 价格管制

政府一般会对某些垄断企业在价格上进行控制，即政府从对社会有利及资源有效利用的角度出发，对垄断企业制定价格上限。具体方法是，按边际成本定价（$P=MC$）或按平均成本定价（$P=AC$），可以使垄断厂商降低价格，扩大产量，使资源得到有效利用。对自然垄断行业按边际成本定价意味着每一单位产出都会亏损，政府必须补贴垄断厂商的亏损。

2. 反垄断法

当垄断有害消费者时，政府通过立法来打破垄断或禁止垄断的形成。例如，国家缩短专利期限或使专利的延期更加困难。国家通过公司法，要求厂商公布利润报告表。政府对垄断最强烈的反应是制定反垄断法或反托拉斯法。当公司被控违反托拉斯法条款时，要受到警告、罚款、赔偿、解散等制裁。西方很多国家都不同程度地制定了管制垄断的法律，其中最为严格的是美国。美国指导反托拉斯政策的三部主要法律是《谢尔曼法》《克莱顿法》以及《联邦贸易委员会法》。利用《谢尔曼法》，美国政府曾成功肢解了标准石油公司、美国烟草公司、美国电报电话公司这三个最有名的托拉斯。

3. 国有化

对于自然垄断行业的不完全竞争，许多国家在不同程度上采用了国有化的对策，即政府接管该行业的所有权。邮电、电力、电话、煤气和自来水等部门，在许多国家都是国有的。

案例：严厉处罚阿里巴巴，彰显政府反垄断的决心和意志

2021年4月10日，市场监管总局依法对阿里巴巴集团作出行政处罚决定，责令其停止违法行为，并处以其2019年中国境内销售额4557.12亿元4%的罚款，计182.28亿元。这是到目前为止国内在反垄断方面作出的数额最大的处罚，或可认为是中国对互联网平台垄断经营，对互联网垄断资本集团作出的最严厉处罚，是一次具有标志性意义的事件。

从 2015 年以来，阿里巴巴集团滥用市场支配地位，获取不正当竞争优势，违反了《反垄断法》关于"没有正当理由，限定交易相对人只能与其进行交易"的规定，构成滥用市场支配地位行为。垄断是市场经济的大敌，平台经济的规范健康持续发展，尤其离不开公平竞争的环境。中央经济工作会议明确要求强化反垄断和防止资本无序扩张。

——摘自昆仑策网作者：李光满 http://www.szhgh.com/Article/opinion/
xuezhe/2021-04-11

第二节　外部性

外部性问题在现实生活中无处不在。生产活动和消费活动、个体行为和企业行为都会产生外部性。外部性有好有坏，对私人利益和社会利益、私人成本和社会成本造成不同影响，产生不同效果，影响社会资源配置的数量和效率。

案例：当火车驶过农田的时候

20 世纪初的一天，列车在绿草如茵的英格兰大地上飞驰，车上坐着英国经济学家庇古，他一边欣赏风光，一边对同伴说：列车在田间经过，机车喷出的火花（当时是蒸汽机）飞到麦穗上，给农民造成了损失，但铁路公司并不用向农民赔偿，这正是市场经济无能为力之处，称为"市场失灵"。

将近 70 年后的 1971 年，美国经济学家乔治·斯蒂和阿尔钦同游日本，他们在高速列车（已经是电气机车）上见到窗外的禾苗，想起了庇古当年的感慨，就问列车员，铁路附近的农田是否受到列车损害而减产，列车员说，恰恰相反，飞速奔驰的列车把吃稻谷的飞鸟吓走了，农民反而受益，当然铁路公司也不能向农民收取"赶鸟费"，这同样是市场经济所无能为力的也称"市场失灵"。

——摘自连有，王瑞芬主编：《西方经济学》，清华大学出版社 2008 年版，
第 224 页

一、外部性与市场失灵

1. 外部性及其种类

外部性（Externality）是指单个经济主体在从事经济活动时，给他人带来了某种利益或者危害，而该行为主体并没有为此而得到报酬或进行补偿的现象。或者说，外部性是一个经济主体的行为对另一个经济主体的福利所产生的效果，这种效果并没有从货币关系或市场交易中反映出来，也称外部效应、外在性、溢出效应等。

外部性可分为正外部性和负外部性两种。正外部性也称外部经济，是指厂商或消费者的经济活动给其他厂商或消费者无偿地带来好处。外部经济又分为消费的外部经济和生产的外部经济。前者如老刘在家种花植树、美化环境，不仅自家享受，邻居也为此得益并无须向老刘付费。后者如一家公司对所雇用的员工进行培训，如果有员工流失到其他单位，该公司并不能索回培训费用。再如老李家开了一家棋牌室，经常有外来的车辆和嘈杂的声音，邻居为之烦恼，但无法从棋牌室得到任何补偿。

想一想：

生活中你遇到了哪些外部性？

负外部性也称外部不经济，是指某个厂商或消费者的经济活动给其他厂商或消费者带来危害。外部不经济又分为消费的外部不经济和生产的外部不经济。前者如人们驾驶汽车提高了自己的出行效率，汽车排放的废气造成了空气污染，驾驶人一直在免费使用宝贵的清洁空气，而自己不承担任何责任。后者如一个企业因为排放污水污染了河流，或因为排放烟尘污染了空气，使附近居民和周围环境受到了损失，而该企业却没有承担相应的成本。

2. 外部性的社会影响

（1）外部经济的社会影响。外部经济对外带来的好处无法得到回报，此时物品生产或消费的私人收益小于它应当得到的社会收益，由此产生的外部收益＝社会收益－私人收益。例如，一个农户种植防风林带，受到保护的所有农户获得的收益总和（社会收益）为100万元，该农户自己所获得的私人收益为10万元，两者之差90万元即为溢出的外部收益，而无人补偿。外部经济产生的收益无法得到回报，导致具有外部经济的物品供应不足。具有外部经济的经营项目，经营者实际收入小于为社会作出的贡献，导致投资积极性不高，经营规模小于社会实际需求。如果从社会上其他人得到的收益中拿出一部分补偿私人的损失，这种外部经济的物品供应就会增加，整个社会得到更多的收益。

（2）外部不经济的社会影响。外部不经济对社会带来的危害不支付代价，物品生产或消费的私人成本低于它应当支付的社会成本，由此产生的外部成本＝社会成本－私人成本。例如，造纸厂不按规定排放污水，直接由企业负担的私人成本为20万元，危害他人所产生的社会成本为 200 万元，两者之差为 180 万元，即为该企业嫁祸别人的外部成本由社会承担。外部不经济产生的外部成本不是全部由当事人承担，导致具有外部不经济的物品供应过多。如果从私人得到的收益中拿出一部分补偿其他人的损失，外部不经济的私人成本就会增加，供应就会减少，对整个社会造成的损失也会减少。

二、解决外部性的对策

外部效应的存在是市场失灵的重要原因，它使单纯依靠市场机制无法实现资源的最优配置。矫正甚至完全消除外部性影响，特别是消极的负外部性影响，必须采取适当的措施。

1. 政府管制

政府往往采取行政手段控制负外部性，如严格控制污染企业工厂选址及污染排放量，为违规者进行不同处罚；在机场、车站、医院、学校等公共场所禁止吸烟；对农民焚烧秸秆，政府部门应该采取行政手段进行处理。

2. 征税和补贴

政府可以通过税收和补贴两种方法来抵消或减少外部性影响，使私人成本和私人收益与相应的社会成本和社会利益相等，最终目的是提高经济效益，实现资源配置优化。对造成外部不经济的厂商征税，其税收数量应该等于该企业给社会其他成员造成的损失，即税额接近外部成本，从而使该企业的私人成本等于或接近社会成本。对造成外部经济的家庭或厂商，国家可用发放津贴的办法予以补偿，补偿的额度相当于它给其他人带来的好处，即外部收益，从而使私人收益等于或接近社会收益。

知识链接：庇古税

用于纠正负外部性影响的税收被称为庇古税（Pigovian Tax），以纪念最早提出这种税收方法的经济学家阿瑟·庇古（Arthur Pigou，1877 ~ 1959）。

在许多国家，汽油属于经济中收税最重的物品。例如，在美国，司机对汽油付的钱中几乎一半归汽油税。在许多欧洲国家，税收更多，汽油价格是美国的三倍或四倍。为什么这种税如此普遍？一个答案是，汽油税是一种旨在纠正与开车相关的三种负外部性的庇古税。

开车相关的三种负外部性：拥挤、车祸、污染。

——摘自曼昆著，梁小民译：《经济学原理》第二版，北京大学出版社

3.通过兼并或收购，使外部性内部化

所谓内部化，就是用企业合并的方法，使外部性内在化。例如，一个企业的生产影响到另一个企业，如果影响是正的（外部经济），则第一个企业的生产就会低于社会最优水平；反之，如果影响是负的（外部不经济），则第一个企业的生产就会超过社会最优水平。如果把两个企业合并为一个企业，此时的外部影响就"消失"了，即被"内部化"了。合并后的单个企业为了自身利益将其生产确定在边际成本等于边际收益的水平上，合并企业的成本与收益等于社会成本与收益。

4.明确界定产权

美国经济学家科斯（Ronald Coase）认为，外部性之所以导致缺乏效率，是因为产权界定并不明确。所谓产权，是通过法律界定和维护的人们对财产的转让、占有和收益的权利。产权不清，就无法确定究竟是谁应该为外部性承担后果或得到报酬。科斯认为，如果产权是明确界定的，并且谈判是毫无成本的，那么，在有外部性的市场上，交易双方总能通过谈判达到最优配置，而不管产权划归哪一方。

课堂讨论：

在公共场合吸烟的人对旁人造成了损害，到底是吸烟者应该对旁人进行赔偿，还是旁人应该付钱让吸烟者不吸烟呢？即消费者有权在公共场合吸烟，还是不吸烟者享有清洁空气的权利呢？

知识链接：科斯定理及其应用

科斯定理是经济学家科斯提出通过产权制度的调整，将商品有害外部性内部化，从而将有害外部性降到最低限度的理论。

科斯定理是指在市场交易中，若交易费用为零，那么产权对资源配置的效率就没有影响；反之，若交易费用大于零，那么产权的界定、转让及安排都将影响产出与资源配置的效率。

科斯定理的一个重要前提是：交易成本为零。交易成本是指围绕自由交易而发生的任何谈判或使契约强制执行的成本，包括两个方面：一方面是事前为达成一项合同而发生的成本；另一方面是事后为贯彻该项合同而发生的成本。

科斯定理告诉我们：在产生外部效应的场合，只要明确所有权，就可以解决外部效应问题，达到资源的优化配置。事实上，在很多情况下产权无法明确。科斯定理的另一个重要前提是交易成本为零，如果交易成本过大，通过市场机制也许无法有效地解决外部效应问题。事实上，谈判费用及交易成本不会很低，更不会为零，这就决定了在许多场合必然需要某种形式的政府管理。

第三节　公共物品

经济生活中，政府除了采取各种政策手段来解决如垄断和外部性导致的市场失灵外，还要直接参与部分经济活动，向市场提供那些市场机制本身不能、也不应该提供的独特产品——公共物品，以此来提高整个社会的福利水平。

一、公共物品的含义与特征

1. 私人物品的含义与特征

所谓私人物品（Private Things），是指消费者从市场上所购买的，用来满足人们的衣、食、住、行等私人需要的各种商品或劳务。一个人的消费将会减少其他人的消费。它具有两个特征：竞争性和排他性。竞争性即某人如果消费了某种商品，则其他人就不能再消费这种商品。例如，一个人穿过的衣服、戴过的口罩、吃过的食物，别人就不能再消费这份物品。排他性是指只有支付了相应的价格才有资格消费，即付费后能排除他人的消费。例如，不买票就不能去电影院看电影，在超市不付费，就不能将商品买回家。一般来说，凡是家庭和企业能完整地购买其消费权或使用权的产品，如食品、衣服、洗衣机、计算机等设备都具有这两个特点，这种产品就是私人物品。

2. 公共物品的含义与特征

所谓公共物品（Public Goods），是指在消费和使用上不具有竞争性和排他性的商品和劳务，是那些不需要通过市场交易而由政府提供的、用于满足社会公共消费需要的物品和劳务，如国防、道路、交通、立法等。公共物品也有两大特征，如表 7-1 所示。

一是非竞争性，个人的消费并不减少其他人的消费。例如，电影院有 200 个座位，能容纳 200 人同时观看电影，没有人会因为其他人看电影而影响自己看电影。奥运会的比赛项目不会因为别人看比赛而影响你同时收看。

二是非排他性，是指任何人都可以无偿享有，不能阻止其他人享有，或阻止其他人从中获益的成本非常高，或者与公众的共同利益相违背，因而是不允许的。例如，街上的路灯，很难不让未付费的人使用；道路，很难不让未付费的人行走。再如，国防安全、洪水控制、公共疫情防控都是非排他性公共物品，既保护公民甲的安全，也保护公民乙的安全，是保护全体公民生命财产安全、惠及所有人的公共物品。

表7-1　公共物品分类

特征	非竞争性	竞争性
非排他性	纯公共物品： 国防、红绿灯、法律、公共卫生安全等	公共资源： 海洋、河流、森林、免费公园、道路等
排他性	俱乐部产品： 有线电视、电影、俱乐部等	私人物品： 食品、衣服、汽车等

二、公共物品导致"搭便车"现象

> **想一想：**
>
> 生活中你遇到了哪些"搭便车"现象？

公共物品的非排他性决定了人们不用购买就可以消费，因而难免产生"搭便车"者。所谓搭便车（Free Rider）现象，是指个人即使不付费也能从非排他性的公共物品当中受益。某些个人虽然参与了公共产品的消费，没有或不愿意为此支付相应费用（或成本）的现象。

比如，路灯照明使每一个过路人受益，但过路人并不愿意为此付费，每个人都认为这项福利设施不是专门为他一个人设置的。这样，由于使用公共物品的人不用交费或提供者无法收费，如果依靠市场调节，没人愿意生产公共物品或供给的数量太少。公共物品的特征导致公共物品无法通过市场机制解决，出现了市场失灵。

由于"搭便车"现象和低效率问题的存在，没有人愿意生产提供被人们免费使用的物品。市场机制对公共物品的有效配置无能为力。但是很多公共物品（如疫苗、国防、基础研究、路灯、公园等），是任何一个社会发展所必需的。那么，这样的公共物品应该由谁来提供呢？答案是，政府介入非排他性公共物品的生产是一种必然选择。公共物品的生产供给仅仅依靠市场机制是难以解决的，必须通过政府的行为才能解决公共物品的供给问题。例如，国防由中央政府提供，城市路灯由城市管理机构提供并维护，居民区的路灯和楼道的照明灯由居民户分摊。

三、公共物品导致"公地悲剧"

1. 公地悲剧

公共物品的非排他性造成了"搭便车"现象的出现，公共资源的非排他性和竞争性则造成了公有地悲剧。

哈丁在《公地悲剧》中描绘了这样一幅场景：中世纪的一个小镇，一群牧民一同在一块公共草场放牧。一个牧民想多养一只羊增加个人收益，虽然他明知草场上羊的数量已经太多了，再增加羊的数目，将使草场的质量下降。牧民将如何取舍？如果每个人都从私利出发，肯定会选择多养羊获取收益，因为草场退化的代价由大家负担。每一位牧民都如此思考时，"公地悲剧"就上演了——草场持续退化，直至无法养羊，最终导致所有牧民破产。同样，公共河流的鱼被过度捕捞、没人看管的森林被滥砍滥伐，都是现实中公共资源被破坏的例子。

公共草地、公共河流、公共森林、清洁的空气和水、矿藏资源都是典型的公共资源，公共资源的所有权由全体社会成员共同享有。由于它们是开放性的，要想排他性使用非常困难，人人都想多占用，却无人去维护和修复。即使有人愿意维护，维护的成本费用却由维护者个人承担，而好处却由大家分享。大家都想坐享其成、搭便车。保护公共资源失去动力，出现了市场失灵。

2. 有效保护公共资源的办法

为了有效保护公共资源，解决公共资源过渡使用问题，政府可以通过征税、拍卖许可证、强制休耕、休牧、休渔、政府管制、产权改革、有偿收费、法律等不同办法，对公共资源进行保护。

故事：大象与黄牛

在整个历史上，许多动物的物种都遭受到灭绝的威胁，如野牛、大象。但并不是所有具有商业价值的动物都面临这种威胁，如黄牛。

为什么象牙的商业价值威胁到大象，而牛肉的商业价值是黄牛的护身符呢？原因是大象是共有资源，而黄牛是私人物品。大象不属于任何人，偷猎者没有保护大象的激励。与此相反，黄牛生活在私人所有的牧场上，农场主会极力维持自己牧场上的牛群。由于私有制和利润动机在起作用，非洲大象会在某一天也像黄牛一样安全地摆脱灭绝的厄运。

四、公共物品供给

由于公共物品的性质不同，其提供方式也不同。基本原则是纯公共物品由政府提供，准公共物品由政府和市场共同提供。

1. 政府直接生产提供

纯公共产品和准公共产品。造币厂、中央银行、电力、煤气、自来水、铁路、邮政等由中央政府直接经营；司法、消防、医院、自然资源保护、图书馆等由地方政府直接经营。

2. 政府间接生产提供

引入竞争机制，让私人部门参与公共物品的提供，提高政府部门效率。政府间接生产公共物品主要有以下几种方式：

（1）签订合同：基础设施和公共服务。

（2）授权经营：自来水、供电、电话、电视广播、报刊。

（3）经济资助：政府给予补贴、优惠贷款、无偿赠与、减免税收。如基础研究、教育等。

（4）政府参股：政府控股或政府参股，如机场、港口、高速公路等。

（5）法律保护：政府运用法律手段保护，如医院、教育、慈善等。

五、公共选择理论

公共选择理论的研究对象是公共选择问题。公共选择是指人们通过民主决策的政治过程来决定公共物品的需求、供给和产量，是把私人的个人选择转化为集体选择的一种过程或机制，是利用非市场决策的方式进行资源配置。在集体决策的过程中有以下几种规则。

1. 一致同意规则

一致同意规则是指一项集体行动方案只有在所有参加者都认可的情况下才能够实施。"认可"意味着赞成或者至少不反对。在一致同意规则下，每个参加者都对将要达成的集体决策拥有否决权。由于每一个参加者都拥有否决权，任何一个有可能损害某些参加者利益的集体行动方案都会被否决，于是，一致同意原则有以下优点：能够充分保证每一个参加者的利益；可以避免出现"搭便车"现象；如果能够达成协议，则协议将是帕累托最优。该规则的缺点是：达成协议的成本太大，在许多情况下甚至根本无法达成协议。

2. 多数规则

多数规则是指一项集体行动方案必须得到所有参加者中的多数认可才能够实施。多数可以是简单多数，即超过总数的一半，可以是比例多数，如达到总数的三分之二以上。美国国会、州和地方的立法常常使用简单多数规则，但在弹劾和罢免总统、修改宪法时，则采取三分之二的比例多数规则。与一致同意规则相比，多数规则的协商成本较低，也更容易达成协议。该规则的缺点是：它忽略了少数派的利益，可能出现"收买选票"现象，最终的集体选择结果可能不是唯一的。

3. 加权规则

一个集体行动方案对不同的参加者会有不同的重要性。于是，按照重要性的不同，给参加者的意愿"加权"，即分配选举的票数。相对重要的，拥有的票数就较多，否则就较少。加权规则就是按实际得到的赞成票数（而非人数）的多少来决定集体行动方案。

4.否决规则

否决规则的具体做法是：首先让每个参加者提出自己认可的行动方案，汇总后，再让每个成员从中否决自己所反对的方案。最后剩下的没有被否决的方案就是所有成员都可以接受的集体选择结果。如果有不只一个方案留了下来，就再借助于其他投票规则（如一致同意规则或多数规则）来选择。经过否决规则筛选留下的行动方案都将是帕累托最优。

第四节 不完全信息

【引导案例】

柠檬理论

诺贝尔经济学奖得主乔治·阿克洛夫 1970 年发表了《柠檬市场：质量不确定性与市场机制》的文章，乔治对汽车旧货市场进行分析。分析表明：旧货市场上卖主对汽车质量的信息要比买主掌握得多，在旧车市场上信息分布是不均匀、非对称的。买主可依据经验大致了解市场上旧车的平均质量，交易时他们只愿意依据市场平均质量支付购买价格。高于平均质量的旧车因无利可图将退出市场。随着高质量旧车的退出，市场上旧车的平均质量就会下降，买主愿意支付的购买价格也随之下降，结果又导致质量较高的旧车卖主被迫将车辆退出市场。如此循环，质量最差的旧车将质量最好的旧车淘汰出市场，依次把质量较好、质量中等和质量较差的旧车淘汰，导致旧车市场无法存在。

柠檬市场也称次品市场，是指信息不对称的市场，市场中产品卖方对产品的质量拥有比买方更多的信息。在极端情况下，市场会止步萎缩和不存在，这就是信息经济学中的逆向选择。

一、不完全信息的含义

不完全信息（Imperfect Information）是指经济活动主体不能充分了解所需要的一切信息。不对称是指经济交易的双方对有关信息的了解和掌握得不一样多。如通常所说的"从南京到北京，买的不如卖的精"，说明卖方对商品信息知道的情况比买方知道得多。

信息不完全包括两种情况：一是有些市场卖方所掌握的信息多于买方，如销售者对产品的质量比消费者知道得多，雇员对自己的技术和能力比雇主知道得多；二是有些市场买方所掌握的信息多于卖方，如医疗保险的购买者比保险公司更了解自己的健康状况，信用卡的持有者比提供信用的金融机构更了解自己的信用状况。

在各种交易市场上，不同程度地存在信息不完全问题。正常情况下，尽管存在信息不完全，但交易双方所拥有的市场信息也可以保证产品和服务的生产与销售有效进行；而在有些情况下，信息不完全产生逆向选择、道德风险、委托—代理等问题，这些问题都可能导致市场失灵，需要政府采取一定的管制措施来纠补。

二、逆向选择及其治理

1. 逆向选择的含义及表现

想一想：

为什么市场中存在假冒伪劣产品？

逆向选择（Adverse Selection）是指买卖双方信息不对称的情况下，差的商品将好的商品驱逐出市场。当交易双方中的一方对于交易可能出现的风险比另一方知道更多时，就会出现逆向选择问题。

旧车市场上卖者知道车的真实质量，而买者不知道，卖者就会以次充好。但买者不了解旧车的真实质量，只知道车的平均质量，愿意按平均质量标准给出中等价格，这样，那些高于中等价的上等车就可能退出市场。最后市场上都是破烂车，成交量就会小于实际均衡量，甚至可能为零。好产品不愿意出售，而坏产品却容易卖出，次品充斥市场。逆向选择还普遍存在于商品市场、劳动市场和资本市场。

2. 逆向选择的治理方法

不完全信息在许多领域都存在，但并不一定都产生逆向选择问题。不同市场上产生的逆向选择问题需要采用不同的方法解决。有些需要政府干预，有些则通过有效的制度安排和有力措施加以排除。那么，怎么解决呢？可考虑如下方式。

（1）企业名声（Reputation）。当我们买东西时，首选的是名声好、公众形象佳的企业生产的产品。比如手机，国外产品有苹果、三星等，国内产品有华为、小米等。这些品牌产品，是企业花费巨资投资创造的。著名企业非常珍惜他们的品牌，开展品牌管理工作。在信息不对称市场上，购买品牌产品让顾客放心。

（2）保证（Guarantee）。在耐用消费品市场上，诸如电视机、数码相机、电冰箱等产品，存在许多厂家，各家产品质量难以区分，如果消费者不能分辨哪种牌子更可靠，按照"柠檬市场"原则，好牌子也不能卖到好价钱。那些高质量的厂家会向顾客做产品保证。比如产品实行"三包"（包维修、包换、包退），用优质服务和过硬质量来击败低质量同类产品，消费者更青睐能够提供保证的产品。

（3）担保和抵押（Hostage and Escrow）。当一方对另一方一无所知时，大家互不信任，通过第三方担保或抵押品抵押也是不错的方案。

（4）信号（Signal）。劳动力市场上存在有关雇佣能力信息不对称现象。当招牌单位聘用员工时，主要根据员工的教育和任职背景。因为教育信号（就读学校、就读时间、所学专业、学习成绩等）直接或间接传递了个人的素质和能力，是区分员工生产率的重要信号。

（5）政府管制（Administrative Regulation）。对于某些行业，需通过政府管制才能奏效，如食品行业、医药行业、保健品行业等，通过一系列的法律、规章和制度，制约和约束生产经营者的行为，帮助消除信息不对称隐患，保障消费者权益。

三、道德风险问题

道德风险（Moral Hazard）是指交易双方在交易协议签订后，其中一方利用多于另一方的信息，有目的地损害另一方利益而增加自己利益的行为。在经济活动中，道德风险问题相当普遍。比较典型的是保险公司因道德风险问题而导致损失。保险市场的道德风险是投保人在投保后，降低对所投保标的的预防措施，从而使损失发生概率上升，给保险公司带来损失，同时降低了保险市场的效率。

案例：大学校园的自行车保险

获2001年度诺贝尔经济学奖的斯蒂格利茨在研究保险市场时，发现了一个经典的例子：美国一所大学学生自行车被盗比例约为10%，几个有经营头脑的学生发起了一个对自行车的保险，保费为保险标的15%。按常理来说，这几个学生应该获得5%左右的利润。但该项保险项目运作一段时间后，这几个学生发现自行车被盗比例迅速提高到15%以上。何以如此？这是因为自行车投保后学生们对自行车安全的防范措施明显减少。

斯蒂格利茨提出的解决问题的理论模型是，让买保者在高自赔率加低保险费及低自赔率加高保险费两种投保方式间作出抉择，以解决保险过程中的逆向选择问题。

——摘自李国政，綦颖主编：《经济学基础》，中国农业大学出版社

保险市场的道德风险主要是保险公司与投保人之间的信息不对称，保险公司难以确切地知道投保人的真实情况和行为。可以说，只要市场经济存在，道德风险就不可避免。解决的办法就是通过某些制度约束使投保人加强自身行为控制。

四、委托—代理问题

委托—代理关系是指一方授权另一方从事某项活动。市场经济条件下，只要存在信息不对称性，委托—代理关系就普遍存在。例如，在公共选举中，选民们是委托人，政治家

和官僚们是代理人；在企业中，董事会是股东的代理人，经理是董事会聘任的代理人。再如，医生是医院的代理人，教师是学校的代理人。

在委托—代理关系中，委托人和代理人的利益不会完全一致 。由于双方目的不一致及信息非对称，委托方与代理方之间就难以实现理性双赢，代理方就会最大限度地增进自身利益。如果代理人以牺牲委托人的利益为代价，部分或完全按照自己利润最大化原则从事活动，就产生了与"激励相容"相悖的问题。

解决委托—代理关系中的效率问题不能通过政府干预，因为政府和企业所有者一样无法对经营者和工人进行观察和监督。解决问题的关键是激励。一是显性激励机制，即利用合同和规章制度约束经理的行为并调动其工作积极性。例如，通过建立业绩评定薪水体制、订立利润分享和约等，使企业所有者与经营者休戚与共。二是隐性激励机制，即市场上的竞争压力能够激励代理人的行为。例如，建立完善的经理市场，激励企业经理更加努力工作。

第五节　政府宏观调控

市场的作用是巨大的，但市场不是万能的，市场机制也不是完美的，市场调节存在自发性、盲目性、滞后性，在某些领域和某些时候，会出现市场失灵。当发生市场失灵时，政府宏观调控十分必要和重要，以弥补市场机制的不足和缺陷。同时，社会主义公有制及共同富裕的目标要求国家必须加强宏观调控。

一、我国市场经济下加强政府宏观调控的必要性

1. 经济开放程度进一步提高

经济全球化趋势继续发展，这是当今世界不可抗拒的潮流。一方面，我国经济开放速度加快，开放程度提高；另一方面，驾驭宏观经济全局的紧迫性将更为突出，对我国宏观调控的有效性构成较为严峻的挑战。

2. 宏观调控基本环境进一步复杂化

中国经济面临一些新问题、新挑战。例如，中国出生人口持续下降，老龄化加速到来；居民消费仍受制约；投资增长后劲不足；中小微企业和个体工商户困难较多，稳就业压力较大；关键领域创新能力不强；防范化解金融等领域风险任务艰巨。同时，中国外部环境发生明显变化，由于逆全球化、大国竞争、新冠肺炎疫情等原因，国际经济形势发生

了较大变化，影响预定宏观调控目标的实现。

3. 宏观调控难度进一步加大

经济体制改革的深化需要提高市场经济宏观调控的质量。我国宏观调控目标不仅要追求效益，还要兼顾公平；不仅要考虑当前，还要兼顾长远；不仅要考虑国内，还要兼顾国际。

二、政府宏观调控的目标

宏观调控的总体目标是充分利用市场机制的调节作用，政府按照经济社会高质量发展和可持续发展要求，制定采用一系列经济政策和其他手段，对经济进行适度的干预，实现资源的优化配置、经济总量的协调和经济社会的全面发展。宏观调控的具体目标主要包括充分就业、物价稳定、经济增长和国际收支平衡等。在我国，经济结构优化也是重要的调控目标。中国经济增长速度稳定在 6%～8%、CPI 稳定在 3% 左右、失业率稳定在 5% 左右。

三、政府宏观调控的政策和手段

国家为实现一定的经济目标，制定并采用对宏观经济起调控作用的经济手段和经济措施，称为宏观经济政策。国家调控经济活动的主要政策有财政政策、货币政策（这部分内容将在第十一章宏观经济政策中详细讲述）。我国还要实施法律手段和行政手段，如政府制定并实施产业政策、价格政策、投资政策、土地政策、环保政策、安全生产政策、产品质量标准、收入分配政策等一系列政策与措施。

四、政府失灵

为了矫正市场失灵，弥补市场机制的缺陷，政府采用"看得见的手"对市场进行调节和干预，以达到促进公平、调节结构、扩大公共产品供给、扶持经济增长的目的。政府调节发挥重要作用。但是不能过分夸大政府的作用，因为政府机制也存在失灵。政府失灵是指政府为了矫正和弥补市场机制的缺陷所采取的立法、行政管理及各种经济政策手段，在实施中会出现事与愿违、效率低下和社会福利损失的现象。政府失灵主要表现在有效信息不足、政府社会控制能力有限、公共政策的局限性、官僚主义、寻租与腐败。

【本章小结】

由于各种原因市场机制不能充分发挥作用而导致资源配置缺乏效率或资源配置失当的情况，称为市场失灵。市场失灵的主要表现为垄断性失灵、外部性失灵、公共性失灵、信息失灵和其他失灵。

垄断对社会经济发展有积极作用，垄断也带来市场失灵：垄断导致产量减少，垄断导致消费者剩余减少，垄断导致寻租，垄断导致社会净损失。对垄断的矫正可采取价格管制、反垄断法和国有化等措施。

外部性是指单个经济主体在从事经济活动时，给他人带来了某种利益或者危害，而该行为主体并没有为此而得到报酬或进行补偿的现象。外部性可分为正外部性和负外部性两种。外部经济的私人收益小于社会收益，外部不经济的私人成本低于社会成本。解决外部性的对策有：政府管制；征税和补贴；通过兼并或收购，使外部性内部化；明确界定产权。

公共物品是指在消费和使用上不具有竞争性和排他性的商品和劳务。它有两大特征：非竞争性和非排他性。公共物品导致"搭便车"现象；公共物品导致"公地悲剧"。公共物品的供给有政府直接提供、政府间接提供两种方式。公共选择规则有一致同意规则、多数规则、加权规则和否决规则。

信息不完全是指信息是不完全的、不对称的。信息不完全是指经济活动主体不能充分了解所需要的一切信息，不对称是指经济交易的双方对有关信息的了解和掌握得不一样多。信息不完全产生逆向选择、道德风险、委托—代理等问题，可能导致市场失灵，需要政府采取一定管制措施来纠补。

市场的作用巨大，但市场不是万能的和完美的，在某些领域和某些时候，会出现市场失灵。当发生市场失灵时，政府宏观调控十分必要和重要，以弥补市场机制的不足和缺陷。但不能过分夸大政府调控的作用，因为政府也会失灵。政府失灵是指政府为了矫正和弥补市场机制的缺陷所采取的立法、行政管理及各种经济政策手段，在实施中会出现事与愿违、效率低下和社会福利损失的现象。

【重点掌握】

市场失灵的含义、原因和表现。

垄断对经济的危害，应对垄断的措施。

外部性的含义及解决对策。

公共物品的特征和影响。

信息不完全产生的问题及纠正方法。

扫码获取有关知识视频

【练习与思考】

一、单项或多项选择题

1. 市场失灵是指（　　）。

A. 收入分配不平等

B. 税收制度不合理

C. 资源在私人部门和公共部门之间配置不均

D. 市场机制在配置资源方面缺乏效率或资源配置失当

2. 垄断导致市场失灵是因为垄断产品的价格（　　）边际成本。

A. 小于　　　　　　B. 大于　　　　　　C. 等于　　　　　　D. 不确定

3. 周围人吸烟给你带来的危害属于（　　）。

A. 生产正外部性　　　　　　　　B. 消费正外部性

C. 生产负外部性　　　　　　　　D. 消费负外部性

4. 公共物品不具有（　　）特性。

A. 非排他性　　　B. 非竞争性　　　　　C. 排他性　　　　　　D. 竞争性

5. 针对垄断原因导致的市场失灵，政府干预的方式主要有（　　）。

A. 界定产权　　　　　　　　　B. 实行"内部化"政策

C. 制定反垄断法　　　　　　　D. 公共管制

二、判断题

1. 市场失灵就是市场完全不行了。（　　）

2. 当存在负外部性时，厂商的私人成本高于社会成本。（　　）

3. 政府提供的物品都是公务物品。（　　）

4. 同国防、外交一样，有线电视也属于纯公共物品。（　　）

5. 所有给交易双方之外的第三方造成的影响都属于外部性。（　　）

6. 逆向选择和道德风险问题普遍存在的原因是信息不完全和不对称。（　　）

三、简答题

1. 市场失灵的表现有哪些？

2. 什么是垄断？政府对垄断的干预措施有哪些？

3. 简述外部性问题的治理对策。

4. 公共物品如何导致市场失灵？

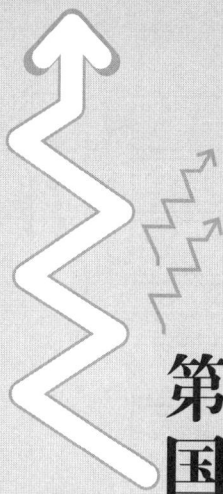

第八章
国民收入核算与决定理论

【学习目标】

1. 知识目标

   掌握国内生产总值的含义与构成；

   理解国内生产总值的核算方法；

   理解国民收入流量循环模型；

   理解掌握简单国民收入决定模型的基本原理；

   掌握消费函数、储蓄函数、乘数的含义与计算；

   理解掌握 IS-LM 模型的内容及应用；

   理解掌握总需求－总供给模型的含义、内容及作用。

2. 能力目标

   能够运用国民收入核算方法进行简单计算；

   能运用国民收入决定的基本原理分析现实经济问题；

   能运用总需求－总供给模型解释、分析社会经济现象。

3. 思政目标

   知晓我国 GDP 的高速增长，增强爱国意识和社会责任感。

扫码获取本章课件

【结构导图】

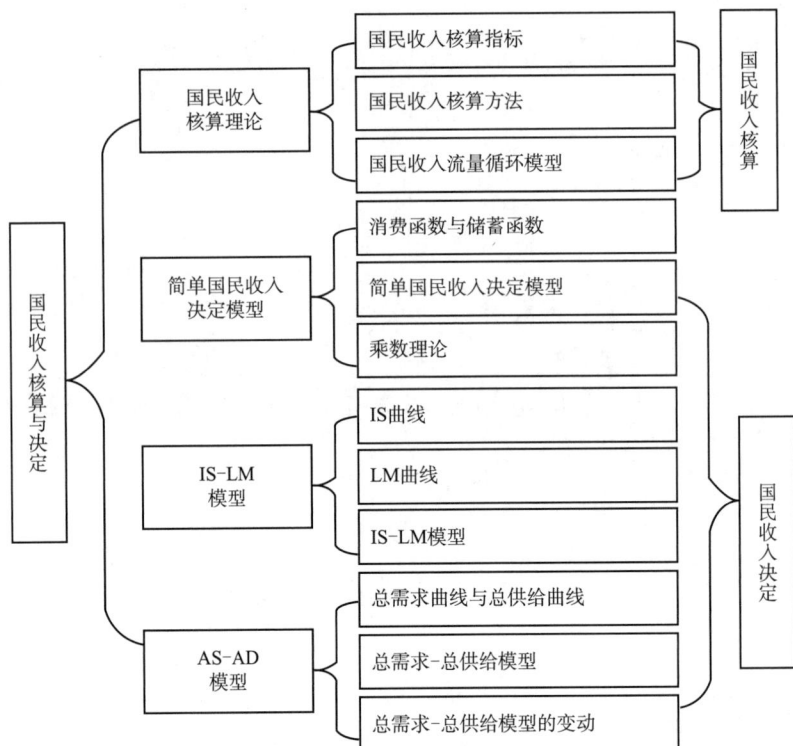

【引导案例】

2020年中国国内生产总值

国家统计局发布的《中华人民共和国 2020 年国民经济和社会发展统计公报》显示，初步核算，全年国内生产总值 1015986 亿元，比上年增长 2.3%。其中，第一产业增加值 77754 亿元，增长 3.0%；第二产业增加值 384255 亿元，增长 2.6%；第三产业增加值 553977 亿元，增长 2.1%。第一产业增加值占国内生产总值比重为 7.7%，第二产业增加值比重为 37.8%，第三产业增加值比重为 54.5%。全年最终消费支出拉动国内生产总值下降 0.5 个百分点，资本形成总额拉动国内生产总值增长 2.2 个百分点，货物和服务净出口拉动国内生产总值增长 0.7 个百分点。预计全年人均国内生产总值 72447 元，比上年增长 2.0%。国民总收入 1009151 亿元，比上年增长 1.9%。

据 IMF 数据显示，2020 年中国国内生产总值折合美元为 147228 亿美元，全球排名第 2 位，仅次于美国。人均国内生产总值折合美元为 10484 美元，较上年增加了 390 美元，名次由第 70 名前移到第 63 名。

（资料来源：国家统计局《中华人民共和国 2020 年国民经济和社会发展统计公报》、IMF 网站）

从本章开始我们进入宏观经济学学习。宏观经济学是研究整个国民经济。一个国家的国民经济状况主要通过国民收入来体现，国民收入作为一个国家一定时期内新创造的价值的总和，能够比较准确地反映这个国家新增加的物质财富，因而也是反映宏观经济效益的综合指标，可直接反映一国社会生产力发展水平。本章主要介绍国民收入的核算与决定原理。

第一节　国民收入核算理论

国民收入核算理论作为宏观经济研究的基础，主要分析国内生产总值、国民生产总值及其他有关总量之间的关系及变动规律，其中应用最广泛的是国内生产总值指标。

一、国民收入核算指标

美国著名经济学家萨缪尔森曾经说过："GDP 是 20 世纪最伟大的发明之一。"没有 GDP，我们就无法进行国与国之间经济实力的比较，贫穷与富裕的比较，就无从知道本国宏观经济在世界经济中的位置。由此可见，GDP 即国内生产总值是衡量国民经济发展状况最重要的一个指标，也是宏观经济中最受关注的经济统计数字，如表 8-1 所示。

表8-1　2020年全球GDP总量排名前十位　　　　单位：万亿美元

位次	国别	2020 年 GDP	位次	国别	2020 年 GDP
1	美国	20.9	6	印度	2.59
2	中国	15.63	7	法国	2.55
3	日本	5.13	8	意大利	1.84
4	德国	3.78	9	加拿大	1.6
5	英国	2.63	10	巴西	1.36

（一）国内生产总值（GDP）

1. 国内生产总值的概念

国内生产总值（Gross Domestic Product，GDP）是指一个国家或地区在一定时期内（通常为一年）所生产的全部最终产品和劳务的市场价值总和。对GDP的理解要把握以下几个方面：

（1）GDP是一个市场价值的概念。产品市场价值等于这些最终产品的当期价格乘以产量。例如，一个国家一年生产的汽车为100万辆，平均每辆售价10万元，则该国一年生产的汽车市场价格为1000亿元，即该国汽车产业为国家的GDP贡献了1000亿元。在理解时要注意两点：其一，不经过市场销售的自给性物品和劳务，如家务劳动、自给自足生产等没有价格，无法计入GDP；其二，价格是变动的，同样数量的物品按照不同的价格计算的GDP是不同的。

（2）GDP测定的是最终产品的价值。中间产品不计入GDP，以免重复计算。所谓最终产品，是指供人们直接使用和消费、不再转卖的产品和劳务。中间产品是指作为生产投入品、不能直接使用和消费的产品和劳务。

实际经济中，许多产品既可作为最终产品，又可作为中间产品，如煤炭用于家庭取暖和做饭时是最终产品，但作为发电与炼钢的原料时又是中间产品。由此可见，区分中间产品和最终产品非常困难。为了解决这一问题，在具体计算时可采用增值法，即只计算生产各阶段中所增加的价值。

如表8-2所示，棉花、棉纱、棉布都是中间产品，只有服装才是最终产品，其价值为30单位，用增值法核算也是30单位，如不区分最终产品和中间产品，则会有重复计算39单位。因此，采用增值法核算，不用区分中间产品和最终产品，也不会造成重复计算。

表8-2　最终物品价值的核算

生产阶段	物品价值	中间物品成本	增加值
棉花	8	—	8
棉纱	11	8	3
棉布	20	11	9
服装	30	20	10
合 计	69	39	30（GDP）

（3）GDP是一个生产性指标而不是销售性指标。GDP是一定时期内所生产而不是所销售的最终产品价值。往年生产当年出售的不计入，本年生产未出售的也计入，当作企业存货投资。若某企业当年生产1000万元产品，卖掉800万元，剩下200万元存货，计入GDP的是1000万元；若当年生产1000万元产品，卖掉1200万元，计入GDP的仍

是 1000 万元，库存减少 200 万元。房产销售等二手交易的房屋价值和房屋增值不计入 GDP，但为完成二手交易所提供的服务价值计入 GDP。

（4）GDP 是计算期内生产的最终产品价值，是流量而不是存量。所谓流量是指一定时期内发生的变量，如 2020 年中国的 GDP 为 1015986.2 亿元是指从 2020 年 1 月 1 日开始到 2020 年 12 月 31 日为止，中国总共创造了 1015986.2 亿元的产出。所谓存量是指一定时点上存在的变量，如 2020 年年末中国的外汇储备、2020 年 9 月 1 日人民币与美元之间的汇率等。

（5）GDP 衡量的生产价值局限于一个国家的地理范围之内。即无论本国居民还是外国居民，凡是在本国国土范围内的财产和劳务所获得的收入都计算在内，但不包括本国居民在国外的财产和劳务所获得的收入。如沃尔沃在中国境内生产的汽车计入中国的 GDP 而非瑞典的 GDP，中国的华为和海尔在美国工厂创造的产值计入美国的 GDP 而非中国的 GDP。

（6）GDP 衡量的最终产品不仅包括有形的最终产品，也包括无形的最终产品——劳务。即在实际 GDP 统计中，不仅包括面包、衣服、汽车等有形的最终产品，也包括旅游、医疗、卫生、教育、服务等行业提供的劳务，劳务按其所获得的报酬计入 GDP 之中。

2. GDP 的局限

（1）GDP 不能反映经济发展对资源环境所造成的负面影响。GDP 在反映经济增长的同时，没有反映经济增长过程中对资源环境所造成的负面影响。例如，造纸厂、化工厂的生产可以创造产值，增加 GDP，但生产过程中排放的废水、废气会污染环境，影响人们的生活和身体健康。正是基于此，有学者提出了绿色 GDP 的概念，即计算 GDP 时要考虑资源环境成本。在我国，国家统计局、国家环保总局自 2004 年开始正式联合开展了中国环境与经济核算绿色 GDP 研究工作，将自然资源和环境损失考虑在内，能够更全面地衡量经济发展水平。

（2）GDP 不能准确地反映一个国家财富的变化。经济学将固定资本存量作为国民财富的重要组成部分。固定资本存量是指在某一时点上的厂房、设备、道路、桥梁、码头等的价值总量。但如果自然灾害造成桥梁毁坏，需要重修桥梁，重修桥梁会引起投资增加和桥梁施工人员收入增加，GDP 也随之增加，但其实桥梁总数没有增加，国民财富并没有变化。

（3）GDP 不能反映某些重要的非市场经济活动。在发展中国家，有些非常重要的自给性服务如洗衣、做饭、养育儿女、照顾老人等因为没有经过市场，所以不反映在 GDP 中。但在服务市场化程度较高的发达国家，衣服可送到洗衣店清洗，做饭、照顾儿女、老人等大多由保姆来承担，雇用保姆，就要支付报酬，这些活动就反映在 GDP 中。由此可见，家务劳动市场化的程度会影响 GDP 的大小。

（4）GDP 不能全面地反映人们的福利状况和幸福程度。人们的福利状况会因为收入的增加而得到改善。但当一个国家 GDP 增加时，并不能说明每个人的收入增加。同时，人们的福利涉及许多方面，如休闲娱乐等也属于福利的内容。但如果人们忙于工作，确实增加了 GDP，但可能也失去了很多休息时间，失去了休闲娱乐方面的福利，影响个人及家庭幸福程度。

（5）GDP 无法说明收入如何分配。GDP 能够反映一国的经济增长水平，但无法反映一国的收入分配状况。一个国家或地区所有人的收入增加会引起 GDP 增加；但另一个国家或地区由于收入分配的不平等，小部分人获得了更多的收入，大多数人的收入并没有增加，也会引起整个国家的 GDP 增加。可见，单纯从 GDP 的增加中无法看出收入分配情况。

因此，要全面客观地看待 GDP 这一指标，既要看到它在衡量宏观经济增长方面的重要作用，也要看到其局限性，从而在实践中正确合理地使用它。

补充阅读：GDP 是衡量福利的好指标吗

1968 年参议员罗伯特·肯尼迪竞选总统时慷慨激昂地批评了 GDP 这种经济衡量指标：GDP 并没有考虑到我们孩子的健康、他们的教育质量，或者他们游戏的快乐。它也没有包括我们的诗歌之美或者婚姻的稳定，没有包括我们关于公共问题争论的智慧或者我们公务员的廉正。它既没有衡量我们的勇气，我们的智慧，也没有衡量我们对祖国的热爱。简而言之，它衡量一切，但并不包括使我们的生活有意义的东西。

---

3. 名义 GDP 和实际 GDP

如前所述，GDP 是市场价值的概念，市场价值取决于市场价格和数量。因此，一国 GDP 数值的变动不仅受最终产品和劳务数量的影响，还受价格水平的影响，由此就产生了名义 GDP 和实际 GDP 两个概念。

（1）名义 GDP 和实际 GDP。名义 GDP 是用生产物品和劳务的当期价格计算的全部最终产品和劳务的市场价值总和。实际 GDP 是用不变价格计算出来的全部最终产品和劳务的市场价值总和。所谓不变价格，是指计算各个时期产品或劳务价值所采用的相同的基年价格水平。由此可见，名义 GDP 的增加既可能是由于实际产量增加，也可能是由于价格上升；而实际 GDP 由于消除了价格变动的影响，只反映了不变价格下产量的变动，因此，在衡量社会经济福利方面，实际 GDP 是比名义 GDP 更好的指标，经济学家一般用实际 GDP 来反映整体经济的发展状况。

（2）GDP 折算指数。名义 GDP 与实际 GDP 之比，称为 GDP 折算指数或 GDP 平减指数。按当年市场价格计算的国内生产总值和按某一基期价格计算的国内生产总值的对比关系，可以反映从基期到报告期的物价水平综合变动程度。计算公式为：

$$\text{GDP折算指数} = \frac{\text{名义 GDP}}{\text{实际 GDP}} = \frac{\sum P_1 Q_1}{\sum P_0 Q_1} \times 100\%$$

若以 2010 年作为基年，某地区 2020 年的名义 GDP 为 300 亿元，2020 年的实际 GDP 为 260 亿元，则 2020 年的 GDP 折算指数为（300/260）× 100 =115.3，可见，从 2010 年到 2020 年该地区价格水平上涨了 15.3%。

4. GDP 和人均 GDP

人均 GDP 是反映一国或地区经济发达程度的重要指标。其计算公式为：

$$人均GDP = \frac{某年\,GDP}{当年平均人口数}$$

该式中，当年平均人口数可取当年年初与年末人口数的平均值，也可取当年 7 月 1 日零时人口数计算。

由上可知，GDP 反映一国的经济总量和规模，人均 GDP 可以反映一国的经济实力和发达程度。以 2020 年经济数据为例，2020 年中国 GDP 总量达 147228 亿美元，排名世界第 2，仅次于美国，远高于卢森堡 732 亿美元。但从人均 GDP 来看，2020 年卢森堡人均 GDP 为 116921 美元，中国人均 GDP 为 10484 美元，可见，卢森堡虽然经济总量不大，但经济发达程度远高于中国。

世界银行按人均国民总收入将全世界经济体划分为四组：低收入国家、中等偏下收入国家、中等偏上收入国家和高收入国家。如表 8-3 所示。表格中的划分标准会随着经济的发展变化不断调整，世界银行一般在每年 7 月进行更新。

表8-3　2020年世界银行国民收入分类标准

人均国民总收入分组（美元 / 年）	国别收入类型
低于 1036	低收入国家
1036 ~ 4045	中等偏下收入国家
4046 ~ 12535	中等偏上收入国家
高于 12536	高收入国家

由于人均国民总收入与人均 GDP 两个指标数值比较接近，大致相当，若用人均 GDP 代替人均国民总收入，按照世界银行的国民收入分类标准，中国目前属于"中等偏上收入国家"。

（二）国民收入核算的其他指标

1. 国民生产总值（GNP）

国民生产总值（Gross National Product，GNP），也称国民总收入（GNI）。是指一年内本国常住居民所生产的最终产品和劳务的市场价值的总和。它以常住人口即以国民为统计标准。其计算遵循国民原则，即不仅包括本国国民在本国境内所创造的产出，也包括该国国民从外国获得的收入。计算公式为：

GNP=GDP＋本国居民从外国获得的收入–外国居民从本国获得的收入

例如，我国海尔集团在美国投资设厂，取得的收入应该计入美国的国内生产总值，也应该计入我国的国民总收入；而沃尔玛超市在我国创造的收入应该计入我国的国内生产总值，也应该计入美国的国民总收入。

知识链接：GDP 与 GNP 概念辨析

GDP 以领土为统计标准，是指在本国领土范围内生产的最终产品和劳务的市场价值的总和，无论劳动力等生产要素属于本国还是外国，只要在本国领土上生产的产品和劳务的价值都计入本国的国内生产总值，是个生产的概念。而 GNP 以国民为统计标准，是指本国常住居民所获得的初次分配收入总额，无论其处于国内还是国外，只要是本国国民创造的收入都计入本国的国民总收入，是个收入的概念。

一般来说，一国 GNP 大于 GDP，说明本国公民在外国创造的收入大于外国公民在本国创造的收入，说明本国的国际竞争力较强；反过来，若 GNP 小于 GDP，则说明国际竞争力弱。

---

2. 国内生产净值（NDP）与国民净收入（NNI）

国内生产净值（Net Domestic Product，NDP）是一个国家在一年内生产的最终产品和劳务的市场价值总和扣除资本折旧后的余额，即经济体一定时期内的净增价值。国民净收入即国民生产净值（Net National Product，NNI）是国民总收入或国民生产总值（GNP）扣除资本折旧后的余额。计算公式为：

NDP=GDP–资本折旧

NNI=NNP=GNP–资本折旧

3. 国民收入（NI）

此处国民收入（National Income，NI）是从狭义角度来讲，是指一国投入的各种生产要素在商品和劳务的生产过程中获得的报酬总和，即工资、利息、租金和利润的总和。从NNI 中扣除企业间接税和企业转移支付加政府补助金后，即得到了狭义的国民收入。计算公式为：

NI=NNI–企业间接税–企业转移支付＋政府补助金

4. 个人收入（PI）

个人收入（Personal Income，PI）是指个人实际获得的收入。国民收入中有三部分不会成为个人收入，即公司所得税、公司未分配利润和社会保险费。企业利润中只有一部分会以红利和股息形式分配给个人。同时，人们还可从政府领取失业救济金、职工养老金、职工困难补助等作为个人收入。因此，个人收入公式为：

$$PI = NI - 公司未分配利润 - 公司所得税 - 社会保险费 + 政府转移支付 +$$
$$红利 + 公债利息收入$$

5. 个人可支配收入（DPI）

个人可支配收入（Disposable Personal Income，DPI）是指一个国家在一年内个人全部实际收入中扣除个人缴纳的各种税收后剩余部分，即税后的个人收入，是人们可用来消费或储蓄的收入。从个人收入中减去个人收入所得税，可得到个人可支配收入。计算公式为：

$$DPI = PI - 个人所得税$$

二、国内生产总值核算方法

GDP 作为市场价值可从交易与生产的不同角度进行核算。从交易的角度看，交易过程中，一方形成支出，另一方相应会产生收入。因此，从支出的角度核算 GDP 的方法称为支出法，从收入角度进行核算的方法称为收入法，而从生产的角度统计各部门所生产的最终产品和劳务的市场价值的方法称为生产法或部门法。

（一）支出法

支出法又称最终产品法，从最终产品的使用出发，通过加总一国经济体购买各项最终产品和劳务的总支出来计算 GDP。交易中经济主体包括四类：居民家庭、企业、政府和对外贸易部门。他们对本国最终产品和劳务的购买支出形成了四个部分：消费支出（C）、投资支出（I）、政府购买支出（G）、净出口（X-M）四部分。

1. 消费支出（C）

消费支出（Consumption）是指居民个人或家庭购买除住房之外的各项最终产品和劳务的支出。它包括购买耐用消费品支出（汽车、电视机、冰箱等）、非耐用消费品支出（食物、服装、日用品等）、劳务支出（理发、医疗、教育、旅游等）。

2. 投资支出（I）

投资支出（Investment）是指用于未来生产商品和劳务的物品购买支出，主要是指物质资本存量的增加，包括固定资产投资和存货投资。固定资产投资是指新厂房、新设备、新住房等的投资；存货投资是指企业当期已经生产出来但未能售出的最终产品。

存货投资相当于企业购买了自己的产品，应计入 GDP 中。经济学意义上的投资不同于股票、债券等金融投资。厂商购买厂房、机器、设备等，是物质资本总量的增加，计入 GDP。人们购买股票、债券等仅仅是财产权的转移，不增加物质资本，因此不计入 GDP。

课堂讨论：居民购房支出是消费还是投资

在许多人观念中购买住房是一种消费，经济学认为：居民购买住房支出是一种投资行为，应该计入投资，而不是简单的消费。

为什么？请大家讨论。

---

3. 政府购买支出（G）

政府购买支出（Government Purchase）是指各级政府用于购买物品和劳务的支出，包括政府消费性支出和政府投资性支出两部分。政府消费性支出是指各级政府用于购买开展日常行政事务活动所需物品和劳务的支出，如购置办公用品、国防支出、科学、教育、文化、体育、卫生事业支出等。政府投资性支出是指各级政府用于各项公共投资的支出，侧重于私人不愿意或没有能力投资的基础设施和公益项目，如公共交通、供水、环保、防洪排涝工程等。除政府购买支出外，政府转移支付（Government Transfer Payment）也是政府支出的一部分。政府转移支付主要是指政府的各种社会福利支出和救济金支出，因没有相应物品或劳务的交换发生，只是一种收入再分配，没有新增产品和劳务，因此，它不计入 GDP。

在我国统计体系中，政府购买支出称为政府消费，和居民消费一起计入了最终消费项。

4. 净出口（NX）

净出口（Net Export）又称贸易差额，是指商品和劳务的出口总额与进口总额之差。进口表示用本国收入购买外国产品和劳务的支出，是本国收入的流出；出口则表示用外国收入购买本国产品和劳务的支出，是本国收入的流入。因此，用 X 表示出口，M 表示进口，NX 表示净出口，则 NX = X-M。净出口应计入总支出，净出口可能是正值，也可能是负值。

综上所述，用支出法核算 GDP 的公式为：

$$GDP = C + I + G + NX = C + I + G + (X-M)$$

支出法是最重要的国内生产总值核算方法。如表 8-4 所示，从支出角度核算，2020 年我国国内生产总值为 1025916.5 亿元，其中最终消费包括居民消费和政府消费占比 54.29%，投资（含政府投资）占比 43.12%，净出口占比 2.59%，消费、投资和净出口构成了拉动我国经济增长的"三驾马车"。

表8-4　中国2020年GDP及其构成（按当年价格水平计算）

项目	总量（亿元）	比重（%）
最终消费（含政府消费）	556986.4	54.29
投资（含政府投资）	442400.6	43.12
净出口	26529.5	2.59
GDP 合计	1025916.5	100

数据来源：国家统计局

（二）收入法

收入法是把生产要素在生产中取得的各种收入相加来核算 GDP，即劳动者得到的工资、土地所有者得到的地租、资本所有者得到的利息和企业家得到的利润。收入法核算 GDP 还包括企业间接税、资本折旧、公司未分配利润等非生产要素收入。因此，从收入角度核算国内生产总值，主要包括以下项目：

1. 生产要素报酬

生产要素报酬包括公司企业中的工资、利息和租金等生产要素的收入。工资是指税前全部工资，包括工资收入、补助及福利支付，还包括工资收入者必须缴纳的所得税及社会保险费等。租金是指出租土地、房屋、机器设备等取得的收入，还包括享有知识产权和自然资源所有权产生的具有租金性质的收入。利息收入仅指把资金贷给企业获得的利息收入，如银行存款利息、企业债券利息等，不包括购买公债和私人借贷产生的利息，因为这分别属于政府转移支付以及私人之间的转移支付。

2. 非公司企业收入

非公司企业收入是指各种类别的非公司型企业收入，如小商贩、律师、个体业主、农民等的收入。他们使用自有资金和房屋，为自己劳动，其工资、利息、地租和利润很难区分开来，就把他们的总收入一起作为非公司企业收入计入 GDP。

3. 企业税前利润

企业税前利润是指扣除员工报酬、借款利息等项目后的净收入，包括企业所得税、社会保险费、股东红利和企业未分配利润等。

4. 企业间接税及企业转移支付

企业间接税是指政府在商品生产和流通过程中向企业征收的增值税、销售税、流转税等。因为这种税收最终转稼给了消费者，所以称为间接税。这些税收虽然不属于生产要素创造的收入，但属于企业产品价格的一部分，应该看作生产成本计入 GDP。企业的转移支付主要指企业对非营利组织的慈善捐款、奖励金以及消费者呆账等，这些都从企业收入中拨付，应计入 GDP。

5. 资本折旧

资本折旧属于重置投资，企业总会用收入的一部分来进行陈旧资本的更新，属于企业总投资的一部分，虽不属于生产要素的收入，但因为它包含在支出法的总投资中，应计入 GDP。

按收入法核算 GDP 的公式为：

$$\begin{aligned} GDP &= 生产要素的收入+非生产要素的收入 \\ &= 生产要素报酬+非公司企业收入+企业税前利润+企业间接税 \\ &\quad 及转移支付+资本折旧 \end{aligned}$$

（三）生产法

生产法又称增值法、部门法，是通过加总经济体各产业部门的增加值计算国内生产总值的方法。运用该方法计算 GDP 时，各产业部门要把使用的中间产品的产值扣除，只计算所增加的价值。商业和服务等部门也按增值法计算。卫生、教育、行政、家庭服务等部门无法计算其增加值，就按工资收入来计算其服务的价值。

按生产法核算 GDP，可以把生产部门分为以下几个方面：农林牧渔业；矿业；建筑业；制造业；煤业；电业；运输业；自来水业；邮电和公用事业；批发、零售业；金融、保险、不动产业；服务业；政府服务和政府企业等。把这些生产部门的增加值加总，再与国外要素净收入相加，即可得到用生产法计算的 GDP。

历年来，我国按照部门法计算的国内生产总值，把国民经济划分为三个产业部门，即第一、第二、第三产业。通过计算各个部门的增加值来核算 GDP，有助于分析各产业部门在国民经济中的地位及其变化。如表 8-5 所示，2020 年中国按照部门法核算的国内生产总值为 1015986.2 亿元，其中第一产业占比为 7.7%，第二产业占比为 37.8%，第三产业占比最高，为 54.5%，我国已经形成了"三、二、一"的三次产业结构。

从理论上来说，支出法、收入法和生产法三种方法核算的国内生产总值应该是相等的。但在实际核算中，由于误差使得三种方法的计算结果往往不一致。国民经济核算体系一般以支出法为基本方法，即以支出法所计算的结果为准，若另外两种方法与此不一致，可通过误差项加以调整，使之达到一致。

表8-5　中国2020年按部门法核算的GDP

部门	增加值（亿元）	占GDP的比重（%）
第一产业	77754.1	7.7
第二产业	384255.3	37.8
第三产业	553976.8	54.5
GDP	1015986.2	100

数据来源：国家统计局

三、国民收入流量循环模型

经济中的支出与收入存在平衡关系。总支出代表了社会对最终产品的总需求，而收入和总产量则代表了社会对最终产品的总供给。因此，从国民收入的核算中可以得出这样一种恒等关系：

总支出=总收入

总需求=总供给

（一）两部门经济中的收入流量循环模型与恒等关系

两部门经济是指由厂商和居民户这两种经济单位所组成的一种最简单的经济。

在这种经济中，居民户向厂商提供生产要素，得到相应的收入，并用这些收入购买与消费各种产品与劳务；厂商购买居民户提供的生产要素进行生产，并向居民户提供各种产品与劳务。居民户把一部分收入用来购买厂商的产品与劳务，把另一部分收入储蓄起来；同时厂商在居民户的消费支出之外又获得了其他来源的投资。两部门经济收入流量循环模型如图8-1所示。

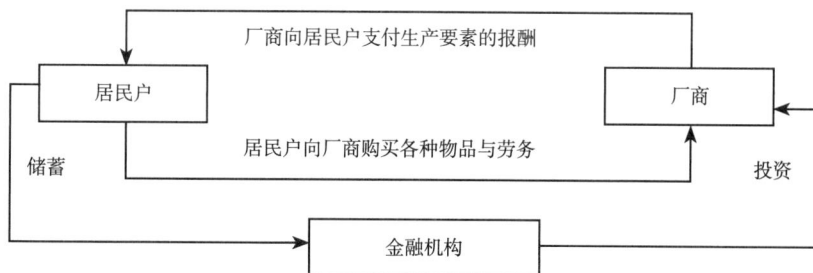

图8-1　两部门经济收入流量循环模型

在两部门经济中，总需求（Aggregate Demand）包括居民户的消费需求与厂商的投资需求。消费需求与投资需求可以用消费与投资支出来表示。即：

总需求=消费需求+投资需求=消费支出+投资支出=消费+投资

如果用 AD 代表总需求，C 表示消费，I 表示投资，则上式可以表示为：

$$AD = C + I$$

总供给（Aggregate Supply）是全部产品与全部劳务的总和，产品与劳务是由各种生产要素生产出来的，所以，总供给是各种生产要素供给的总和，即劳动、资本、土地和企业家才能供给的总和。生产要素供给的总和可以用各种生产要素得到的报酬总和来表示，即工资、利息、地租和利润的总和来表示。工资、利息、地租和利润是居民户得到的收入，这些收入分为消费与储蓄两部分。即：

总供给=各种生产要素的供给=各种生产要素得到的报酬总和

= 工资+利息+地租+利润

= 消费+储蓄

如果用 AS 代表总供给，C 表示消费，S 表示储蓄，则上式可以表示为：

$$AS=C+S$$

当国民经济实现均衡时，总需求等于总供给，即：

$$AD=AS$$

也可写为：C+I=C+S

两边同时消去消费 C，则：I=S

当 I＞S 时，说明总需求大于总供给，或供给不足，容易导致物价上涨，出现通货膨胀；当 I＜S 时，说明总需求小于总供给，或供给过剩，容易导致物价下降，产品滞销，企业开工不足和设备闲置，出现失业；当 I=S 时，总需求等于总供给，这时才不会出现通货膨胀和失业，I=S 是宏观经济学的理论基础。

（二）三部门经济中的收入流量循环模型与恒等关系

三部门经济是指由厂商、居民户与政府这三种经济单位所组成的经济。在三部门经济中，政府的经济职能通过税收与政府支出实现，即政府通过税收、政府支出与居民户、厂商发生联系。三部门经济收入流量循环模型如图 8-2 所示。

在三部门经济中，总需求既包括居民户的消费需求与厂商的投资需求，还包括政府需求，政府需求可以用政府支出来表示。即：

总需求=消费需求+投资需求+政府需求

=消费+投资+政府支出

如果政府支出用 G 表示，则上式可表示为：

$$AD=C+I+G$$

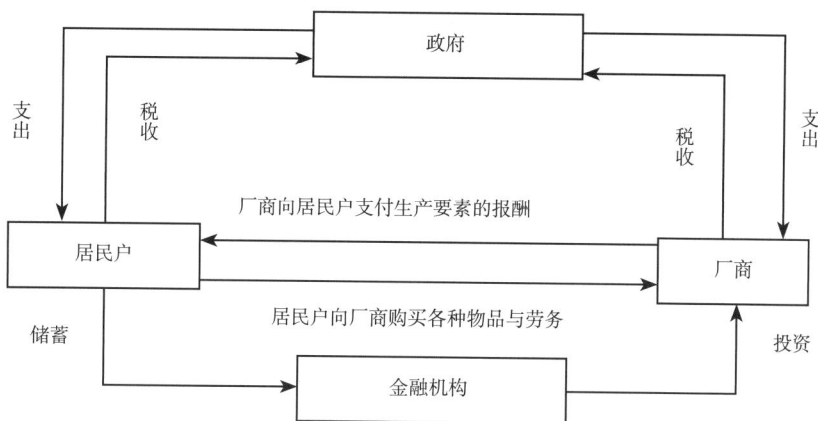

图 8-2 三部门经济收入流量循环模型

三部门经济的总供给中，除了居民户供给的各种生产要素之外，还有政府供给。政府供给是指政府为整个社会生产提供了国防、立法、基础设备等"公共物品"。政府由于提供了这些"公共物品"而得到相应的收入——税收，所以可用税收来代替政府供给。即：

$$总供给=各种生产要素的供给+政府供给$$
$$=各种生产要素的报酬+政府的报酬$$
$$=工资+利润+利息+地租+税收$$
$$=消费+储蓄+税收$$

以 T 代表政府的税收，则上式可表示为：

$$AS=C+S+T$$

三部门经济中，总需求等于总供给，则：

$$AD=AS$$
$$即：C+I+G=C+S+T$$
$$I+G=S+T$$

经过移项后，可以得到：$I-S=T-G$

$I-S$ 是投资储蓄差，$T-G$ 是政府收支差。三部门经济实现均衡时，投资储蓄差等于政府收支差。若 $C+I+G > C+S+T$，说明总需求大于总供给，经济中容易出现过度需求，引起通货膨胀；若 $C+I+G < C+S+T$，说明总需求小于总供给，经济中容易出现需求不足，引起失业。

（三）四部门经济中的收入流量循环模型与恒等关系

四部门经济是指由厂商、居民户、政府和国外部门四种经济单位所组成的经济。国外部门的作用是：作为国外生产要素的供给者，向国内各部门提供产品与劳务，对国内来说，是进口；作为国内产品与劳务的需求者，向国内进行购买，对国内来说，构成出口。四部门经济收入流量循环模型如图 8-3 所示。

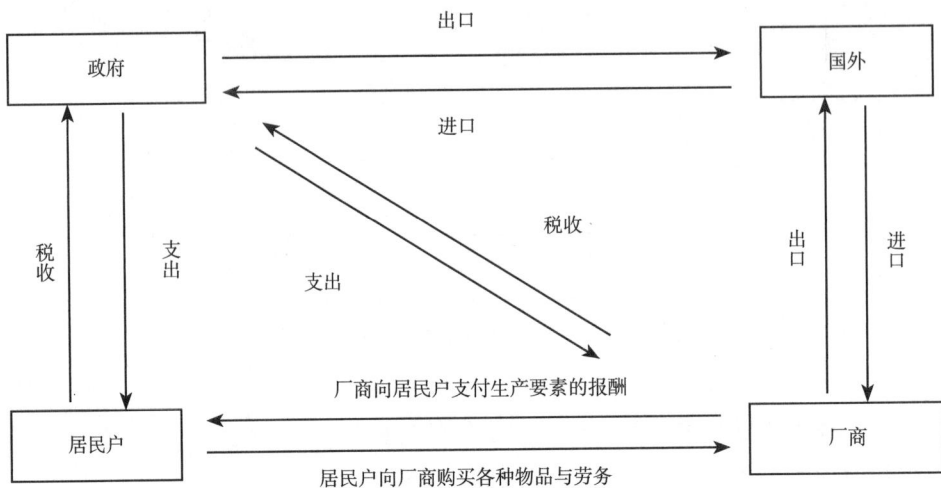

图 8-3　四部门经济收入流量循环模型

在四部门经济中，总需求不仅包括居民户的消费需求、厂商的投资需求与政府需求，还包括国外需求。国外需求对国内来说是出口，所以可以用出口代表国外需求。即：

总需求 = 消费需求 + 投资需求 + 政府需求 + 国外需求

= 消费支出 + 投资支出 + 政府支出 + 国外支出

= 消费 + 投资 + 政府支出 + 出口

用 X 表示出口，则：

$$AD=C+I+G+X$$

四部门经济的总供给中，除了居民户供给的各种生产要素和政府供给外，还有国外供给。国外供给对国内来说是进口，所以可以用进口来代表国外供给，即：

总供给 = 各种生产要素供给 + 政府供给 + 国外供给

= 各种生产要素报酬 + 政府报酬 + 国外提供产品与劳务的报酬

= 工资 + 利润 + 利息 + 地租 + 政府税收 + 进口

= 消费 + 储蓄 + 政府税收 + 进口

用 M 表示进口，则：

$$AS=C+S+T+M$$

若 C+I+G+X>C+S+T+M，说明总需求大于总供给，经济中出现过度需求，但原因比较复杂，除了容易引起通货膨胀外，还可能因出口过大而造成国内经济不均衡。若 C+I+G+X<C+S+T+M，说明总需求小于总供给，经济中出现需求不足，原因也比较复杂，除了容易引起失业外，还可能因进口过大对国内经济产生冲击。

知识链接：两缺口模型

I−S=M−X 就是著名的"两缺口"模型，它是由发展经济学家钱纳里和斯特罗特于1966年在《国外援助和经济发展》一书中提出的。这个模型说明，在发展中国家的经济发展过程中，如果国内存在着投资储蓄差（I−S），即投资资金不足；对外存在进出口差（M−X），即外汇不足，这时发展中国家可以引进外资。引进外资后，首先弥补了国内资金的不足，生产扩大，出口增加，也弥补了外汇不足。"两缺口"模型曾是所有发展中国家利用外资的基本理论依据。

第二节　简单国民收入的决定

思考：从《蜜蜂的寓言》看节俭悖论

18世纪初，一个名叫孟迪维尔的英国医生写了一首题为"蜜蜂的寓言"的讽喻诗。这首诗描述了一群蜜蜂的兴衰史。最初，蜜蜂们追求豪华的生活，浪费成性，结果整个蜂群兴旺发达。后来，它们在一个"哲学蜂"的劝说下崇尚节约，结果弄得社会衰落，终于被另一个蜂群所消灭。这首诗因为宣扬"浪费有功"，当时被英国中塞克斯郡大陪审团判定为败类作品。但是200多年后，这部作品却启发凯恩斯建立了以总需求为中心的宏观经济理论。

这则蜜蜂的故事说的是"节俭的逻辑"，也就是经济学上的"节俭悖论"。众所周知，节俭是一种美德，既然是美德，为什么还会产生这个悖论呢？

——摘自连有，王瑞芬主编：《西方经济学》清华大学出版社2008年版，
第262页

宏观经济学把国民收入作为宏观经济最基本的总量，以国民收入的决定为中心来研究资源利用问题，分析整个国民经济的运行。总需求入手研究国民收入如何决定，建立了以需求为中心的国民收入决定理论。作为宏观经济学的中心理论，国民收入决定理论提供了分析失业、通货膨胀、经济周期和经济增长所需的基本工具，是分析各种宏观经济问题的理论基础，是政府调控经济的理论依据。

一、简单国民收入决定的基础

国民收入决定（National Income Decision）理论是宏观经济学的核心问题。国民收入水平由总需求与总供给共同决定，总需求与总供给相等时，经济达到均衡，此时的国民收入称为均衡国民收入。凯恩斯认为，短期中，总供给是既定的，国民收入水平的高低取决于总需求。总需求增加，国民收入增加；总需求减少，国民收入减少。

1.简单国民收入决定模型的假设条件

简单国民收入决定模型有以下基本假设：

第一，经济中只存在家庭和厂商两个部门；

第二，潜在的国民收入水平不变，即经济中的生产能力不变，技术水平不变；

第三，资源未得到充分利用，总供给可以适应总需求的增加而相应增加，即不考虑总供给对国民收入的影响；

第四，利率、工资、价格水平不变；

第五，投资水平不变，只考虑消费变动对国民收入的影响。

2.消费函数

简单国民收入决定理论中，经济中只有家庭和厂商两个部门，社会总需求是家庭的消费需求和厂商的投资需求的总和。该模型假定投资水平不变，仅考虑消费变动对总需求的影响。因此，就有必要了解消费函数与储蓄函数。

消费函数（Consumption）是消费与收入之间的依存关系。在其他条件不变的情况下，消费随着收入的变动而同方向变动，即收入增加，消费增加；收入减少，消费减少。如果以 C 代表消费，Y 代表收入，则消费函数为：

$$C=f(y)$$

为简化分析，通常假定消费与收入之间存在线性关系，则消费函数可进一步表示为：

$$C=a+by$$

其中，a 与 b 为常数。当收入为零时，消费为 a，a 表示收入为零时的消费，也称自发性消费。自发性消费是人们为了满足基本生存需要而进行的消费，它与收入无关，主要取决于生存需求、社会风俗、偏好等。by 为引致消费，表示由于收入变动而引起的消费变动量。常数 b 表示收入每变动一个单位所引起的消费变动量，是线性消费曲线的斜率，如图 8-4 所示，也被称为边际消费倾向。

由上图可知，由于消费与收入同方向变动，若以消费 C 为纵轴，收入 Y 为横轴，则线性消费函数是一条以 a 为截距，斜率为 b 的向右上方倾斜的直线。

消费与收入之间的关系可以用平均消费倾向与边际消费倾向来说明。

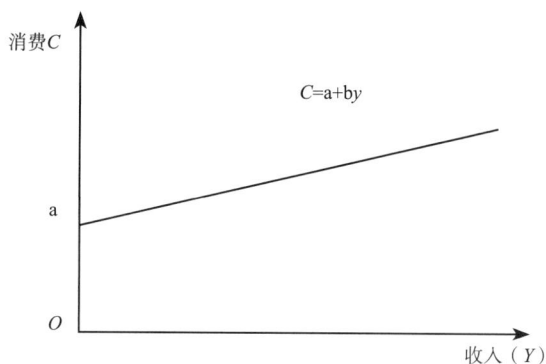

图 8-4　线性消费曲线

平均消费倾向（Average Propensity to Consume，*APC*）是指消费在收入中所占的比例，表达式为：

$$APC = \frac{C}{Y}$$

边际消费倾向（Marginal Propensity to Consume，*MPC*）是指增加的消费在增加的收入中所占的比例，如果以 ΔC 代表消费的增加量，ΔY 代表收入的增加量，则边际消费倾向可表示为：

$$MPC = \frac{\Delta C}{\Delta Y}$$

一般来说，当收入增加时，人们的消费也随之增加，*MPC* > 0；但是人们一般不会把增加的收入全部用于消费，所以 *MPC* < 1；因此，0 < *MPC* < 1。

随着人们收入的增加，消费也在增加，但在所增加的收入中用于增加消费的部分越来越少，这一规律也被称为边际消费倾向递减规律。

3. 储蓄函数

储蓄函数（Aaving Function）是储蓄与收入之间的依存关系。储蓄是收入中未被消费的部分。在其他条件不变的情况下，储蓄随着收入的变动而同方向变动，即收入增加，储蓄增加；收入减少，储蓄减少。若以 *S* 代表储蓄，则储蓄函数可表示为：

$$S = f(y)$$

同样，如果假定储蓄与收入间存在线性关系，则储蓄函数可进一步表示为：

$$S = f(Y) = d + y$$

式中，d 与 e 为常数。

储蓄与收入之间的关系同样可以用平均储蓄倾向和边际储蓄倾向来说明。

平均储蓄倾向（Average Propensity to Save，*APS*）是指储蓄在收入中所占的比例，其表达式为：

$$APS = \frac{S}{Y}$$

边际储蓄倾向（Marginal Propensity to Save，MPS）是指增加的储蓄在增加的收入中所占的比例，以 ΔS 代表消费的增加量，ΔY 代表收入的增加量，则有：

$$MPS = \frac{\Delta S}{\Delta Y}$$

全部收入分为消费与储蓄，则有 $Y=C+S$；平均消费倾向与平均储蓄倾向之和等于 1，即 $APC+APS=1$。

同样，全部增加的收入分为增加的消费与增加的储蓄，则边际消费倾向与边际储蓄倾向之和等于 1，即 $MPC+MPS=1$。在收入既定的条件下，消费与储蓄呈反方向变动关系。

二、简单国民收入决定模型

1. 总需求与均衡国民收入的决定

均衡国民收入是总需求等于总供给时的国民收入。当不考虑总供给这一因素时，均衡国民收入水平由总需求决定。如图 8-5 所示，横轴表示国民收入 Y，纵轴表示总需求 AD，45° 线表示总需求等于总供给，即此线上任意一点都表示经济处于均衡状态。AD_0 代表总需求水平，AD_0 与 45° 线相交于 E 点，决定了均衡的国民收入水平 Y_0。

在 Y_0 的左边，总供给小于总需求，厂商会扩大生产，国民收入向 Y_0 增加；在 Y_0 的右边，总供给大于总需求，厂商会缩减生产，国民收入向 Y_0 减少；只有在 Y_0 时，总需求等于总供给，国民收入既不增加也不减少，处于均衡状态。这时的国民收入 Y_0 就是均衡的国民收入。

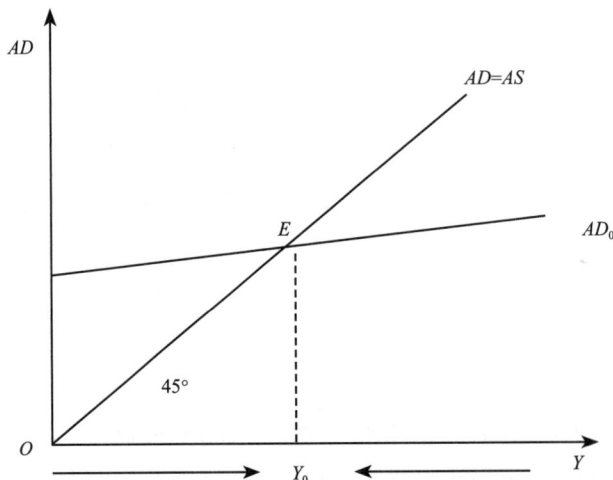

图 8-5 均衡国民收入的决定

2.消费与均衡国民收入的决定

由上可知，全部消费分为两个部分：一部分是不取决于收入的自发消费，另一部分是随收入变动而变动的引致消费。

在两部门经济中，总需求包括消费与投资，假定投资 I 不变，则总需求可表示为：

$$AD=C+I=a+bY+I$$

总需求中，不变的自发消费与投资称为自发总需求，即 $A_1=a+I$，它不随收入的变动而变动，因此，可以把上式写为：

$$AD=A_1+bY$$

当总需求等于总供给时，国民收入实现均衡，即：

$$Y=AS=AD$$

$$AD=A_1+bY$$

$$Y=A_1+bY$$

因此，在两部门中，均衡的国民收入为：

$$Y=\frac{1}{1-b}\times A_1=\frac{1}{1-MPC}\times A_1=\frac{1}{1-MPC}\times(a+I)$$

举例：

假定消费函数为 $C=1000+0.75Y$，自发投资量为 800 亿元，求均衡国民收入？假定自发性投资增加 100 亿元，则新的国民收入为多少？

解：$Y=1000+800/I-0.75=7200$（亿元）

$Y=1000+900/I-0.75=7600$（亿元）

可以用图 8-6 说明均衡国民收入的决定：

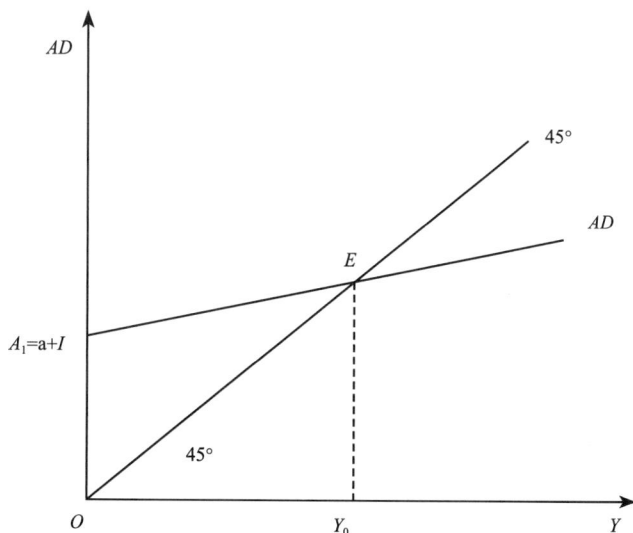

图 8-6　消费与均衡国民收入的决定

总需求曲线 AD 的截距为 A_1，即自发总需求，它等于自发消费 a 加上投资 I。斜率为 b 或称边际消费倾向 MPC。AD 向右上方倾斜说明总需求中由于包括引致消费而随国民收入的增加而增加。AD 与 45° 线相交于 E 点，决定了均衡国民收入为 Y_0。

3. 总需求与均衡国民收入的变动

由于均衡国民收入水平是由总需求决定的，因此，总需求的变动必然引起均衡国民收入水平的变动，即总需求增加，均衡国民收入增加；总需求减少，均衡国民收入减少。

如图 8-7 所示，当总需求为 AD_0 时，决定了均衡国民收入为 Y_0。当总需求曲线向上方移动，即从 AD_0 平移到 AD_1 时，总需求增加，均衡的国民收入水平从 Y_0 增加到 Y_1；当总需求曲线向下方移动，即从 AD_0 平移至 AD_2 时，总需求减少，均衡的国民收入水平从 Y_0 减少到 Y_2。

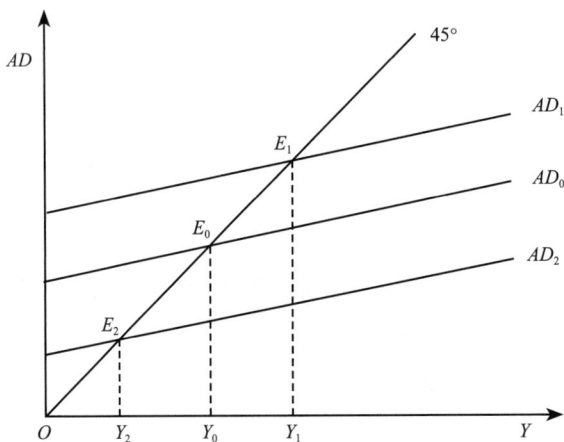

图 8-7　总需求与均衡国民收入的变动

因此，短期内，在总供给不变的条件下，总需求决定均衡国民收入水平。总需求增加，均衡国民收入增加；总需求减少，均衡国民收入减少。

补充阅读：节俭悖论

根据总需求与国民收入变动的关系，可以得出储蓄与国民收入的关系。在收入既定的情况下，消费和储蓄呈反方向变动，即消费增加，储蓄减少；反之，消费减少，储蓄增加。消费是总需求的组成部分，储蓄增加，意味着消费减少，总需求减少，从而国民收入减少；反之，储蓄减少，意味着消费增加，总需求增加，从而国民收入增加。因此，储蓄与国民收入呈反方向变动。

一般说来，储蓄是一种节俭的美德。但凯恩斯认为，节俭对个人来说是一种美德，对整个社会来说，可能就不是一种美德，而是一种退步。因为，如果人们都崇尚节俭，使得储蓄增加，如果这部分储蓄不能转化成新的消费力量，则社会需求就会减少，造成国民收入下降，失业增加，经济萧条，所以，凯恩斯主张减少储蓄，增加消费。

增加储蓄会减少国民收入，减少储蓄会增加国民收入的结论只适用于各种资源未充分利用，从而总供给可以无限增加的情况。如果各种资源已经充分利用，总需求的增加就不会提高国民收入，而只会引起价格水平的提高，造成通货膨胀。

——摘自连有，王瑞芬主编：《西方经济学》，清华大学出版社

三、乘数理论

乘数也称倍数，是指自发总需求的增加所引起的均衡国民收入增加的倍数，是均衡国民收入增加量与引起这种增加量的自发总需求增加量之间的比率。

根据均衡国民收入决定的公式，可知：

$$Y = \frac{1}{1-b} \times A_1 = \frac{1}{1-MPC} \times A_1$$

则：
$$\Delta Y = \frac{1}{1-MPC} \times \Delta A_1$$

增加的国民收入（ΔY）与引起这种增加的自发总需求量（ΔA_1）之比 $\frac{1}{1-MPC}$ 就是乘数。如果用 K 来代表乘数，则有：

$$K = \frac{1}{1-MPC}$$

乘数公式表明，乘数的大小取决于边际消费倾向。边际消费倾向越大，乘数越大；边际消费倾向越小，乘数越小。

若以 b 表示边际消费倾向，则乘数公式为：

$$K = \frac{1}{1-b}$$

以投资为例，我们来具体分析自发总需求的变动对国民收入的影响。假设某一经济体增加 1000 万元投资，边际消费倾向为 4/5。当这 1000 万元被用来购置投资品时，实际上这笔钱以工资、利息、租金和利润的形式流入制造投资品所需的生产要素的所有者手中，即流入该经济体的居民手中，居民的收入增加 1000 万元，这是该经济体收入的第一次增加。

由于边际消费倾向为 4/5，所以当该经济体的收入增加 1000 万元时，它会把其中的 800 万元（$1000 \times \frac{4}{5} = 800$）用于消费。当它购买消费品时，实际上是以工资、利息、租金和利润的形式流入制造这些消费品的生产要素所有者的手中，因而该经济体的居民收入增加 800 万元，这是该经济体收入的第二次增加。

同样，由于边际消费倾向为 4/5，所以当经济体的收入增加 800 万元时，它会把其中的 640 万元（$1000 \times \frac{4}{5} \times \frac{4}{5} = 640$）用于消费，这笔消费又代表了该经济体收入的第三次增加。

依此类推，乘数作用的过程如表 8-6 所示。

表8-6　乘数作用的过程

（1）	（2）	（3）
第一次	1000	ΔI
第二次	$\frac{4}{5} \times 1000 = 800$	$b\Delta I$
第三次	$\left(\frac{4}{5}\right)^2 \times 1000 = 640$	$b^2\Delta I$
第四次	$\left(\frac{4}{5}\right)^3 \times 1000 = 512$	$b^3\Delta I$
……	$1000 + \left(\frac{4}{5}\right) \times 1000 + \left(\frac{4}{5}\right)^2 \times 1000$ $+ \left(\frac{4}{5}\right)^3 \times 1000 + \cdots$	$\Delta I + b\Delta I + b^2\Delta I + b^3\Delta I + \cdots$

均衡国民收入增加的总量为：

$$\Delta Y = 1000 + \frac{4}{5} \times 1000 + \left(\frac{4}{5}\right)^2 \times 1000 + \left(\frac{4}{5}\right)^3 \times 1000 + \cdots$$
$$= \Delta I + b\Delta I + b^2\Delta I + b^3\Delta I + \cdots$$
$$= 5000（万元）$$

因此，
$$K = \frac{\Delta Y}{\Delta I} = \frac{1}{1-b} = \frac{1}{1-\frac{4}{5}} = 5$$

在该例中，由于当初 1000 万元的初始投资，最终使全社会国民收入增加的总量为 5000 万元，乘数为 5，它表示每增加 1 元投资可使均衡国民收入增加 5 倍。

一般情况下，边际消费倾向小于 1，因此乘数一定大于 1，说明自发总需求的增加会引起国民收入倍数增加。某一部门自发总需求的增加，不仅会使本部门收入增加，还会引起其他部门的需求与收入也增加，最终使国民收入增加数倍于自发总需求的增加。

乘数的作用是双重的，一方面，当自发总需求增加时，所引起的国民收入增加量要大于最初增加的自发总需求；另一方面，当自发总需求减少时，所引起的国民收入减少量也要大于最初减少的自发总需求。因此，经济学家把乘数称为一把"双刃剑"。

乘数发生作用需要具备一定的条件。第一，社会上各种资源没有得到充分利用，即存在闲置资源，只有这样，总需求的增加才会促进各种闲置资源的利用，从而产生乘数作用。如果社会上各种资源已经得到充分利用，总需求的增加不会引起总供给的增加，乘数无法发挥作用。第二，经济中如果存在制约资源利用的"瓶颈"部门，如增加的收入只是用来偿还债务或者购买消费品的存货及外国商品，都会削弱乘数作用。

案例：高铁对中原经济区产业发展的乘数效应

高铁与物流、运输、服务、商贸等产业相关联，高铁沿线的城镇也会与其他城市联系到一起，使得不同区域之间的产业相互学习、相互促进，大城市对小城镇的产业产生带动作用，并通过不断地循环、积累强化和放大这种作用，最终产生巨大的乘数效应。

郑州自古就是商贸云集的聚散中心，市场货源丰富，商品交易繁荣。京广、郑西高铁的开通运营，进一步促成郑州大交通、大物流、大流通局面。

高铁开通后，沿线城市利用自身优势加大招商引资力度，特别是在承接沿海地区产业转移方面作了不懈努力。截至2013年11月底，郑西高铁沿线城市荥阳就引进域外境内资金98.58亿元，同比增长42%，其中引进省外资金62.57亿元，同比增长57.6%。

郑州东站开通后，郑东新区高铁站商圈改变了车站周边的投资环境，还给周边的酒店、商业等带来更多商机，尤其是对房地产业产生了比较深远的影响。

高铁运行后，到河南旅游的人数与日俱增，郑州商贸服务行业也有不少经营管理人员前往广州、深圳、武汉等地考察学习，各种方式的交流为郑州商贸服务业的发展带来了新思维，加快了郑州商贸服务业提质升级的步伐，同时高铁强大的人流量也对郑州传统的餐饮、住宿、娱乐等服务业带来直接经济效益。

——摘自 http://oppo.yidianzixun.com/article/0K2aR75f?appid

第三节　IS-LM模型

补充阅读：日本的房地产泡沫

1985年9月，美国、联邦德国、日本、法国、英国五国财长签订了"广场协议"，决定同意美元贬值。为刺激日本经济发展，日本中央银行采取了非常宽松的金融政策，鼓励资金流入房地产市场及股票市场，致使房地产价格暴涨。美元贬值后，大量国际资本进入日本的房地产业，更加刺激了房价的上涨。受房价骤涨的诱惑，许多日本人开始失去耐心，他们发现炒股票和房地产来钱更快，于是纷纷拿出银行的积蓄进行投机。

到 1989 年，日本的房地产价格已飙升到十分荒唐的程度。当时，国土面积相当于美国加利福尼亚州的日本，其地价市值总额竟相当于整个美国地价总额的 4 倍。到 1990 年，仅东京的地价就相当于美国全国的总地价。一般工薪阶层即使花费毕生储蓄也无力在大城市买下一套住宅，能买得起住宅的只有亿万富翁和极少数大公司的高管。1991 年后，随着国际资本获利后撤离，由外来资本推动的日本房地产泡沫迅速破灭，房地产价格随即暴跌。

产品市场和货币市场是相互影响、相互依存的：产品市场上总产出或总收入增加后，对货币的需求会增加，若货币供给量不变，利率便会上升，而利率上升又会影响投资支出，从而对产品市场上的均衡国民收入产生影响。产品市场上的国民收入和货币市场上的利率水平正是在这两个市场的相互影响过程中被共同决定的。

英国经济学家希克斯和美国经济学家汉森对凯恩斯的简单国民收入决定理论进行了补充和修正，提出了著名的"汉森－希克斯"模型，也称 IS-LM 模型，对产品市场和货币市场的同时均衡问题进行了分析。

简单国民收入决定模型研究了利率和投资不变的情况下，总需求如何决定均衡的国民收入。现实经济中，利率是变动的，利率变动时，投资会发生变化，从而对总需求和均衡的国民收入产生影响。在 IS-LM 模型中，I 表示投资，S 表示储蓄，L 代表货币需求，M 代表货币供给。这一模型主要分析在利率与投资变动的情况下，总需求对国民收入的决定，以及利率与国民收入之间的关系。

一、IS曲线

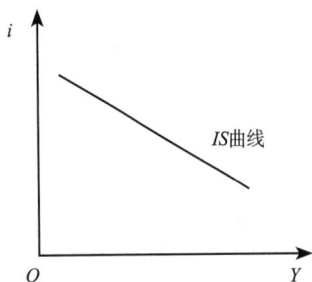

图 8-8 IS 曲线

IS 曲线是描述产品市场达到均衡，即 $I = S$ 时，国民收入与利率之间存在反方向变动关系的曲线，如图 8-8 所示。

在图中，横轴 Y 代表国民收入，纵轴 i 代表利率。IS 曲线上任意一点，都代表 $I = S$，即产品市场达到了均衡。此时，IS 曲线向右下方倾斜，表明在产品市场实现均衡时，利率与国民收入呈反方向变动关系，即利率提高，国民收入减少；利率降低，国民收入增加。

在产品市场上，利率与国民收入之所以呈反方向变动关系，是由于利率与投资的反方向变动关系。在利润率既定的条件下，投资的多少取决于利率。利率越低，纯利润越大，投资者越愿意投资，投资越多；反之，利率越高，纯利润越小，厂商越不愿意投资，投资越小。可见，利率与投资呈反方向变动关系。

投资是总需求的组成部分，投资增加，总需求增加；投资减少，总需求减少。而总需求又与国民收入呈同方向变动。因此，利息率与国民收入呈反方向变动，如图 8-9 所示。

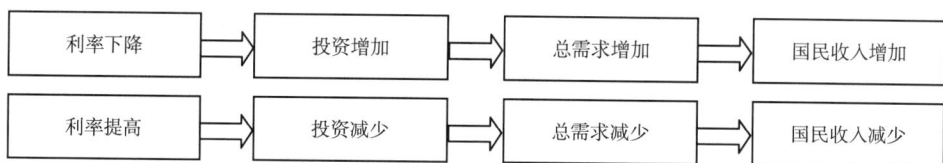

利率下降	→	投资增加	→	总需求增加	→	国民收入增加
利率提高	→	投资减少	→	总需求减少	→	国民收入减少

图 8-9 投资、利率、总需求与国民收入之间的关系

也可以用总需求公式来说明这一点。由于投资是可变的，这里可以把投资分为两部分，一部分是不随利率变动而变动的自发投资，例如，由于技术进步而引起的投资；另一部分则取决于利率，且与利率呈反方向变动，称为引致投资，因此投资函数可表示为：

$$I = I_0 - d \times i$$

式中：I_0 是自发投资，i 是利率，d 为常数，是利率变动对投资影响的系数。

在两部门经济中，当产品市场实现均衡时，总需求等于总供给，即 $C+I=C+S$，假定 $C=a+by$，则有：

$$Y = AD = C + I$$
$$= (a + b \times y) + (I - d \times i)$$
$$Y = \frac{a + I_0 - d \times i}{1 - b}$$

由上式可知，$a+I_0$ 为自发总需求，b 大于 0 小于 1，为边际消费倾向，当产品市场实现均衡时，国民收入与利率之间呈反方向变动关系。

此外，自发总需求的变动，例如自发消费、自发投资的变动，会使 IS 曲线的位置平行移动，如图 8-10 所示。当自发总需求增加时，IS 曲线向右上方移动，即从 IS_0 平移到 IS_1；当自发总需求减少时，IS 曲线向左下方移动，即从 IS_0 平移至 IS_2。

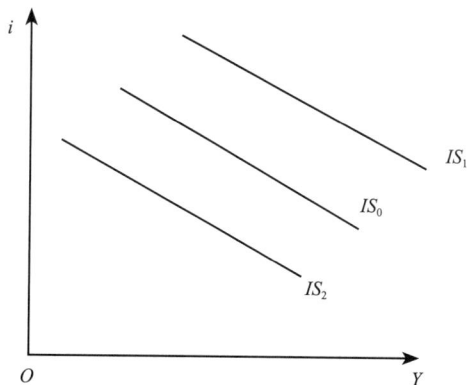

图 8-10 IS 曲线的移动

二、*LM*曲线

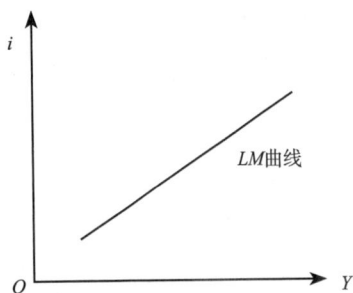

图 8-11　*LM* 曲线

LM 曲线是描述货币市场达到均衡，即 *L=M* 时，国民收入与利率之间存在同方向变动关系的曲线，如图 8-11 所示。

在图中，横轴 *Y* 代表国民收入，纵轴 *i* 表示利率。*LM* 曲线上任意一点，表示 *L=M*，即货币市场实现了均衡。此时，*LM* 曲线向右上方倾斜，表明在货币市场实现均衡时，利率与国民收入呈同方向变动关系，即利率提高，国民收入增加；利率降低，国民收入减少。

货币市场利率与国民收入之间的关系可以用凯恩斯主义的货币理论来解释。凯恩斯主义认为，人们对货币的流动性偏好引起货币需求，即流动性偏好。流动性偏好的动机主要有三种：交易动机、预防动机和投机动机。相应地，就产生了对货币的交易需求、预防需求和投机需求。

交易需求是指个人和企业进行正常交易活动产生的货币需求，取决于国民收入，与国民收入同方向变动。预防需求是指人们因意外、临时、紧急需要持有货币的需求，与国民收入同方向变动。投机需求是指人们进行投机活动需要持有一定数量的货币。如果利率低，人们就愿意持有货币；如果利率高，人们就不愿意持有货币，而愿意持有生息资产。可见，货币的投机需求与利率呈反方向变动关系。

由上可知，货币的交易需求和预防需求都取决于国民收入，且与国民收入同方向变动。为简化分析，用 L_1 代表货币的交易需求和预防需求，记为 $L_1= L_1$（*Y*）；用 L_2 代表货币的投机需求，投机需求取决于利率，与利率呈反方向变动关系，记为 $L_2= L_2$（*i*）。货币需求（*L*）由 L_1 与 L_2 组成。货币供给（*M*）是指实际货币供给量，由中央银行的名义货币供给量与价格水平决定。货币市场的均衡条件是：

$$M=L=L_1（Y）+L_2（i）$$

由上式可知，当货币供应 *M* 既定时，若货币的交易与预防需求（L_1）增加，为保持货币市场均衡，则货币的投机需求（L_2）必然减少。L_1 增加是国民收入增加的结果，而 L_2 的减少则是利率上升的结果，如图 8-12 所示。

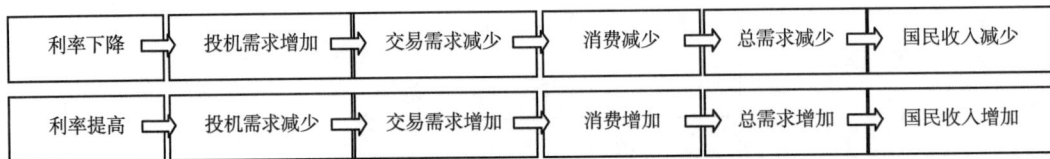

图 8-12　货币的交易需求、投机需求、利率、国民收入之间的关系

因此，当货币市场实现均衡时，国民收入与利率必然呈同方向变动关系。

货币供给量的变动会使 *LM* 曲线的位置平行移动。如图 8-13 所示，当货币供给量增加时，*LM* 曲线向右下方移动，即从 LM_0 平行移动到 LM_2；当货币供给量减少时，*LM* 曲线向左上方移动，即从 LM_0 平移至 LM_1。

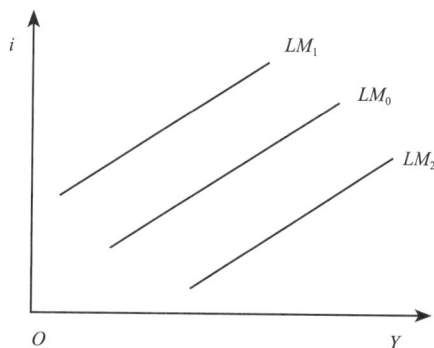

图 8-13　*LM* 曲线的移动

三、IS-LM模型

IS 曲线说明产品市场均衡的情况，*LM* 曲线说明货币市场均衡的情况，把 *IS* 曲线与 *LM* 曲线放在同一个坐标系内，就构成了 IS-LM 模型。IS-LM 模型反映了产品市场和货币市场同时达到均衡时国民收入与利率的决定。

如图 8-14 所示，*IS* 曲线和 *LM* 曲线相交于 *E* 点，在 *E* 点上决定了均衡的国民收入水平 Y_0，均衡的利率水平 i_0，也即在 *E* 点上实现了产品市场和货币市场的同时均衡。

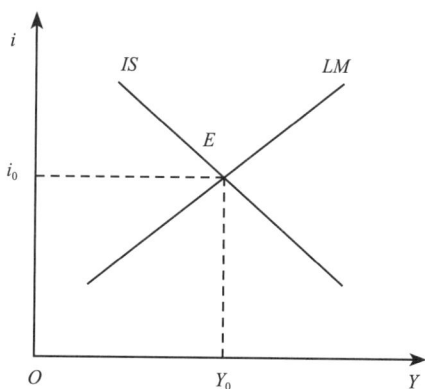

图 8-14　IS-LM 模型

1. 自发总需求变动对国民收入和利率的影响

如前所述，产品市场上自发总需求的变动会引起 *IS* 曲线移动，进而影响国民收入与利率。在 *LM* 曲线不变的情况下，自发总需求增加，*IS* 曲线向右上方平行移动，引起国民收入增加，利率上升；反之，自发总需求减少，IS 曲线向左下方平行移动，引起国民收入减少，利率下降，如图 8-15 所示。

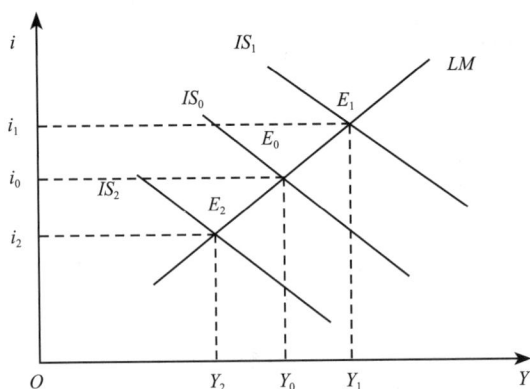

图 8-15　自发总需求变动的影响

在上图中，IS_0 与 LM 相交于 E_0 点，决定了均衡利率为 i_0，均衡国民收入为 Y_0。当自发总需求增加时，IS 曲线从 IS_0 向右平移到 IS_1，LM 曲线不变的情况下，均衡点从 E_0 点移到 E_1 点，相应地，国民收入从 Y_0 增加到 Y_1，利率从 i_0 上升为 i_1。反之，当自发总需求减少时，IS 曲线从 IS_0 移动到 IS_2，均衡点从 E_0 点移到 E_2 点，国民收入从 Y_0 减少到 Y_2，利率从 i_0 降到 i_2。

在三部门经济中，政府支出是一种自发性支出，是自发总需求的组成部分。因此，政府可以利用财政政策影响自发总需求的变动，达到调控宏观经济的目的，即当政府采取扩张性的财政政策时，例如增加政府开支、兴建公共工程、降低税率等，会引起总需求增加，IS 曲线向右上方移动，最终使利率提高，国民收入增加，宏观经济达到新的均衡。相反，若政府采取紧缩性的财政政策，例如削减政府开支、提高税率等，会引起总需求减少，IS 曲线向左下方移动，使利率下降，国民收入减少。

2. 货币供应量变动对国民收入和利率的影响

货币供给量的变动会引起 LM 曲线移动，进而影响国民收入与利率。在 IS 曲线不变的情况下，货币供给量增加，LM 曲线向右下方平行移动，引起国民收入增加，利率下降；反之，货币供给量减少，LM 曲线向左上方平行移动，引起国民收入减少，利率上升，如图 8-16 所示。

在图中，LM_0 与 IS 相交于 E_0 点，决定了均衡利率为 i_0，均衡国民收入为 Y_0。在 IS 曲线不变的情况下，当货币供给量增加时，LM 曲线从 LM_0 平移到 LM_1，均衡点从 E_0 点移到 E_1 点，相应地，国民收入从 Y_0 增加到 Y_1，利率从 i_0 下降为 i_1。反之，当货币供给量减少时，LM 曲线从 LM_0 平移到 LM_2，均衡点从 E_0 点移到 E_2 点，国民收入从 Y_0 减少到 Y_2，利率从 i_0 上升为 i_2。

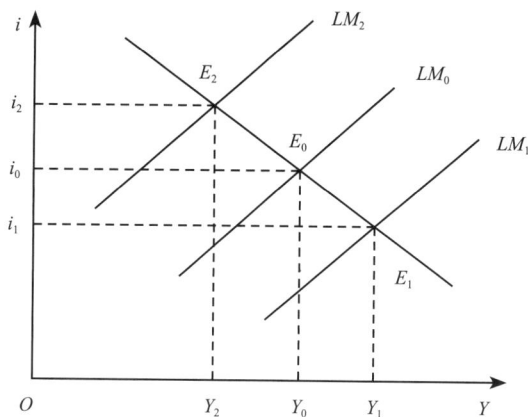

图 8-16　货币供给量变动的影响

货币供给量主要由央行的货币政策控制，因此，政府可以利用货币政策实现对货币供应量的调节，进而调控宏观经济。当中央银行采取扩张性货币政策，如降低法定存款准备金率，公开市场操作等增加货币供给量时，会引起 LM 曲线向右下方平移，在 IS 曲线不变的情况下，使得国民收入水平提高，利率下降，宏观经济达到新的均衡。反之，若中央银行采取紧缩性的货币政策，减少货币供给量，则会使 LM 曲线向左上方移动，引起国民收入减少，利率提高，宏观经济再次达到新的均衡。

当然，我们也可以运用 IS-LM 模型分析自发总需求与货币供给量同时变动时国民收入与利率的变化，即分析财政政策与货币政策的配合使用对宏观经济的影响。

总之，IS-LM 模型分析了储蓄、投资、货币需求与货币供给对国民收入和利率的影响，是对总需求分析的高度概括，可以用来解释政府的财政政策与货币政策，因此被称为整个宏观经济学的核心。

第四节　总需求—总供给模型

补充阅读：2020 年中央经济工作会议摘录

2020 年 12 月 16 ~ 18 日，中央经济工作会议在京举行。会议强调，2021 年坚持稳中求进工作总基调，立足新发展阶段，贯彻新发展理念，构建新发展格局，以推动高质量发展为主题，以深化供给侧结构性改革为主线，以改革创新为根本动力，以满足人民日益增长的美好生活需要为根本目的，坚持系统观念，巩固拓展疫情防控和经济社会发展成果，更好统筹发展和安全，扎实做好"六稳"工作、全面落实"六保"任务，科学精准实施宏观政策，努力保持经济运行在合理区间，坚持扩大内需战略，强化科技战略支撑，扩大高水平对外开放，确保"十四五"开好局，以优异成绩庆祝建党100周年。

会议要求，构建新发展格局明年要迈好第一步，见到新气象。加快构建以国内大循环为主体、国内国际双循环相互促进的新发展格局，要紧紧扭住供给侧结构性改革这条主线，注重需求侧管理，打通堵点，补齐短板，贯通生产、分配、流通、消费各环节，形成需求牵引供给、供给创造需求的更高水平动态平衡，提升国民经济体系整体效能。要更加注重以深化改革开放增强发展内生动力，在一些关键点上发力见效，起到牵一发而动全身的效果。

——摘自 https://www.12371.cn/2020/12/18/ARTI1608287844045164.shtml

在我国2021年的经济工作中，既要紧紧围绕供给侧结构性改革这条主线，又要注重需求侧管理，这说明一国的经济增长会受到总需求与总供给的双重约束。在简单国民收入决定模型和IS-LM模型中，不考虑总供给和价格对国民收入决定的影响。现实中，总供给是有限的，价格水平也是变动的，这就需要引入要素市场，建立总需求—总供给模型，将价格和总供给的变动考虑在内，这说明总需求和总供给如何决定均衡的国民收入和均衡价格水平。

一、总需求曲线

总需求（Aggregate Demand）是指在一定时期内，在每一价格水平上，一国所有家庭、厂商、政府及外国客户愿意而且能够购买的商品和劳务总量。是指一个经济中对物品与劳务的需求总量。它包括四个方面：

$$AD=C+I+G+NX$$

总需求曲线表明物品市场与货币市场同时达到均衡时，总需求与价格水平之间依存关系的曲线。如图8-17所示。

在图中，纵轴P代表价格水平，横轴Y代表国民收入，总需求曲线AD是一条向右下方倾斜的曲线，这说明在其他条件不变的情况下，总需求与价格水平呈反方向变动关系，即价格水平上升，总需求减少；价格水平下降，总需求增加。

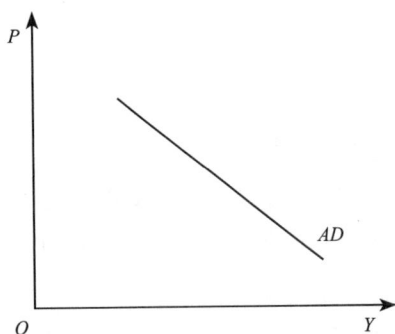

图8-17 总需求曲线

总需求曲线向右下方倾斜，总需求与价格呈反方向变动是受到三种效应的影响。

1. 消费需求与财产效应

假定名义财产不变，当价格上升时，人们实际财产会减少，引起消费需求减少，总需求减少，国民收入下降；反之，当价格下降时，人们实际财产增加，刺激消费需求增加，总需求增加，国民收入增加。从消费角度看，总需求与价格水平呈反方向变动。

2. 投资需求与利率效应

假定名义货币供给量不变，当价格上升时，实际货币供给量减少，利率上升，投资下降，总需求减少，国民收入下降；反之，当价格下降时，实际货币供给量增加，利率下降，投资增加，总需求增加，国民收入增加。从投资角度看，总需求与价格水平呈反方向变动。

3. 国外需求与汇率效应

一般而言，价格上升会引起利率上升，吸引国外资本流入，引起对本国货币的需求增加，本国货币汇率上升，出口减少，进口增加，总需求下降，国民收入减少；反之，价格下降引起利率下降，本国货币在外汇市场上的真实价值下降，也即汇率贬值，会刺激出口增加，总需求增加，国民收入提高。从国外需求的角度看，总需求与价格水平呈反方向变动。

总需求由消费、投资、政府购买和净出口构成。当价格水平不变时，构成总需求的任一组成部分发生变化，都会引起总需求曲线的移动。例如，消费变动、投资变动、政府支出的变动、净出口变动等都会影响总需求，引起总需求曲线平行移动。

当总需求增加时，总需求曲线向右上方平行移动；当总需求减少时，总需求曲线向左下方平行移动。如图 8-18 所示，总需求增加，总需求曲线由 AD_0 向右平移到 AD_1；总需求减少，总需求曲线由 AD_0 向左平移到 AD_2。

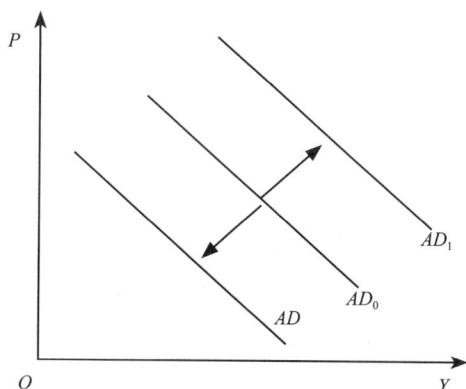

图 8-18　总需求曲线的移动

二、总供给曲线

总供给（Aggregate Supply）是指一国所有厂商在一定时期内，在每一价格水平下愿意并且能够提供的产品和劳务总量。总供给曲线则是表明产品市场与货币市场同时达到均衡时，总供给与价格水平之间关系的曲线。总供给取决于资源利用情况，资源利用情况不同，总供给与价格水平之间的关系即总供给曲线也不同。如图 8-19 所示，总供给曲线分为以下三种情况。

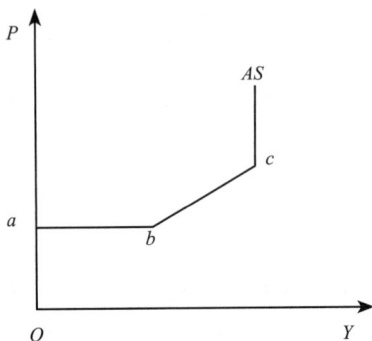

图 8-19　总供给曲线

1. 凯恩斯主义总供给曲线

在图 8-19 中，处于水平状态的总供给曲线（a-b）称为凯恩斯主义总供给曲线，这表明在价格既定时，总供给可以无限增加。说明存在大量的闲置资源，总产量水平很低。这种情况是由凯恩斯在 1929 ~ 1933 年资本主义经济大萧条的背景下提出的。

2. 短期总供给曲线（Short-run Aggregate Supply，SAS）

在图 8-19 中，向右上方倾斜的总供给曲线称为短期总供给曲线（b-c）。该曲线表明在其他条件不变时，总供给与价格水平同方向变动。因为在资源接近充分利用下，产量增加使得生产要素价格上升，成本增加，价格水平上升。这种情况在短期中存在，所以称为"短期总供给曲线"。

3. 长期总供给曲线（Long-run Aggregate Supply，LAS）

在图 8-19 中，处于垂直状态的总供给曲线称为长期总供给曲线（c 以上），这表明无论价格如何上升，总供给也不会增加。因为资源已经得到了充分利用，即经济中实现了充分就业，总供给已无法增加，此时，实际产出等于潜在产出。这是一种长期的趋势，因此，该曲线被称作"长期总供给曲线"。

在资源条件既定，即潜在的国民收入既定的条件下，凯恩斯主义总供给曲线与长期总供给曲线是不变的，但短期总供给曲线是可以变动的，如图 8-20 所示。

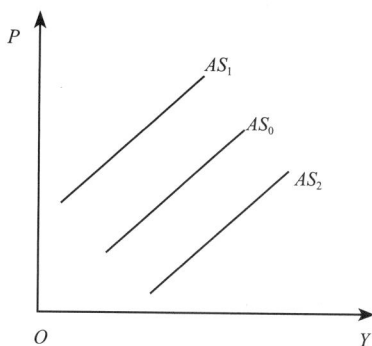

图 8-20　短期总供给曲线的移动

在图 8-20 中，总供给曲线向右下方移动，即从 AS_0 平移到 AS_2，表示价格不变的情况下，由于其他原因（如组织变革、技术进步等）引起了总供给增加。总供给曲线向左上方移动，即从 AS_0 平移至 AS_1，表示价格不变的情况下，由于其他原因（如生产成本增加、管理不力等）而引起总供给减少。

三、总需求—总供给模型

将总需求曲线与总供给曲线放在一个坐标系中，就构成了总需求—总供给模型。该模型可用来说明国民收入与价格水平的决定，分析不同的宏观经济政策对国民收入和价格水平的影响。如图 8-21 所示。

在图 8-21 中，总需求曲线 AD 与总供给曲线 AS 相交于 E 点，这就决定了均衡国民收入水平为 Y_0，均衡的价格水平为 P_0。

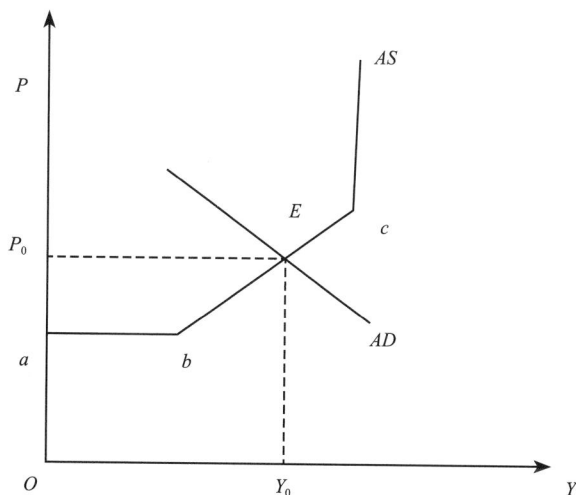

图 8-21　总需求—总供给模型

上面在讨论宏观经济均衡时，总需求曲线 AD 与短期总供给曲线相交，此时的均衡属于短期经济均衡，未将潜在产出考虑在内。若将充分就业的潜在产出考虑在内，则宏观经济均衡包括三种情形，如图 8-22 所示。

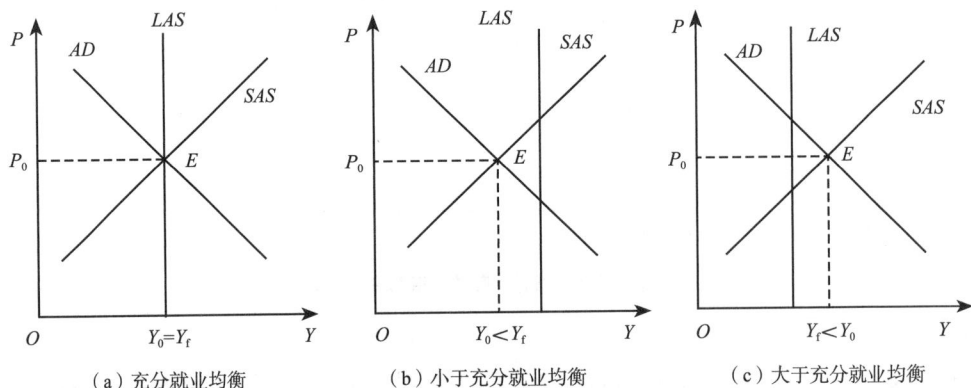

（a）充分就业均衡　　　　（b）小于充分就业均衡　　　　（c）大于充分就业均衡

图 8-22　宏观经济均衡的三种情形

1.充分就业均衡

如图 8-22（a）所示，总需求曲线与短期总供给曲线相交于 E 点，决定了均衡的国民收入水平为 Y_0，均衡的价格水平为 P_0。此时，长期总供给曲线也经过均衡点 E，这说明充分就业的国民收入等于均衡的国民收入，即 $Y_0=Y_f$，此时经济实现了充分就业均衡，意味着经济资源得到了充分利用。

2.小于充分就业均衡

如图 8-22（b）所示，总需求曲线与短期总供给曲线相交于 E 点，决定了均衡的国民收入水平为 Y_0，均衡的价格水平为 P_0。此时，长期总供给曲线位于均衡点 E 的右边，这说明均衡的国民收入小于充分就业的国民收入，即 $Y_0 < Y_f$，此时意味着资源没有得到充分利用，经济中存在闲置的资源，即存在失业。

3.大于充分就业均衡

如图 8-22（c）所示，总需求曲线与短期总供给曲线相交于 E 点，决定了均衡的国民收入水平为 Y_0，均衡的价格水平为 P_0。此时，长期总供给曲线位于均衡点 E 的左边，这说明均衡的国民收入大于充分就业的国民收入，即 $Y_0>Y_f$，此时意味着资源被过度利用，存在经济过热现象。

四、总需求变动对国民收入与价格的影响

在总需求—总供给模型中，当总需求发生变动时，国民收入与价格水平也会发生变

化。由于总供给曲线分为三种情况，因此，分析总需求变动对国民收入和价格水平的影响时，也要分三种情况进行。

1. 凯恩斯主义总供给曲线情况下

由于凯恩斯主义总供给曲线是一条水平线，这意味着供给价格弹性无穷大，此时，总需求的增加会使国民收入增加，价格不变；总需求的减少会使国民收入减少，价格也不变。即总需求的变动不会引起价格的变动，只会引起国民收入的同方向变动。如图 8-23 所示。

在图 8-23 中，AS 为凯恩斯主义总供给曲线，AS 与 AD_0 相交于 E_0 点，决定了均衡的国民收入水平为 Y_0，价格水平为 P_0。总需求增加，总需求曲线由 AD_0 平移至 AD_1，这时 AD_1 与 AS 相交于 E_1 点，决定了国民收入水平为 Y_1，价格水平仍为 P_0，这表明总需求增加使国民收入由 Y_0 增加到 Y_1，价格不变。相反，总需求减少，总需求曲线由 AD_0 平移至 AD_2，这时 AD_2 与 AS 相交于 E_2 点，此时国民收入为 Y_2，价格仍为 P_0，这表明总需求减少使国民收入由 Y_0 减少到 Y_2，价格仍然未变。由此可见，在凯恩斯主义总供给曲线下，整个社会资源严重过剩，增加总需求是可取的。有多大的总需求，就有多高的产出。

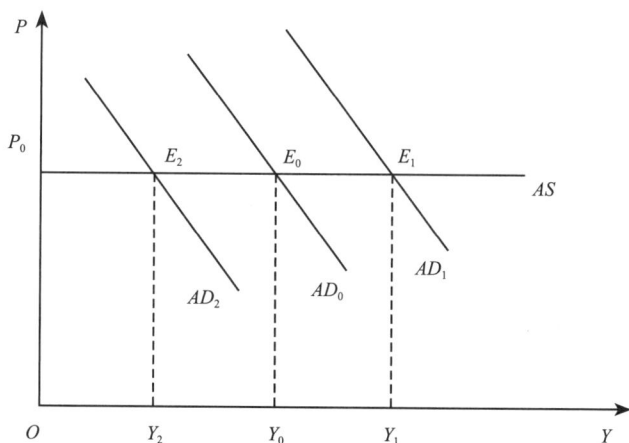

图 8-23　总需求变动对价格与国民收入的影响（1）

2. 短期总供给曲线情况下

在短期总供给曲线下，由于资源接近充分利用，此时，总需求的增加会使国民收入增加，价格水平上升；总需求的减少会使国民收入减少，价格水平下降，即总需求的变动引起国民收入与价格水平的同方向变动，如图 8-24 所示。

在图 8-24 中，AS 为短期总供给曲线，AS 与 AD_0 相交于 E_0 点，决定了均衡国民收入水平为 Y_0，价格水平为 P_0。总需求增加，总需求曲线由 AD_0 平移至 AD_1，这时 AD_1 与 AS 相交于 E_1 点，决定了国民收入水平为 Y_1，价格水平为 P_1，这表明总需求增加使国民收入

由 Y_0 增加到 Y_1，价格水平由 P_0 上升到 P_1。总需求减少，总需求曲线由 AD_0 平移至 AD_2，这时 AD_2 与 AS 相交于 E_2 点，决定了国民收入水平为 Y_2，价格水平为 P_2，这表明总需求减少使国民收入由 Y_0 减少到 Y_2，使价格水平由 P_0 下降为 P_2。由此可见，通过增加总需求来增加国民收入，要以价格水平的上升（通货膨胀）为代价。总需求的变动会导致经济衰退或通货膨胀。

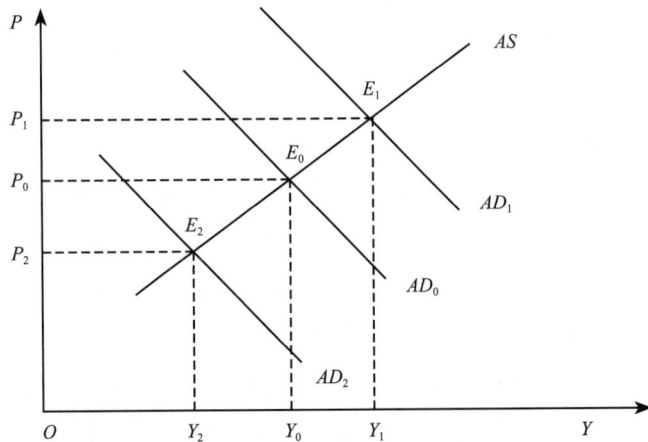

图 8-24　总需求变动对价格与国民收入的影响（2）

3. 长期总供给曲线情况下

在长期总供给曲线情况下，由于资源已经得到充分利用，总需求增加只会使价格水平上升，国民收入不会变动；同样，总需求减少也只会引起价格水平下降，国民收入不变动。即总需求的变动只会引起价格水平的同方向变动，不会引起国民收入的变动，如图 8-25 所示。

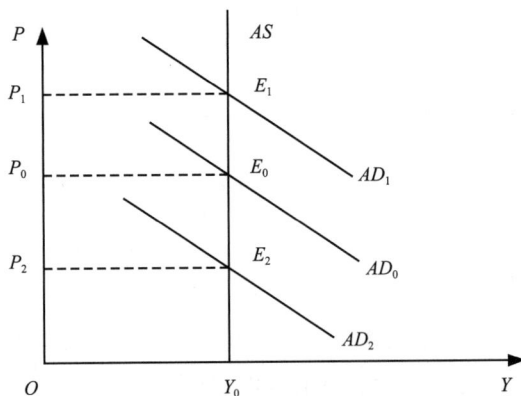

图 8-25　总需求变动对价格与国民收入的影响（3）

在图 8-25 中，AS 为长期总供给曲线，AS 与 AD_0 相交于 E_0 点，决定了充分就业时的国民收入水平为 Y_0，价格水平为 P_0。总需求增加，总需求曲线由 AD_0 移动到 AD_1，这

时 AD_1 与 AS 相交于 E_1 点，此时，国民收入水平仍为 Y_0，价格水平为 P_1，这说明总需求增加使价格水平由 P_0 上升为 P_1，国民收入不变。总需求减少，总需求曲线由 AD_0 移动到 AD_2，这时 AD_2 与 AS 相交于 E_2 点，此时，国民收入还是 Y_0，价格水平为 P_2，这说明总需求减少使价格水平由 P_0 下降为 P_2，国民收入依然不变。由此可见，在资源得到充分利用的情况下，增加总需求只会引起价格水平的上升，对国民收入没有影响，即有多大的总需求，就有多高的价格。

五、短期总供给变动对国民收入和价格的影响

在资源既定情况下，凯恩斯主义总供给曲线和长期总供给曲线不变，只有短期总供给曲线会变动。在总需求不变的情况下，短期总供给的变动同样会影响国民收入与价格水平。总需求不变时，短期总供给增加，会引起国民收入增加，价格下降；短期总供给减少，会引起国民收入减少，价格上升，如图 8-26 所示。

在图 8-26 中，AS_0 与 AD 相交于 E_0 点，决定了国民收入为 Y_0，价格水平为 P_0。当总供给增加时，总供给曲线由 AS_0 向右平移至 AS_2，AS_2 与 AD 相交于 E_2 点，决定了国民收入为 Y_2，价格水平为 P_2，这说明由于总供给的增加，国民收入由 Y_0 增加到了 Y_2，价格由 P_0 下降到了 P_2。当总供给减少时，总供给曲线由 AS_0 向左平移至 AS_1，AS_1 与 AD 相交于 E_1 点，决定了国民收入为 Y_1，价格水平为 P_1，这说明由于总供给减少，国民收入由 Y_0 减少到了 Y_1，而价格却由 P_0 上升为 P_1。

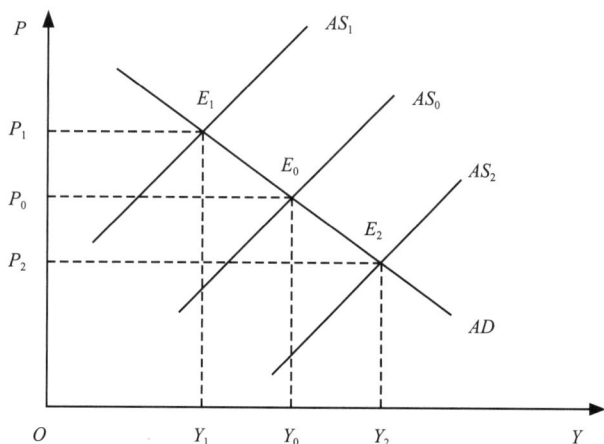

图 8-26 短期总供给变动对国民收入与价格的影响

经济学中，把这种产量减少而价格上升的现象即经济衰退与通货膨胀并存的情况称为"滞胀"。由此可见，增加总供给，可以增加国民收入，降低价格水平；总供给的减少会引起国民收入减少，价格上升，即引起滞胀。

由上可知，单纯刺激总需求来推动经济发展有明显的局限性。从 20 世纪以来各国的

经济实践来看，既要加强需求管理，也要重视供给端管理，否则极易造成滞胀。事实上，经济过热或经济萧条都是经济结构失衡的表现，真正病因在于总供给结构不适应总需求结构。因此，要实现经济的长期增长，既要扩大总需求，也要调整总供给结构，加强供给侧结构性改革，增强经济持续增长动力。

【本章小结】

国内生产总值（GDP）是一个国家或地区在一定时期内（通常为一年）所生产的所有最终物品和劳动的市场价值总和，是衡量一国国民收入的基本指标，也是最重要的宏观经济总量指标。

GDP 的核算方法有三种：支出法、收入法和部门法，最常用的是支出法。从支出的角度看，国内生产总值由消费、投资、政府购买和净出口构成；从收入的角度看，国内生产总值由工资、利息、租金、利润等生产要素报酬、非公司企业收入、企业税前利润、企业间接税及转移支付和资本折旧构成。国内生产总值同时衡量一国的总支出和总收入，因此，对于整个经济而言，总支出等于总收入。

简单的国民收入决定模型表明，短期内，在总供给不变的条件下，均衡的国民收入水平由总需求决定。总需求增加，均衡国民收入增加；总需求减少，均衡国民收入减少。

乘数是指自发总需求增加所引起的国民收入增加的倍数。乘数的大小取决于边际消费倾向，边际消费倾向越高，乘数越大；边际消费倾向越低，乘数越小。但要注意，乘数发生作用的前提条件是资源未得到充分利用。

IS 曲线描述产品市场的均衡，LM 曲线描述货币市场的均衡。IS-LM 模型说明在产品市场和货币市场同时达到均衡时，国民收入与利率的决定。该模型分析了储蓄、投资、货币需求与货币供给对国民收入和利率的影响，是对总需求分析的高度概括，在政策上可以用来解释政府的财政政策与货币政策，因此被称为整个宏观经济学的核心。

总需求—总供给模型主要研究国民收入和价格水平的决定情况。该模型表明，长期内，经济的增长取决于长期总供给的增加。短期内，总需求的增加会使产出增加，国民收入增加，但要以通货膨胀为代价，总需求的减少会引起经济衰退；总供给的增加会提高国民收入，降低价格水平，但总供给的减少会引起滞胀。

【重点掌握】

国内生产总值的含义及核算。

简单国民收入决定模型。

乘数理论。

IS-LM 模型。

总需求－总供给模型。

扫码获取有关知识视频

【练习与思考】

一、单项选择题

1. 核算国内生产总值遵从的原则是（　　）。

A. 国民原则　　　　B. 国土原则　　　　C. 收入原则　　　　D. 支出原则

2. 在支出法核算国内生产总值时，住房属于（　　）。

A. 消费支出　　　B. 投资支出　　　　C. 政府购买支出　　　D. 以上都不是

3. 当一国的国内生产总值大于国民生产总值，则该国公民从国外取得的收入（　　）外国公民从该国取得的收入。

A. 小于　　　　　B. 大于　　　　　　C. 等于　　　　　　D. 不能确定

4. 下列不列入国内生产总值核算的是（　　）。

A. 保险公司收到一笔家庭财产保险费　　B. 出口到国外的一批货物

C. 政府给贫困家庭发放的一笔救济金　　D. 经纪人为一座旧房买卖收取的一笔佣金

5. 下列项目中，（　　）不属于政府购买。

A. 支付公务员的工资　　　　　　　　B. 政府给农民发放的种粮补贴

C. 购买的办公设备　　　　　　　　　D. 建立的公立学校

6. 根据简单的国民收入决定模型，引起国民收入减少的原因是（　　）。

A. 消费减少　　　B. 储蓄减少　　　　C. 消费增加　　　　D. 政府支出减少

7. 在以下情况中，乘数最大的是（　　）。

A. 边际消费倾向为 0.6　　　　　　　B. 边际消费倾向为 0.4

C. 边际消费倾向为 0.64　　　　　　　D. 边际消费倾向为 0.2

8. 在 IS 曲线不变的条件下，货币供给量减少，会引起（　　）。

A. 国民收入增加，利率下降　　　　　B. 国民收入减少，利率上升

C. 国民收入增加，利率上升　　　　　D. 国民收入减少，利率下降

9. 在总需求—总供给模型中，若总需求的变动只引起价格的变动，不会引起收入的变动，那么这时的总供给曲线是（　　）。

A. 长期总供给曲线　　　　　　　　　B. 短期总供给曲线

C. 都有可能　　　　　　　　　　　　D. 都不可能

10. 导致短期总供给曲线向左上方移动的因素是（　　）。

A. 投入生产要素的价格普遍上升　　　B. 投入生产要素的价格普遍下降

C. 总需求减少　　　　　　　　　　　D. 总需求增加

二、多项选择题

1. 下列项目不能计入 GDP 的有（　　）。

A. 购买一台设备　　　　　　　　　　B. 购买一辆用过的卡车

C. 政府转移支付　　　　　　　　　　D. 购买普通股票

2. 居民边际消费倾向递减说明（　　　　）。

A. 随着人们的收入增加，消费的绝对数量也会增加

B. 消费增加的数量小于国民收入的增加量

C. 消费在收入中的比例将随着国民收入的上升而下降

D. 消费在收入中的比例将随着国民收入的上升而上升

E. 消费和收入之间的差额随收入的增加而越来越大

3. 乘数的效应可以理解为（　　　　）。

A. 总需求的增加引起国民收入的成倍增加

B. 总需求的减少引起国民收入的成倍减少

C. 乘数发挥作用是在资源没有充分利用的情况下

D. 乘数发挥作用是在资源充分利用的情况下

E. 乘数的大小取决于边际消费倾向的大小

4. 根据 IS-LM 模型（　　　　）。

A. 投资增加，使国民收入减少，利率上升

B. 投资增加，使国民收入增加，利率上升

C. 货币供给量增加，使国民收入增加，利率下降

D. 货币供给量增加，使国民收入减少，利率下降

E. 货币供给量增加，使国民收入减少，利率上升

5. 用总需求－总供给模型可以直接决定（　　　　）。

A. 国民收入　　　　　　B. 投资　　　　　　C. 价格水平

D. 利息率　　　　　　　E. 储蓄

三、判断题

1. 股票和债券的交易额，构成国内生产总值的一部分。（　　　　）

2. 商品数量和商品价格的变化都会引起实际国内生产总值的变化。（　　　　）

3. 对一个国外净要素收入为负的国家而言，GDP 应小于 GNP。（　　　　）

4. GDP 测算的是市场销售的最终产品价值。（　　　　）

5. 在简单的国民收入决定模型中储蓄越多国民收入越多。（　　　　）

6. 乘数理论是一把"双刃剑"，增加自发总需求导致国民收入成倍的增加，减少自发总需求导致国民收入成倍的减少。（　　　　）

7. 在其他条件不变的情况下，IS 曲线向右上方平移会增加国民收入并降低利率。（　　　　）

8. 由物价水平变动所引起的总需求变动与由政府支出所引起的总需求变动在总需求曲线上是相同的。（　　　　）

9. 均衡的国民收入一定等于充分就业的国民收入。（　　　　）

10. 在总需求与总供给的短期均衡中，总需求增加会引起国民收入增加，价格水平上

升。( )

四、计算题

1. 某年发生了以下活动：

（1）甲饲料加工厂生产的30000斤饲料提供给乙养殖场，售价为40000元，支付工人工资共计20000元；

（2）乙养殖场向市场提供了10000斤牛肉，售价为130000元，支付工人工资共计50000元。请计算：

（1）用支出法核算GDP；

（2）用收入法计算在每个生产阶段赚得的工资和利润，并核算GDP；

（3）用部门法计算每个生产阶段生产的价值，并核算GDP。

2. 已知国民收入为2000亿元，储蓄为1000亿元；收入增加为2500亿元，储蓄为1300亿元。请计算：

（1）边际消费倾向是多少？

（2）边际储蓄倾向是多少？

（3）乘数是多少？

3. 在一个经济社会中，消费需求为8000亿元，投资需求为1800亿元，出口为1000亿元，进口为800亿元。请计算该经济的总需求，并计算各部分在总需求中所占的比例。

五、应用题

1. 请用IS-LM模型分析中国引进外资对宏观经济的影响。

2. 2015年11月10日中央财经领导小组第十一次会议首次提出"供给侧结构性改革"。这标志着我国的经济治理思路出现重大转变，在适度扩大总需求的同时，着力加强供给侧结构性改革，着力提高供给体系质量和效率，增长经济持续增长动力。

请查找我国有关供给侧结构性改革的措施与实践，尝试用总需求—总供给模型分析"供给侧结构性改革"对我国宏观经济的影响。

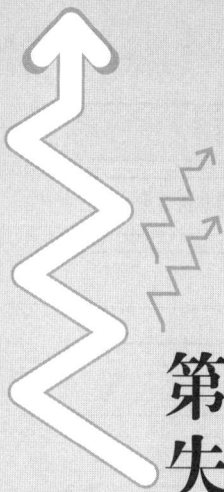

第九章
失业与通货膨胀

【学习目标】

1. 知识目标

   掌握失业的成因与分类；

   掌握通货膨胀的成因与分类；

   理解失业和通货膨胀的原因和两者之间的关系。

2. 能力目标

   能利用失业和通货膨胀理论分析相关经济现象，提出初步对策。

3. 思政目标

   培养积极向上的就业观，理性认识通货膨胀。

扫码获取本章课件

【结构导图】

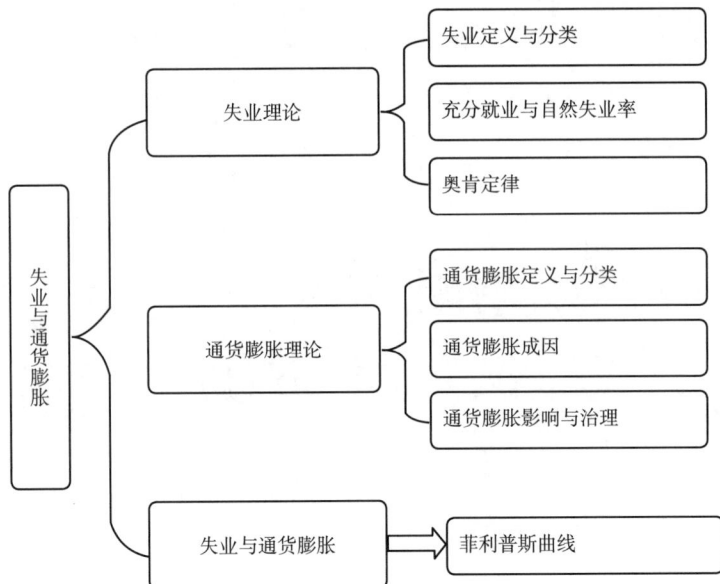

【引导案例】

就业难和招工难

就业是民生之本。2021年就业总量压力不减，需要安排就业的城镇新增长劳动力和高校毕业生达到新高。同时，结构性矛盾仍然突出，就业难和招工难并存。制造业、服务业普工难招，技术工人短缺。加之新冠肺炎疫情影响复杂多变，"外防输入、内防反弹"压力较大，给今年就业增加了不确定性和风险挑战。

就业优先政策要继续强化、聚力增效。着力稳定现有岗位，对不裁员少裁员的企业，给予必要的财税、金融等政策支持。继续降低失业和工伤保险费率，扩大失业保险返还等阶段性稳岗政策惠及范围，延长以工代训政策实施期限。拓宽市场化就业渠道，促进创业带动就业。推动降低就业门槛，动态优化国家职业资格目录，降低或取消部分准入类职业资格考试工作年限要求。支持和规范发展新就业形态。继续对灵活就业人员给予社保补贴，推动放开在就业地参加社会保险的户籍限制。做好高校毕业生、退役军人、农民工等重点群体就业工作，完善残疾人、零就业家庭成员等困难人员就业帮扶政策，促进失业人员再就业。拓宽职业技能培训资金使用范围，开展大规模、多层次职业技能培训，完成职业技能提升和高职扩招三年行动目标，建设一批高技能人才培训基地。运用就业专项补助等资金，支持各类劳动力市场、人才市场、零工市场建设。

关于物价问题，政府工作报告中提到，"十四五"时期，物价水平保持总体平稳，居民消费价格涨幅目标 3% 左右。此外，国家发展和改革委员会主任何立峰 5 日的"部长通道"上谈及"十四五"规划纲要有关安排时表示，"十四五"期间，多渠道增加城乡居民收入，提升国内消费的能力和水平，同时在供给端发力，为市场提供更多价廉物美、适销对路的城乡居民所需要和喜欢的产品和服务。

——摘自 https://www.offcn.com/shizheng/2021/0308/46958.html

　　我国就业结构性矛盾突出，"就业难和招工难"属于什么类型的失业？ 2021 年我国众多失业者主要失业原因和类型有哪些？失业对经济发展会带来哪些影响？引起物价上涨的原因有哪些？物价上涨可能会引起通货膨胀，通货膨胀对经济又会带来哪些影响？请进入本章学习。

第一节　失业理论

　　当前世界各国普遍存在失业这个难题。20 世纪以来，西方国家经常爆发严重的失业问题，到了 20 世纪 80 年代和 90 年代初，主要发达国家都出现了较高的失业率。近几年，我国的就业形势也比较严峻。那么到底什么是失业？没有工作是否就是失业？要想对失业做个界定，就必须了解失业的概念、衡量、类型等。

一、失业的定义与衡量

1. 失业的定义

　　失业（Unemployment）是指法定劳动年龄范围内，有工作能力且愿意工作，但尚未找到工作的一种社会经济现象。

　　失业必须符合以下三个条件：

　　第一，在劳动年龄范围内。世界大多数国家对劳动年龄的规定是 16 ~ 65 岁，而我国的规定是男性 16 ~ 60 岁、女性 16 ~ 55 岁。

　　第二，有劳动能力且愿意工作。丧失劳动能力或有劳动能力而不愿工作者，不计入失业。

　　第三，没有工作且在积极寻找工作。没有工作且不寻找工作者，不计入失业。

　　我国对失业者的统计采用城镇失业人员登记制度，即我国的失业者是指有非农业户口，在一定的劳动年龄内（16 岁至退休年龄），有劳动能力，无业而要求就业，并在当地公共就业服务机构进行失业登记的人员。

2. 失业的衡量

衡量一个国家或地区的失业程度，不是看失业总人数有多少，而是看失业率的大小。失业率是指失业人数占总劳动人数的比率。要准确理解并计算失业率，需要对总人口进行划分，如图 9-1 所示。

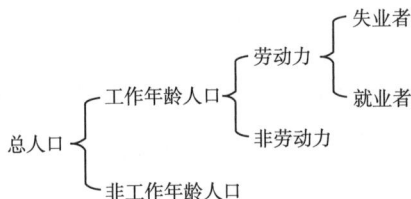

图 9-1　人口分类

计算方法如下：

$$失业率=（失业人数÷劳动力总数）×100\%$$

公式中，失业人数是指属于失业定义范围内的人数，劳动力总数是全部就业人数与失业人数之和。年龄在规定范围以外，已退休或丧失工作能力，或在学学习，或由于某种原因不愿意工作，或不积极寻找工作的人都不计入失业人数，也不计入劳动力人数。

失业率可以比较准确地反映出一个国家或地区失业问题的严重程度。失业率越高，表示就业状况越差，通常认为失业率为 4% 是比较能够接受的水平。

随着 2020 年新冠肺炎疫情的大暴发，企业经济发展困难，造成了大量员工失业。从失业率来看，2013—2019 年间，城镇失业率整体呈下降趋势，但 2020 年失业率达到历史高峰，从 3.62% 上升至 4.24%。如图 9-2 所示。

2013—2020年中国城镇失业率情况

资料来源：国家人力资源和社会保障部、华经产业研究院整理，2021年4月

图 9-2　中国城镇失业率情况

二、失业的类型

经济学家们通常将失业分为三大类型：自然失业、周期性失业和隐蔽性失业。

（一）自然失业

自然失业（Natural Unemployment）是指实现充分就业时仍然存在的失业，是由市场经济中某些难以避免的原因所引起的正常失业。任何经济体都会存在自然失业，自然失业的存在是必然的、是不可消除的。根据其发生的原因可分为以下类型，如图9-3所示。

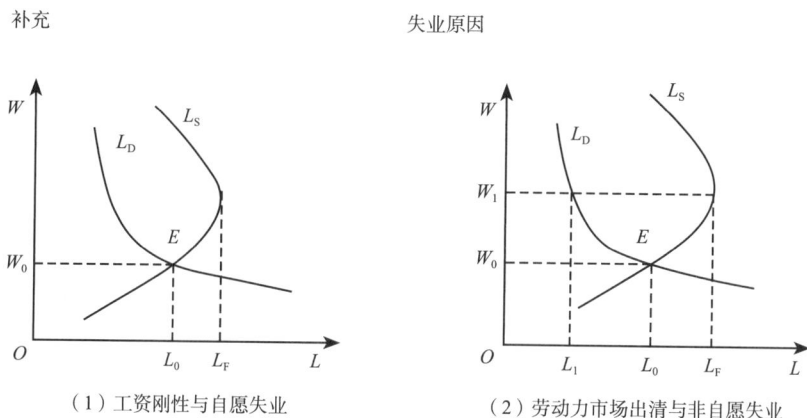

（1）工资刚性与自愿失业　　（2）劳动力市场出清与非自愿失业

在图9-3（1）中，在市场均衡条件下，愿意接受高工资的就业量为L_F，厂商能雇用的工人数为L_0，L_0L_F部分为自愿失业。
在图9-3（2）中，愿意在W_1工资下工作的工人数为L_F，厂商愿意雇用的工人数为L_1。L_1L_F部分为非自愿失业。

图9-3　失业原因

1.季节性失业

季节性失业是指由于消费者对一些商品和服务的季节性需求造成的失业，被认为是一种正常性失业。它通过影响某些产业的生产或某些消费需求而影响对劳动力的需求。比如冬季来临，冷饮业开始"萧条"，冷饮制造商及销售人员就会处于失业状态。再如旅游业，在旺季旅游业就业人数会增加，而在淡季，则会出现失业。

2.摩擦性失业

摩擦性失业是指劳动者在不同地区、不同职业或不同阶段正常流动而产生的失业。造成摩擦性失业的原因主要有三点：一是劳动力市场的动态变化。由于劳动供求双方的自由竞争，总有一些劳动者会辞职变换工作地点、企业甚至行业，也不断有新人加入劳动力市场，由此造成劳动者的短期失业。二是信息的不通畅。受地域、技术等客观因素限制，求职者和招聘单位不能获得及时、有效的就业信息，影响劳动力的高效流动。三是供求间的时滞差。

求职者入职时间与用人单位岗位需求时间经常不同步，入职前劳动者就处于失业期。

摩擦性失业是由于劳动者变换工作或是寻找更好的工作引发的，比如学生刚从学校毕业需要寻找工作，母亲在生育孩子后重新寻找工作等，人们通常认为这是一种不可避免的自愿失业。

3. 结构性失业

结构性失业，主要是由于经济结构（包括产业结构、产品结构、地区结构等）发生了变化，现有劳动力的知识、技能、观念、区域分布等不适应这种变化，与市场需求不匹配而引发的失业。在结构性失业情况下，劳动力的供给结构与对劳动力的需求结构是不相符的，求职者找不到与自己的行业、区域、职业、技能等相匹配的工作。它是长期性失业。

案例：结构性失业

一个世纪前，美国就业最多的四个行业是棉纺织品、毛制品、男性服装及木材。现在，就业最多的四个行业是汽车、飞机、通信与电子元件。随着这种转移的发生，一些企业创造了工作岗位，而另一些企业中的工作岗位则消失了。数据表明，美国制造业中每年最少有 10% 的工作岗位被取消。

---

4. 工资刚性失业

补充阅读：啃老族

啃老族，又称吃老族、傍老族、尼特族。它是指一些不升学、不就业、不进修或不参加就业辅导，终日无所事事的族群。"啃老族"并非找不到工作，而是主动放弃了就业的机会，赋闲在家。社会学家称为"新失业群体"。他们高不成低不就，不是被老板炒，就是炒了老板。无业游民，游手好闲，好逸恶劳。

2009 年就有报告中国大学毕业生中有 16.51 万"啃老族"。根据有关数据，当前全球青年人数总计有 13 亿，其中尼特族就占了 2.67 亿，这其中女性有 1.81 亿，男性有 0.86 亿。尼特族人群的普遍特点就是年龄不大，拥有工作能力，却没有任何作为，整天只知道待在家里。

——摘自未央财经，2021 年 8 月 27 日

工资刚性失业是指由于工资刚性所造成的失业，也称古典失业。根据经济学家的假设，若工资具有完全的伸缩性，则通过工资调节就应能实现人人都有工作。如果劳动的需求小于供给，则工资下降，直至全部工人被雇用为止，不会出现失业。但人的本性不愿使工资下降，且工会的存在及最低工资法均限制了工资的下降，使得工资具有能升不能降的

"工资刚性"。这种工资刚性的存在会使一部分工人无法受雇，从而出现失业。

课堂讨论：

"啃老族"属于失业人群吗？这一群体的增长对社会经济会带来哪些不利影响？

（二）周期性失业

周期性失业（Cyclical Unemployment）又称总需求不足的失业，是由于整体经济的支出和产出水平下降即总需求不足而引起的短期失业，一般出现在经济周期的萧条阶段。与经济中周期性波动是一致的。在复苏和繁荣阶段，各厂商争先扩充生产，就业人数普遍增加。在衰退和谷底阶段，由于社会需求不足，厂商压缩生产，大量裁减雇员，形成令人头疼的失业大军。

凯恩斯认为，就业水平取决于国内生产总值，国内生产总值在短期内取决于总需求。当总需求不足，国内生产总值达不到充分就业水平时，这种失业必然会产生。社会总需求不足一般都出现在经济萧条时期，是周期性出现的。

（三）隐蔽性失业

隐蔽性失业（Disguised Unemployment）是指表面上有工作，但实际上对生产没有贡献，或边际生产力为零，即人们说的"三个人的活五个人干"的那种就业不足状态，会降低劳动生产效率，给经济带来损失。如果减少了就业人员而产出没有下降，说明存在着隐蔽性失业。

三、充分就业与自然失业率

1. 充分就业

充分就业（Full Employment）也称完全就业，是在现有激励下所有愿意工作的人都能得到工作的总就业量，是指消除了周期性失业时的就业状态。充分就业并不等于全部就业，社会仍存在一定数量的自然失业，但在某一工资水平下，所有愿意工作的人都获得了就业机会。这是由凯恩斯在《就业、利息和货币通论》一书中提出的一个经济学假设。

理解充分就业需要把握两点：

第一，充分就业是凡是愿意并有能力工作的人都得到了一个较为满意的就业岗位，而失业是指愿意并有能力工作的人没有得到就业岗位。

第二，充分就业并不是指人人都就业，在充分就业状态下仍然存在一定数量的自然失业，这种失业具有一定的自然合理性，属于劳动力的正常流动和动态调整。

充分就业是一种比较理想的状态，当实现充分就业时，宏观经济能够达到潜在的 GDP。潜在的 GDP 是指国家的劳动力资源、技术、资本等生产要素潜力得到充分利用时的总产出。

2. 自然失业率

自然失业率（Natural Rate of Unemployment）是一个国家经济运行于充分就业水平时的失业率，也称"长期均衡失业率"或"正常失业率"。此时经济运行处在复苏或繁荣阶段，失业补助、社会救济、福利开支、生活水平、心理状况等，被认为是可以接受的状态。

自然失业率计算公式如下：

$$自然失业率=（自然失业者 \div 劳动力总数）\times 100\%$$

现实经济中的失业率若大大高于自然失业率，则表明有效需求不足和市场疲软，经济运行质量有待改进和提升。

四、失业的影响

1. 失业对社会的影响

失业的社会影响是巨大而深刻的。失业者失去收入，家庭教育、医疗、养老等支出受到限制，失业者身心健康受到影响，家庭关系受到损害。失业增加了社会福利支出，造成政府财政困难，失业在经济上最大的损失是实际国民收入的减少。当失业问题尖锐时，犯罪现象比率会明显上升，严重影响社会秩序，不利于社会稳定。

2. 失业对经济的影响

（1）有利影响。一定程度的失业对经济发展有促进作用。首先，失业的存在可以提高工作效率，促进经济发展。其次，失业可以优化整个社会的人力资源配置。劳动者努力适应需求变动而改变工作的过程就是人力资源配置不断优化的过程。

（2）不利影响。失业直接造成人力资源的闲置和浪费，带来经济上的损失。失业会造成社会产量损失。当失业率上升时，本可由失业者生产出来的产品和劳务就损失了。另外，失业增加后，家庭消费支出减少，厂商投资下降，整个国民经济的增长受到抑制。失业会导致人力资本损失。失业者已有的人力资本得不到运用，也无法通过工作增加自己的人力资本。

五、奥肯定律

20 世纪 60 年代，美国经济学家阿瑟·奥肯根据美国的经验数据提出了经济中失业率对实际国民收入的影响，被称为奥肯定律。奥肯定律（Okun's law）的内容是：失业率与实际国民生产总值之间存在一种高度负相关关系。失业率如果超过充分就业的界限（通常以 4% 的失业率为标准），失业率每降低 1%，实际国民生产总值则增加 3%。反之，失业率每增加 1%，实际国民生产总值则减少 3%。奥肯定律揭示了就业与产出、失业率或就业率与经济增长率之间的密切关系。

第二节　通货膨胀理论

世界各国都有过通货膨胀的历史。它是经济混乱、社会不安定的重要原因。通货膨胀受到了经济学家和政府、民众的普遍重视。那么，什么是通货膨胀？如何衡量？通货膨胀有哪些类型？该如何治理？请进入本节学习。

案例：一无所有的百万富翁

非洲津巴布韦官方公布的通货膨胀已经接近 1000%，打破了非战争状态国家通货膨胀率历史纪录。每 10 美元可以换到 10 万津元。该国有超过 60% 的劳动力失业，一个劳动力每月挣到 400 万津元。一卷厕纸 15 万津元，一顿餐钞票堆成山，一室户租金 200 万津元 / 月，公立医院的普通门诊 100 万津元，一台点钞机 3.45 亿津元。

津巴布韦通胀率达到 231000000%，印出了面额最大一张货币为 100000000000000 津元，有 14 个 0，如此大面额纸币仅值 40 美分。国家人人成为"亿万富豪"，但是却基本的食物保障都没有

——摘自陈福明主编：《经济学基础》（2011 版），高等教育出版社，第 158 页

一、通货膨胀的定义与衡量

1. 通货膨胀的定义

通货膨胀（Inflation）是指在一定时期内整个社会平均物价水平普遍而持续的上涨，或者说，货币实际购买力在一定时期内持续的下降过程。

理解通货膨胀的定义应注意三点：

第一，通货膨胀是指物价总水平的普遍上升。一种或几种商品或劳务的价格上涨不能称为通货膨胀，而是全局性、全社会性、所有地区大部分商品或劳务都同时上涨。

第二，通货膨胀是指物价水平持续一定时期的上升。偶尔的价格上涨不能称为通货膨胀，必须是物价在一段时间内（一般认为在 2 个季度 6 个月以上）持续上涨。

第三，实质经济中资产价格的上涨，而不是虚拟经济中资产价格的上涨。有价证券的价格上涨不包括在通货膨胀范围内。

2. 通货膨胀的衡量

通货膨胀的程度通常用通货膨胀率来衡量。通货膨胀率反映了平均物价水平，即物价指数从一个时期到另一个时期的变动情况。其计算公式为：

通货膨胀率=（现期物价指数−基期物价指数）/基期物价指数×100%

假定某国 2021 年物价指数为 120，上年物价指数为 115，那么该国这一时期的通货膨胀率为（120−115）/115 × 100%=4.35%。

根据计算物价指数时包括的产品和劳务种类不同，可以选择不同的物价指数来计算通货膨胀率。常见的物价指数主要有以下三种：

（1）消费者价格指数。消费者价格指数（Consumer Price Index，CPI）也称零售物价指数或生活费用指数，用来衡量城市居民购买固定日常生活用品和劳务总支出的变动情况；是最常用的衡量通货膨胀水平的指标，也是与居民个人生活最为密切的物价指数。其计算公式为：

$$消费者价格指数 = \sum_{i=1}^{n} \frac{P_{i_i}}{P_{i_0}} \cdot a_i$$

使用这个指标时，统计机构首先要选择一组居民日常生活中必备的商品和劳务，确定它们各自的权数，然后调查不同时期居民对这组商品和劳务支出的变动情况，最后再计算出 CPI 的数值。

补充阅读：PPI 与 CPI 增速差距持续扩大发展韧性成主基调

国家统计局新闻发言人付凌晖表示，2021 年 8 月，受到国际环境、国内新冠肺炎疫情汛情多点发生影响，削弱了消费需求和 CPI 通胀。居民餐饮收入 8 月同比下降 4.5%，商品零售增速也有所回落。值得注意的是，居民消费价格 8 月 PPI 同比上涨 9.5%，同比增速升至 2008 年 8 月以来的最高水平，而 8 月 CPI 同比涨幅从 7 月的 1.0% 降至 0.8%。

PPI 和 CPI 增速的差距在持续扩大，制造商和服务提供商的利润率正在恶化。PPI 涨幅较大主要源于三个行业：煤炭、化工和钢铁。较高的 PPI 通胀主要是由于高污染原材料供应受限和交通"瓶颈"所致。

尽管 PPI 上涨，因为下游行业成本飙升、利润率下降和经济增长下滑，中国并没有面临全面通胀问题。随着坚持削减碳排放和限制高污染行业的产出，9 月和 10 月 PPI 通胀可能进一步上升。为应对原材料价格飙升和 PPI 上涨给经济带来的压力，政策可能会加大货币和财政宽松力度。

——摘自经济观察报，2021 年 9 月 15 日

举例：某国以 2020 年为基期年，普通家庭每个月购买一组商品的费用为 900 美元，2021 年上涨到 1200 美元，问 CPI 是多少？通货膨胀率是多少？

解：CPI=（一组商品按当期价格计算的价值 ÷ 一组商品按基期价格计算的价值）× 100%

＝（1200 ÷ 900）= 133%

这一时期的通货膨胀率 =（1200−900）÷ 900 = 33%

或者：CPI−100% = 133%−100%=33%

（2）生产者价格指数。生产者价格指数（Producer Price Index，PPI）是衡量生产者在生产过程中购买产品与劳务的费用发生变动的情况，也称工业品出厂价格指数。例如，生产者购买原材料、燃料、半成品的价格变动情况。所以 PPI 包括了整个生产过程各阶段价格变动情况。

我国采用的是固定权数按加权算术平均指数公式计算，即 PPI=ΣKW/ΣW，固定权数为 W，式中分子的 K 为各种销售量的个体指数。

根据价格传导规律，价格水平波动先出现在生产领域，然后向下游产业扩散，最后波及流通领域消费品。可以用 PPI 预测 CPI 的变动走势，也可将其作为通货膨胀的先导指标。

（3）GDP 折算指数。GDP 折算指数又称 GDP 平减指数，是衡量一国各个时期所有产品和劳务的价格总水平变动情况的指标，即报告期国内生产总值与基期国内生产总值之比。采用这一指标时，由于不再选择特定的调查对象，因此比 CPI 更能全面反映总体物价水平。其计算公式为：

$$GDP平减指数=名义GDP ÷ 实际GDP × 100\%$$

二、通货膨胀的类型

依据物价上涨幅度，通货膨胀可分为三种类型。

1. 温和的通货膨胀

是指每年物价上涨幅度在 10% 以内的通货膨胀，而 5% 以下则形容为爬行的通货膨胀。物价较为稳定，货币也不会有明显的贬值，不会对经济造成恶性影响。凯恩斯主义者认为温和的通货膨胀能增加社会需求，促进资源利用和增加就业，有利于社会经济发展。

2. 奔腾的通货膨胀

是指每年物价上涨幅度在 10% 以上、100% 以下的通货膨胀。货币快速贬值，货币购买力急剧下降，使得货币市场上真实利息率下降，甚至出现负数。人们为避免持有多余货币，会抢购商品，严重扰乱商品市场和货币市场正常秩序，对经济带来不利影响。

3.恶性通货膨胀

是指每年物价上涨幅度在 100% 以上的通货膨胀。物价水平完全失控，持续加速上涨，货币极度贬值。这种通货膨胀对经济的影响是致命的。通常只在战争或国家制度变革时期才可能发生。比如第二次世界大战后的匈牙利、中国都发生过，其结果往往会导致整个经济体系崩溃。

补充阅读：恶性通货膨胀

委内瑞拉马杜罗在 2018 年实施货币改革，随着经济政策的错误使主权玻利瓦尔贬值，从 2018 年 8 月开始到 2019 年，主权玻利瓦尔的实际贬值达到 98%。在短短几个月，货币演变成毫无价值的货币，这是人类历史上货币贬值最快的。1 美元 = 2686.56 玻利瓦尔。中东的黎巴嫩，2020 年通货膨胀率达到 84.9%。据了解，该国经济衰退，物价暴涨，货币贬值，人们都在抢购食物。历史上的几次恶性通胀事件，一次是一战后的德国，通胀率高达 29525.71%，40 亿马克只能兑换 7 美元，一套房只能买一个面包；我国 20 世纪 40 年代的民国政府，物价暴涨，一麻袋的钱买不了一小袋米。津巴布韦通胀率达到 231000000%。

三、通货膨胀的成因

关于通货膨胀的成因，主要有两个：社会总需求增加和总供给减少，即通常所说的"需求拉动说"和"成本推动说"。后来又出现了混合通货膨胀理论以及结构性通货膨胀理论等。

1.需求拉动的通货膨胀

"需求拉动说"从总需求角度来分析通货膨胀的成因。认为总需求过度增长超过总供给，即"过多的货币追逐过少的货物"，引起一般物价水平普遍而持续的上涨，即总需求大于总供给而引起通货膨胀。如图 9-4 所示，横轴 Y 表示总产量（即国民收入），纵轴 P 表示一般物价水平，AD 表示总需求曲线，AS 表示总供给曲线。

总供给曲线 AS 起初是水平状态，它表示：当总产量较低时，总需求增加不会引起物价水平上涨；产量从零增加到 Y_1 时，总需求从 AD_0 增加到 AD_1，物价水平始终稳定在 P_1；总产量达到 Y_1 以后，继续增加总需求，总需求曲线 AD_1 不断右移至 AD_2、AD_3，总供给曲线 AS 逐渐向右上方倾斜，总产量从 Y_1 增加到 Y_2、Y_3，物价水平相应从 P_1 上涨到 P_2、P_3，这一时期价格上涨称为"瓶颈"式通货膨胀；总需求曲线 AD_3 继续右移至 AD_4 时，总供给曲线 AS 呈垂直状态，总产量 Y_3 处于充分就业水平，无法再增加，物价水平从 P_3 上涨到了 P_4，这种价格上涨就是需求拉动的通货膨胀。

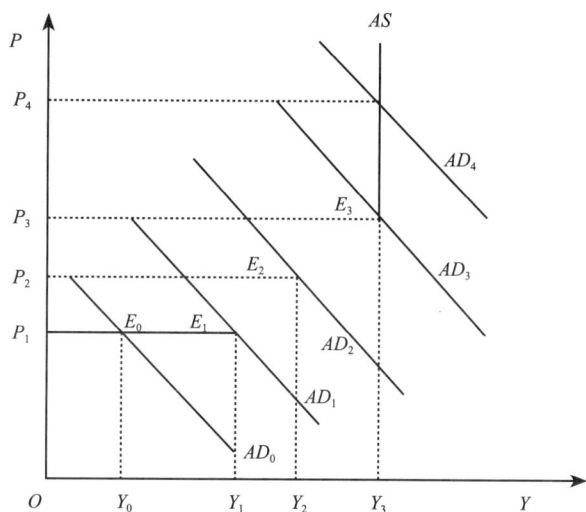

图 9-4　需求拉动的通货膨胀

案例：需求拉动的通货膨胀

需求拉动通货膨胀的一个例子发生在美国。1965 年，约翰逊总统想在越南作战，但不想让美国人知道战争的费用。他决定不增加税收；不削减其他政府支出。在最初的均衡沿着总供给曲线的垂直部分时，政府支出使总需求向右移动，这就引起了通货膨胀压力。20 世纪 60 年代初，美国通货膨胀率一直在 1%～2%，70 年代上升到 6%。

2. 成本推动的通货膨胀

"成本推动说"是从总供给角度来分析通货膨胀的成因。从总供给角度看，通货膨胀成因主要在于供给或成本方面，即使总需求不变，只要生产成本增加，就会推动物价上涨。

如图 9-5 所示，总需求曲线 AD 既定，不发生变动，总供给曲线为 AS_0 时，其对应的总产量为 Y_0，物价水平为 P_0；生产成本增加，则供给减少，总供给曲线左移至 AS_1，其对应的总产量减少到 Y_1，物价水平从 P_0 上涨到 P_1，这就是成本推动的通货膨胀。

成本增加的原因主要有以下几种：

（1）工资成本推动型通货膨胀。提高员工工资会使生产成本增加，从而使物价水平上涨。工资上升引起物价上涨，物价上涨又引起工资上升，这样，工资与物价会不断互相推动，即所谓"工资—物价螺旋式上升"，最终形成通货膨胀。

（2）利润推动型通货膨胀。主要是指在不完全竞争市场上，具有垄断地位的企业控制了产品的销售价格，为了得到高额利润，提高价格从而引起的通货膨胀。

（3）进口成本推动型通货膨胀。主要是指由于进口原材料的价格上涨，使得本国生产成本上升，推动本国物价水平上涨，引起通货膨胀。

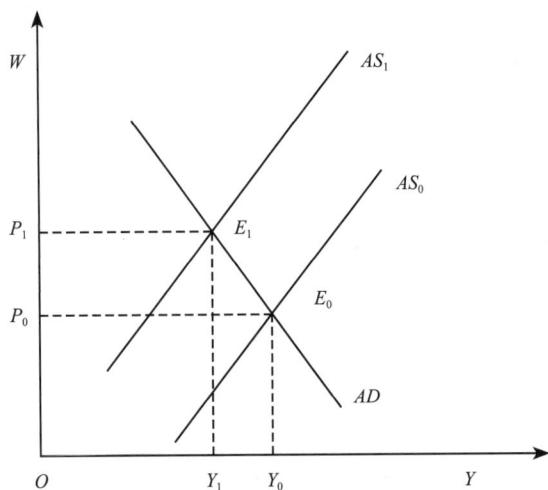

图 9-5 成本推动的通货膨胀

案例：成本推动的通货膨胀

1973 年，主要由中东国家组成的石油输出国组织（OPEC）决定对包括美国在内的一些西方国家实施石油禁运。对整个美国经济来说，石油价格上升提高了生产成本，短期总供给曲线向左移动，引发了通货膨胀压力。1979 年 10 月，当石油输出国组织（OPEC）在 10 年内第二次提高石油价格，美国通货膨胀达到无法接受的水平，1980 年通货膨胀率超过 13%。

---

3. 混合型通货膨胀

由需求拉动和成本推动共同作用而引起的通货膨胀，称为混合型通货膨胀。如果通货膨胀由需求拉动开始，过度的需求导致物价总水平上涨，物价总水平上涨推动工资和原材料价格上升，工资增加和原材料价格上升引起成本推动的通货膨胀；反之，如果通货膨胀由成本推动开始，工资上涨、利润上升导致人们收入增加，消费上升，从而总需求增加，形成需求拉动的通货膨胀。在现实经济中大量存在的是供求混合推动的通货膨胀。

如图 9-6 所示，当成本增加时，产量减少，总供给减少，总供给曲线 AS_1 左移至 AS_2，物价水平由 P_0 上涨到 P_1，这是成本推动的通货膨胀。如果只有成本推动，产量由 Q_2 减少到 Q_1，最终会使经济衰退而结束通货膨胀；如果成本推动后，总需求也增加，总需求曲线由 AD_1 右移至 AD_2，产量将恢复到 Q_2，物价水平继续上涨到 P_2，从而使通货膨胀持续下去。

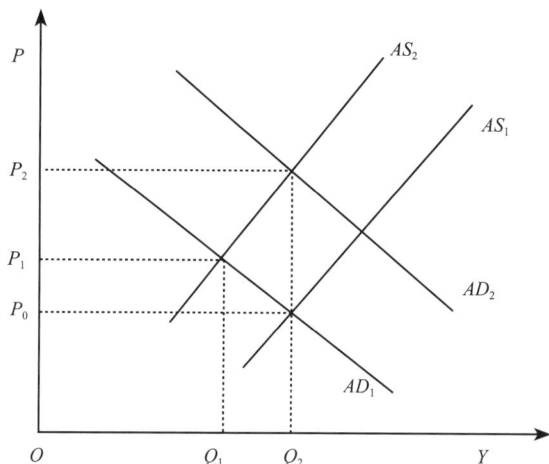

图 9-6　供求混合推动的通货膨胀

四、通货膨胀对经济的影响

1. 对收入分配的影响

第一，通货膨胀有利于债务人不利于债权人。发生通货膨胀后，债务契约无法变更，实际利息率下降，债务人受益，而债权人受损。金融机构不愿发放长期贷款，贷款减少会使投资减少。

第二，通货膨胀有利于雇主不利于雇员。发生通货膨胀后，工资不能迅速调整，名义工资不变或略增长，实际工资下降，工人受损，雇主利润增加。

第三，通货膨胀有利于政府不利于公众。发生通货膨胀时，名义工资增长后，达到纳税起征点的人增加。政府增加了税收收入，而公众则多交税。

2. 对就业的影响

在短期内通货膨胀使实际工资下降，增加雇主的利润，能刺激生产，增加对劳动力需求，增加就业，减少失业。长期内通货膨胀对失业基本没有影响。

3. 对经济秩序的影响

通货膨胀导致抢购、囤积等非理性行为，企业不注重产品质量，哄抬物价，恶化了通货膨胀；导致货币无法准确作为价值的尺度，价格信号被扭曲，扰乱了市场机制，资源配置失调，影响经济秩序运行。

4. 对经济增长的影响

从短期看，通货膨胀可以刺激市场的投资支出，扩大内需，从而刺激经济增长。从长期看，通货膨胀会增加生产性投资风险，提高生产成本，使投资下降，不利于经济增长。

5.对国际贸易的影响

发生通货膨胀的国家，货币贬值，物价上涨，出口商品价格也上涨，从而影响出口商品在国际市场上的竞争能力，出口大幅减少。

五、通货膨胀的治理对策

由于通货膨胀有多种类型，而通货膨胀的成因又有多种，因此要想治理通货膨胀必须对症下药。常用的对策主要有：

1.货币政策

这是治理通货膨胀的一个重要手段。主要通过两条途径来实现：一是降低货币供应量的增长率。政府从流通中回笼过多的纸币，提高货币购买力，减轻通胀压力。二是提高利率，抑制投资需求，并刺激储蓄增加，从而保证总需求与总供给的均衡。通过提高商业银行存贷款利率和金融市场利率水平，减少流通货币，缩小信贷规模，减少投资规模，平衡储蓄和投资。通过这些方法来抑制总需求使之与总供给接近，控制通货膨胀。

2.收入政策

收入政策主要是对工资、物价实行强制性管理，比如确定工资－物价指导线，以阻止工会和垄断企业互相抬价所引起的工资、物价轮番上涨的趋势。通过控制工资的增长来控制收入和产品成本的增加，控制物价水平，防止因工资水平提高而使物价随之增长。政府还可通过减税刺激企业降低物价，从而缓解通胀压力。

3.加大宏观经济调节力度

为了继续保持物价总水平基本稳定，政府部门必须关注并研究市场供求关系的重大变化，运用政策和经济手段加以调节。加大价格检查力度，尤其是与民生相关的物品如粮食，确保市场粮食供应，稳定粮价。促进生产要素的优化配置，稳定市场供应，确保供需基本平衡。

4.对外经济政策

政府采取适当的对外经济政策，以减轻国际收支失衡对国内物价的不利影响，防止国外通货膨胀的输入。一是可以实行浮动汇率。因为在浮动汇率制度下，一国货币对外汇汇率的升降完全是由市场供求关系所决定的。二是在各国都出现通货膨胀的情况下，各国应加强协作，共同采取控制各国货币供应量的增长率、改善国际金融制度以及其他反通货膨胀的措施，以制止世界性通货膨胀的蔓延等。

第三节 菲利普斯曲线

失业与通货膨胀是经济中的两个主要问题，但两者并不是独立的。它们之间存在什么关系呢？这就是菲利普斯曲线所要分析的问题。

一、菲利普斯曲线的含义

菲利普斯曲线（the Phillips Curve）是用来表示失业率和货币工资变动率之间关系的曲线，反映了失业率与通货膨胀率之间的负相关或交替关系。由新西兰经济学家菲利普斯提出。

如图 9-7 所示，横轴表示失业率，纵轴表示货币工资变动率，货币工资变动率可表示通货膨胀率，菲利普斯曲线 PC 是一条向右下方倾斜的线，当失业率为 Od 时，通货膨胀率只有 Ob，而当失业率下降到 Oc 时，通货膨胀率涨到 Oa，两者存在交替关系，即失业率高，通货膨胀率低；失业率低，则通货膨胀率高。

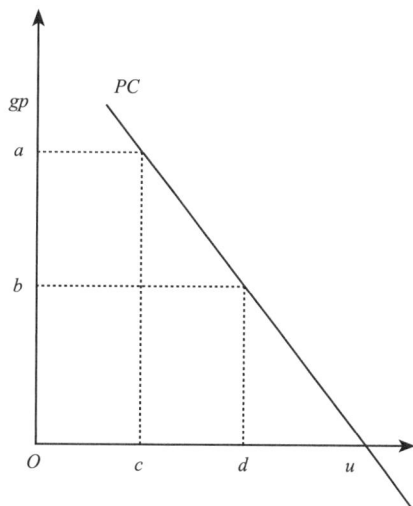

图 9-7 菲利普斯曲线

萨缪尔森和索洛于 1960 年对菲利普斯曲线进行了修正，将失业率与货币工资变动率的关系换成失业率与通货膨胀率之间的关系。例如，如果已知工资增长率为 6%，劳动生产增长率为 3%，则通货膨胀率为 3%。

失业率与通货膨胀率的交替关系意味着政策制定的两难性：要降低通货膨胀率，必须以较高的失业率作为代价；要降低失业率，又必须以较高的通货膨胀率为代价。

经济学家们通常把菲利普斯曲线上失业率为 4% 的点称为"临界点"，因为 4% 的失业率是充分就业与否的临界点，失业率低于 4%，则认为社会是充分就业的。一般而言，人们对失业比较敏感，如果有工作保证，即使有一点通货膨胀也可以忍受；如果没有工作保证，即使没有通货膨胀也难以忍受。

二、菲利普斯曲线的新变化

菲利普斯曲线反映了失业率与通货膨胀率的替代关系，尽管较低的失业率和较低的通货膨胀率不可兼得，但还可以用牺牲就业来维持物价的稳定，或牺牲物价稳定来维持充分就业。但自 20 世纪 70 年代以来，菲利普斯曲线发生了很大的变动。

（1）菲利普斯曲线向右上方移动。菲利普斯曲线反映的是失业率与通货膨胀率之间的交替关系。如图 9-8 所示，菲利普斯曲线 PC_1 位于社会可接受程度之内，即位于图中阴影部分为"临界点"以下的安全范围。如果政府进行相机抉择，用高通货膨胀率换取低失业率的话，就会形成通货膨胀预期。这样，工人就会要求提高货币工资，使得菲利普斯曲线向右上方移动，即从 PC_1 移到 PC_2，原来的安全"临界点"不起作用。此时无论政府采取什么政策措施，都不能将失业率与通货膨胀率下降到安全范围，只能提高"临界点"。在图中，"临界点"在不断提高，若把所有的"临界点"连接起来，菲利普斯曲线就成为一条从左下方向右上方延伸的线，这时失业率与通货膨胀率同向变动，通货膨胀率越高，失业率就越高，高失业率与高通货膨胀并存，即"滞胀"现象。

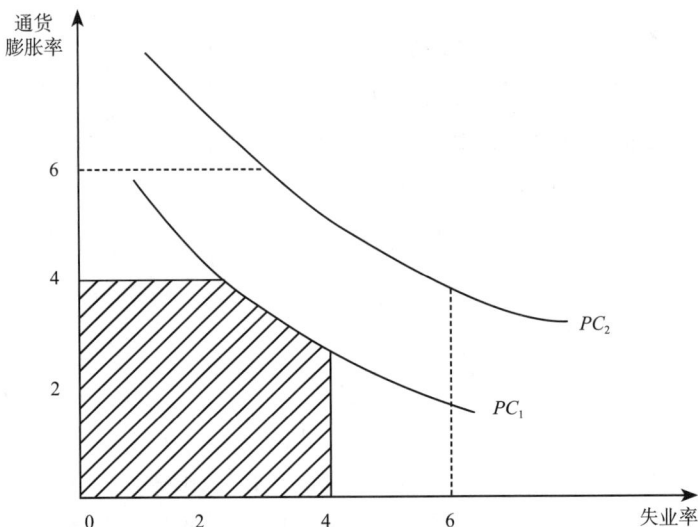

图 9-8　菲利普斯曲线向右上方移动

（2）从长期来看，失业率与通货膨胀率之间已不存在交替关系，菲利普斯曲线变为一条垂直于横轴的直线。从长期看，不论通货膨胀率上升多少，都不能使失业率降下来。

三、社会不安指数与不受欢迎指数

"社会不安指数"与"不受欢迎指数"这两个指标是在菲利普斯曲线基础上得出来的。

1. 社会不安指数

社会不安指数又称社会痛苦指数。由于失业与通货膨胀都会导致社会不安定，失业率与通货膨胀率之和就构成了社会不安指数。假设失业率为 5%，通货膨胀为 5%，则社会不安指数为 10%。社会不安指数可以衡量一个国家社会经济的不稳定程度。由社会不安指数可以推出经济业绩指数。经济业绩指数是指国民生产总值的增长率与社会不安指数的比率，即经济业绩指数（EPI）= 实际 GDP 增长率 ÷ 社会不安指数。

2. 不受欢迎指数

不受欢迎指数是指人们对现政府不满意（或满意）的程度。在这一指数中人们对失业的关切程度远远大于通货膨胀，因此计算公式为：不受欢迎指数 = 通货膨胀率 +6× 失业率。不受欢迎指数越高，政府受公众的信任程度越低，本届政府总统或所在政党连选连任的机会越少。

【本章小结】

失业是指法定劳动年龄范围内，有工作能力且愿意工作，但尚未找到工作的一种社会经济现象。失业率 =（失业人数 ÷ 劳动力总数）×100%。通常将失业分为三大类型：自然失业、周期性失业和隐蔽性失业。自然失业是指实现充分就业时仍然存在的失业。自然失业的存在是必然的、是不可消除的。其发生的原因可分为季节性失业、摩擦性失业、结构性失业和工资刚性失业。

充分就业是在现有激励下所有愿意工作的人都能得到工作的总就业量，是指消除了周期性失业时的就业状态。自然失业率是一个国家经济运行于充分就业水平时的失业率。自然失业率 =（自然失业者 ÷ 劳动力总数）×100%。

奥肯定律的内容是：失业率每降低 1%，实际国民生产总值则增加 3%，反之，失业率每增加 1%，实际国民生产总值则减少 3%。

通货膨胀是指在一定时期内整个社会平均物价水平普遍而持续的上涨。通货膨胀的程度通常用通货膨胀率来衡量。通货膨胀率 =（现期物价指数 − 基期物价指数）÷ 基期物价指数 ×100%。常见的物价指数主要有消费者价格指数（CPI）、生产者价格指数（PPI）和 GDP 折算指数。通货膨胀按照物价上涨幅度可分为温和的通货膨胀、奔腾的通货膨胀、恶性通货膨胀。通货膨胀的成因有"需求拉动说""成本推动说"和混合型通货膨胀。

菲利普斯曲线是用来表示失业率和货币工资变动率之间关系的曲线，反映了失业率与通货膨胀率之间的负相关或交替关系，即失业率高，通货膨胀率低；失业率低，则通货膨胀率高。

【重点掌握】

失业、失业率与充分就业的含义。

失业的类型与影响。

通货膨胀的含义、成因与影响。

菲利普斯曲线。

扫码获取有关知识视频

【练习与思考】

一、单项选择题

1. 由于厂商经营不善破产而形成的失业属于（　　）。

A. 摩擦性失业　　　B. 结构性失业　　　　C. 周期性失业　　　　D. 自然失业

2. 说明失业率与国内生产总值之间变化规律的是（　　）。

A. 拉弗曲线　　　B. 菲利普斯曲线　　　C. 奥肯定律　　　　D. 学习曲线

3. 一般用（　　）来衡量通货膨胀水平。

A. 劳动生产率　　　B. 物价指数变动率　　C. 商品与劳务价格　　D. 经济增长率

4. 奥肯定律是说明（　　）。

A. 失业率与通货膨胀率之间的关系　　　B. 通货膨胀与国民收入之间的关系

C. 失业率与国民收入增长率之间的关系　　D. 人口增长率与失业率之间的关系

5. （　　）最可能是成本推动的通货膨胀。

A. 银行贷款扩张　　　　　　　B. 预算赤字

C. 世界性商品价格上涨　　　　D. 投资增加

6. 如果发生了未预期的通货膨胀，那么债务人利益（　　）。

A. 减少　　　B. 增加　　　　C. 不变　　　　D. 无影响

7. 菲利普斯曲线说明（　　）。

A. 通货膨胀与失业没有关系　　　B. 通货膨胀与失业率之间呈正相关关系

C. 通货膨胀会引起失业　　　　　D. 通货膨胀与失业率之间呈负相关关系

8. 未预期的通货膨胀会使雇主利益（　　）。

A. 减少　　　B. 增加　　　　C. 不变　　　　D. 无影响

9. 若实际利率为5%，同期通货膨胀率为10%，则名义利率应为（　　）。

A. 15%　　　B. 10%　　　　C. 5%　　　　D. −5%

10. 恶性通货膨胀产生的根本原因是（　　）。

A. 货币供应量增加　　　　　　B. 总需求增加

C. 成本上升　　　　　　　　　D. 通货膨胀预期

二、判断题

1. 无论什么人，只要没有找到工作就属于失业。　　　（　　　）

2. 充分就业就是完全没有失业的状态。 （ ）

3. 摩擦性失业是一种自然失业。 （ ）

4. 只要存在失业者，就不可能有工作空位。 （ ）

5. 通货膨胀是指物价水平普遍而持续地上升。 （ ）

6. 在总需求不变的情况下，总供给曲线向左上方移动所引起的通货膨胀称为供给推动的通货膨胀。（ ）

7. 当经济发生通货膨胀时，所有人的利益都受到损害。（ ）

8. 从长期来看，通货膨胀率与失业率之间不存在交替关系。（ ）

三、简答题

1. 什么是自然失业？引起自然失业的原因有哪些？

2. 通货膨胀会对经济产生哪些影响？

3. 失业与通货膨胀呈什么关系？

四、应用题

1. 下面情况中，判断哪些情况属于失业，哪些情况不是。如果属于失业，分别属于什么类型的失业，这些失业分别是由什么原因引起的。

（1）一个年满 40 的智障患者整天待在家；

（2）冬季卖冷饮的小贩闲在家；

（3）小明大学毕业后，不愿下车间，也不愿去三线城市工作，一直在上海寻找理想的工作；

（4）会计因为不会电脑报账而被解聘；

（5）小杨从北京搬家到上海，需要寻找新的工作；

（6）小军辞职去环游世界；

（7）受新冠肺炎疫情影响，社会总需求不足，许多厂商减少生产的同时裁员，使不少工人失业；

（8）人工智能的发展取代了许多重复性强、技术性低的就业岗位，使不少工人失业。

2. 如果你的房东说："工资、公用事业以及别的费用上涨都太快了，我只得提高你的房租。"这属于成本推进的还是需求拉动的通货膨胀？用图形加以说明。

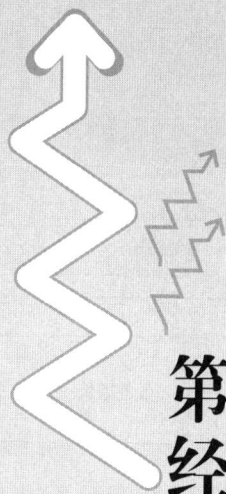

第十章
经济周期与经济增长

【学习目标】

1. 知识目标

   掌握经济周期的含义；

   掌握经济增长的含义；

   理解经济周期的阶段及特点；

   理解经济周期的成因；

   理解经济增长的影响因素。

2. 能力目标

   能够根据经济表现分析经济周期；

   能运用经济增长理论分析经济增长的因素。

3. 思政目标

   树立中国特色社会主义经济发展观。

【结构导图】

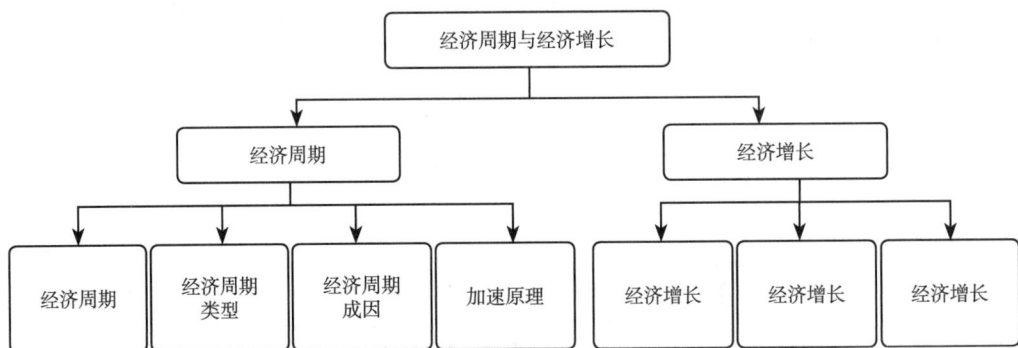

【引导案例】

中国创经济增长奇迹

1978 年改革开放之初，我国是世界上最贫穷的国家之一。按照世界银行的统计指标，1978 年我国人均 GDP 只有 156 美元，大约有 81% 的人口生活在农村，84% 的人口生活在每天 1.25 美元的国际贫困线之下。而在这么薄弱的基础上，从改革开放到现在，我国经济持续增长已经超过 40 年，从来没有出现停滞或负增长时期，而且经济的增速还挺高：1979 ~ 2018 年，我国经济年均增长 9.4%，而同期世界经济年均增速是 2.9% 左右，约等于我国的 1/3，在此过程中，7 亿多人口按国际贫困线标准脱贫，对过去 40 年世界减贫事业的贡献率超过 70%。

而一些西方国家的经济运行，差不多每隔 10 年就会出现一次经济危机。比如，发生在 1997 年的金融危机，令泰国、印尼、韩国等国的货币大幅贬值，造成一些国家大型企业的倒闭，引发大量失业和经济萧条；而 2008 年爆发的金融危机则席卷全球，一些国家爆发债务危机，国内经济遭受重创，有的到现在还没缓过劲来。

——摘自人民日报，2019 年 9 月

为什么西方一些国家的经济运行，差不多每隔 10 年就会周期性出现一次经济危机？我国经济为什么能够维持稳定并快速发展？经济增速是怎么计算的？经济增长的因素有哪些？这些问题都将在本章进行学习和探讨。

第一节 经济周期理论

历史表明，在经济发展和经济增长过程中，常常伴随着经济活动的上下波动，呈现出周期性变动的特征。经济周期有哪些主要特征？政府应该采取哪些有效措施？请进入本节学习。

一、经济周期的概念

经济周期（Economic Cycle）是指国民经济处于发展过程中规律性呈现的经济扩张与收缩交替更迭、循环往复的一种现象，体现为国民收入及经济活动的周期性波动。

经济周期具有以下特征：

第一，经济周期是市场经济不可避免的经济现象。

第二，经济周期是经济活动总体性、全局性的波动。

第三，周期的时间长短由周期的具体性质决定，难以准确无误地预测。

第四，大多数宏观经济指标（GDP、失业、通货膨胀等）同时波动甚至互动。

第五，一个完整的经周期由繁荣、衰退、萧条和复苏四个阶段组成，如图 10-1 所示。

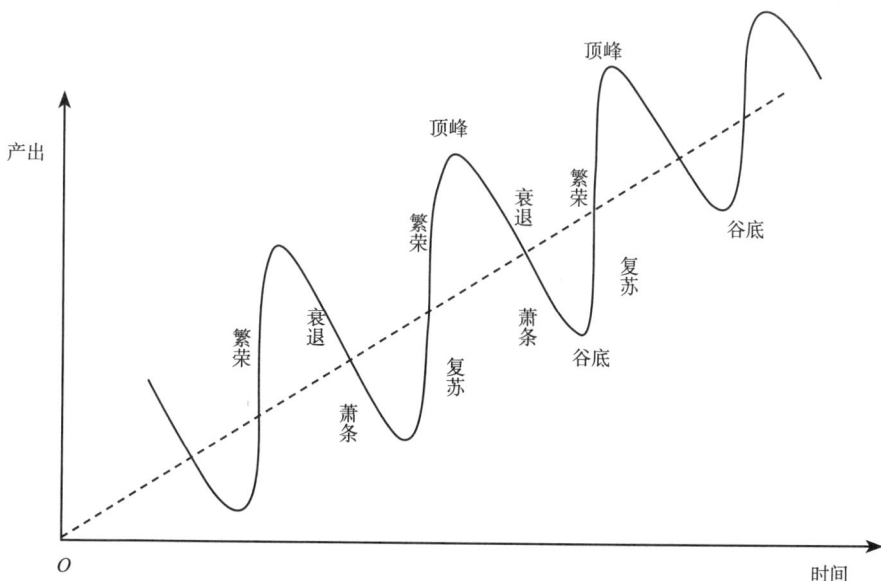

图 10-1 经济周期阶段

一般将经济周期分为繁荣、衰退、萧条和复苏四个阶段。复苏和繁荣阶段是总需求和经济活动的增长时期，通常伴随着就业、生产、价格、货币、工资、利率和利润的上升，即经济活动为扩张期；萧条和衰退阶段是总需求和经济活动的下降时期，通常伴随着就业、生产、价格、货币、工资、利率和利润的下降，即经济活动为收缩期。

如图 10-1 所示，纵轴代表产出（国民收入），横轴代表时间（年份），以虚线表示经济长期增长趋势，实线表示经济波动的实际水平，顶峰和谷底分别代表经济周期的最高点和最低点。上升阶段经济复苏并逐渐繁荣，至顶峰后经济由盛转衰进入下降阶段，开始衰退并逐渐萧条，至谷底后又由衰转盛再次进入上升阶段。经济从一个顶峰到另一个顶峰，或者从一个谷底到另一个谷底，就是一次完整的经济周期。

二、经济周期的类型

经济周期的长度是指一个完整的经济周期所经历的时间。按照经济周期波动发生时间的长短及对经济发展的影响程度划分，一般将经济周期分为短周期、中周期和长周期等几种。

1. 短周期——基钦周期

基钦周期由英国经济学家基钦于 1923 年提出。他研究了 1890 ~ 1922 年英国与美国的物价、银行结算和利率等指标，认为经济波动有大周期和小周期两种。小周期平均长度约为 40 个月（3 ~ 4 年），大周期则是小周期的总和，一个大周期可包括两个或三个小周期。这里的小周期即为短周期或基钦周期。

2. 中周期——朱格拉周期

朱格拉周期由法国经济学家朱格拉于 1860 年提出。他通过对较长时期工业经济周期的研究，并根据国民收入、失业率、生产、利润、物价等指标，确定了经济中平均每个周期为 9 ~ 10 年，此周期即为朱格拉周期，又称中周期或中波。

3. 长周期——康德拉季耶夫周期

康德拉季耶夫周期由苏联经济学家康德拉季耶夫于 1925 年提出。他研究了英、美、法等国 100 多年内批发物价指数、利率、工资率、对外贸易量等的长期时间序列变动资料，认为资本主义社会存在一种为期 50 ~ 60 年，平均长度为 54 年的长期波动，这种长周期即为康德拉季耶夫周期。

4. 库兹涅茨周期

库兹涅茨周期由美国经济学家库兹涅茨于 1930 年提出。他分析了美国、英国、德国、法国、比利时 1866 ~ 1925 年 53 种商品的历史统计资料，认为经济活动中存在长度为 15 ~ 25 年不等的长期波动，这种长周期即为库兹涅茨周期。这种波动在美国建筑业特别明显，所以又称"建筑业周期"。

5. 熊彼特周期

熊彼特周期由奥地利经济学家熊彼特于 1936 年提出。他以"创新理论"为基础，对朱格拉周期、基钦周期、康德拉季耶夫周期进行了综合，认为这三种方法并不矛盾，长周期的不同阶段仍有中周期波动，中周期的不同阶段中还有短周期波动。每个长周期包括 6 个中周期，每个中周期包括 3 个短周期，短周期为 40 个月，中周期为 9 ~ 10 年，长周期为 48 ~ 60 年；他还把不同的技术创新期与不同的经济周期联系起来，将第二次世界大战以前的 200 年以三次重大创新为标志，划分为三个长周期。

补充阅读：我国经济周期仍然存在于名义 GDP 增速之中

从名义 GDP 增速来看，我国宏观经济仍然存在显著的周期性。2012 年第一季度，名义 GDP 增速超过 12%，之后波动下行，在产能过剩持续、物价走低的背景下，名义 GDP 增速在 2015 年第四季度跌至 6.4%；2016 年年初之后，在外需好转、去产能政策等因素的推动下，名义 GDP 增速明显回升；2017 年年初达到了 11.5%，成为本轮周期的顶峰；2017 年年初以来的两年半当中，名义 GDP 增速逐渐放缓，2019 年上半年已经降至 8% 附近，较 2017 年年初下降了 3.5 个百分点，如图 10-2 所示。

名义GDP增速和工业企业利润同比增速（%）

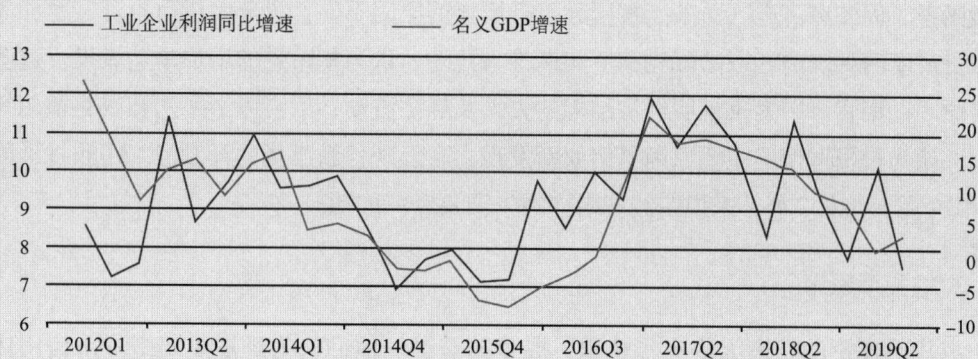

图 10-2　我国 2012 ~ 2019 年名义 GDP 增速和工业企业利润同比增速情况

——摘自国家统计局，2020 年 2 月

三、经济周期的成因

经济周期是由多种原因引起的，经济学家对此从不同角度进行了分析，下面介绍几种典型的成因理论。

（一）内因论

内因论认为，尽管外生因素对经济有影响，但经济周期波动主要源于经济体系内部因素如收入、成本、投资在市场机制作用下的必然现象。

1. 有效需求不足理论

有效需求是指商品的总供给和总需求达到均衡时的社会总需求，包括消费需求和投资需求。凯恩斯认为，有效需求不足导致经济萧条，政府干预可使经济摆脱萧条。当前，新冠肺炎疫情导致全球性的经济收缩，我国政府力推扩大内需的政策，足以说明需求不足理论的现实意义。

2. 投资过度理论

投资过度理论认为由于投资过多，与消费品生产相比，资本品生产发展过快，推动经济走向繁荣，但由于消费品减少了生产，资本品生产过剩，这种经济结构失衡又使得大量产能闲置，促使经济进入萧条。按引起投资增加的原因不同，可分为货币投资过度和非货币投资过度两种。前者以哈耶克和罗宾斯等为代表，认为货币量的增加是造成投资过度的主要原因，用货币因素来说明经济结构的失调及经济波动；后者以卡塞尔和威克塞尔等为代表，认为投资过度的主要原因是诸如新发现、新发现、新市场的开发等，用非货币因素（技术、领土、人口等）来说明经济结构的失调及经济波动。

3. 纯货币理论

纯货币理论的代表人物有霍特里、弗里德曼等。他们认为经济周期是货币信用体系的不稳定、银行交替扩张和紧缩信用造成的。当银行体系采取扩张性货币政策时，市场货币过多，使得生产扩张、供给增加，收入和需求随之增加，物价上涨，经济活动水平上升，经济逐渐繁荣；物价上涨引起通货膨胀，银行体系被迫停止信用扩张，采用紧缩性货币政策，市场获得的贷款减少，订单下降，供过于求，生产过剩，经济进入萧条阶段；在萧条时期，资金逐渐回到银行，为了提高利润，银行又会采取措施扩大信用，促进经济复苏。

4. 心理因素理论

心理因素理论的代表人物有庇古和凯恩斯等人。他们认为经济周期波动取决于消费和投资，而消费和投资大小主要取决于投资者对未来的心理预期。当人们预期乐观时，消费和投资增加，推动经济步入复苏与繁荣；而预期悲观时，消费和投资减少，经济逐渐衰退与萧条。所以心理因素理论和投资过度理论是紧密相连的。

（二）外因论

外因论认为，经济周期波动主要源于经济体系之外的因素，如太阳黑子、战争、革命、选举、金矿或新资源的发现、科学突破或技术创新等。

1. 创新理论

创新理论由美籍奥地利经济学家熊彼特提出，认为经济周期是由人们创新引起的。创新是指对生产要素的重新组合，例如，发现新材料、新能源、新技术等。创新提高了生产效率，为创新者带来了超额利润，引起其他厂商纷纷仿效，生产资料需求增加，投资增加，产量增加，经济进入繁荣阶段；随着创新的普及，激烈的市场价格竞争会使得原有的超额利润下降，于是生产减量，投资减少，经济开始衰退，直到下一个有影响力的创新出现，经济才能再次进入繁荣。

2. 太阳黑子理论

太阳黑子理论由英国经济学家杰文斯提出。他把经济的周期性波动归因于太阳黑子的周期性变化，认为太阳黑子的周期性变化会影响气候的周期变化，而气候变化会影响农业收成，农业收成好坏又会影响整个经济。由于太阳黑子的出现是有规律的，大约每10年出现一次，因而经济周期大约也是每10年一次。

3. 政策因素理论

政策因素理论的代表人物有盖拉斯基、诺德豪斯等经济学家。他们认为政府为阻止周期性通货膨胀采取了紧缩措施政策，人为制造了经济停滞和衰退，引起经济周期波动；有人认为，每届政府为争取选民采取了扩张的经济政策，新政府上台后则采取紧缩政策，以消除扩张政策带来的问题。因为政府的选举与产生具有周期性，经济也相应呈周期性波动。

四、乘数-加速数模型

凯恩斯主义经济学家把加速原理与乘数论结合起来，用以说明投资的变动对经济周期的影响。加速原理和乘数论两者相互作用是构成经济向上或向下周期性波动的主要原因。

（一）加速原理

1. 加速原理的含义

加速原理（Acceleration Principle）是指由于投资的增加，引起总收入或总供给的增加，总收入或总供给的增加引起消费的增加，消费的增加引起投资的再增加。在具体分析前，先引入几个概念。

（1）自发投资与引致投资。自发投资是由于人口、技术、资源和政府政策等外生因素的变动而引起的投资，用 I_0 表示，I_0 一般是不变的；引致投资是由于国民收入或消费的变动而引起的投资，用 I_i 表示，I_i 会随着国民收入或消费的变化而变化。加速原理就是研究引致投资。

（2）净投资、重置投资与总投资。净投资是指新增加的投资，主要受收入变动影响；重置投资是指企业用以补偿消耗的资本设备的投资，即固定资产折旧的价值，主要受资本数量、使用年限等影响。比如，某企业在生产中消耗掉价值 500 万元的机器设备，为了保证原有生产进行，必须重新投资 500 万元，用于购买消耗的机器设备。净投资加上重置投资即总投资。

（3）资本-产量比率与加速数的公式：

资本-产量比率：是指生产一单位产量所需要的资本量。其计算公式为：

$$资本-产量比率=资本量÷产量$$

例如，某企业生产 100 万元产量，要用 400 万元的资本设备来生产，则该企业的资本-产量比率 $=400÷100=4$。

加速数：是指每多生产一单位产量所需增加的资本量，即所需投资额的大小。其计算公式为：

$$加速数=资本增量÷产量增量=投资÷收入增量=I÷\varDelta Y$$

技术不变时，资本-产量比率与加速数两者数值是一样的。

如上例，该企业如要增加 100 万元产量，则要增加 400 万元的投资。

假设有一个企业，其加速数与资本-产量比率都是 5，重置投资每年为 200 万元，第一年的年产量为 800 万元，则可以把该企业 6 年中的产量、资本量、净投资与总投资之间的关系在表 10-1 中列出来，根据该表来说明加速原理的含义。

表10-1　加速原理　　　　　　　　（单位：万元）

年	产量	资本量	净投资	重置投资	总投资	产量比上年变动	总投资比上年变动
1	800	4000	0	200	200	—	—

年	产量	资本量	净投资	重置投资	总投资	产量比上年变动	总投资比上年变动
2	1200	6000	2000	200	2200	50%	+10 倍
3	1500	7500	1500	200	1700	25%	−23%
4	1500	7500	0	200	200	0%	−88%
5	1400	7000	−500	200	−300	−6.6%	−250%

数据来源：编者计算整理所得

第 1 年，企业产量为 800 万元，重置投资 200 万元，净投资为 0 万元，总投资也是 200 万元。

第 2 年，企业产量达 1200 万元，增长了 50%。根据资本－产量比率 5，资本量必须为 6000 万元，则净投资为 6000−4000=2000（万元），重置投资 200 万元，总投资为 2200 万元，比第 1 年的 200 万元增长了 10 倍。

第 3 年，企业产量达 1500 万元，增长了 25%，同样根据资本－产量比率 5，资本量必须达到 7500 万元，则净投资为 7500−6000=1500（万元），重置投资 200 万元，总投资为 1700 万元，比第 2 年减少了 23%。

第 4 年，企业产量仍为 1500 万元，生产规模维持不变，净投资为 0 万元，总投资只需重置投资的 200 万元就可以，比第 3 年减少了 88%。

第 5 年，企业产量降为 1400 万元，根据资本－产量比率 5，只需资本量 7000 万元，而企业实际资本量为 7500 万元，在表上反映为净投资为 −500 万元，重置投资仅需 200 万元，实际资本存量还有 300 万元。

2. 加速原理的基本观点

根据上述示例，加速原理可以归纳出这样几点：

投资是产量变动率的函数，而不是产量或收入量的绝对量的函数。

第二，投资变动率大于产量或收入的变动率。当产量增加时，投资的增加率大于产量的增长率；当产量减少时，投资的减少率大于产量的减少率。这就是加速的含义。上例中企业第 2 年产量比第 1 年增加了 50%，而总投资增长了 10 倍。

第三，投资增长率保持不变，产量必须维持一定的增长率。如果产量维持原水平，投资一定下降。上例中第 3 年与第 2 年相比产量增长了 25%，增速放缓，总投资比第 2 年减少了 23%，而第 4 年维持第 3 年的产量，则总投资比第 3 年减少了 88%。

第四，由于投资的波动性相当大，因此，经济繁荣与衰退的主要原因都在于投资的波动性。

（二）乘数与加速原理的结合

加速原理说明产量变动对投资变动的影响，乘数原理说明投资变动对产量变动的影响，两者都可以说明投资与产量之间关系和相互变动的连锁反应。

投资乘数（Investment Multiplier）表明增加一笔投资使国内生产总值数倍增加，而国内生产总值增加，在加速数作用下，又促使投资数倍增加，这种相互作用推动经济向上或向下波动。

由前面所学可知，一国或一个地区的投资与国民收入两者是相互作用的。把两者结合起来，就能进一步分析收入、消费和投资三者之间的关系，也能明显反映经济周期波动。

假设：

b 为边际消费倾向，ΔC 为消费增加量，ΔY 为收入增加量，a 为加速系数，I 为投资，
则　$b=\Delta C/\Delta Y$，$a=I/\Delta Y$。

C_t 为本期消费，Y_{t-1} 为上期收入，本期消费等于上期收入与边际消费倾向的乘积。
即　$C_t=b \cdot Y_{t-1}$。

I_i 为引致投资，C_{t-1} 为上期投资，引致投资等于其加速系数乘以本期消费与上期消费之差，即 $I_i=a（C_t-C_{t-1}）$。

I_t 为本期投资，本期投资等于自发投资与引致投资之和，即 $I_t=I_0+I_i=I_0+a（C_t-C_{t-1}）$。

本期收入等于本期消费与投资之和，即 $Y_t=C_t+I_t$。

下面通过表 10-2 的示例来说明它们之间的相互关系。假设：$b=0.5$，$a=2$，$I_0=500$ 亿元。

表10-2　乘数与加速原理的结合　　　　　　　　（单位：亿元）

年	C_t	I_0	I_i	I_t	Y_t	经济变动趋势
1	—	500	—	500	500	—
2	250	500	500	1000	1250	复苏
3	625	500	750	1250	1900	繁荣
4	950	500	650	1150	2100	繁荣
5	1050	500	200	700	1750	衰退
6	875	500	−350	150	1025	衰退
7	512.5	500	−725	−225	287.5	萧条
8	143.75	500	−737.5	−237.5	−93.75	萧条
9	−46.88	500	−381.25	118.75	71.88	复苏
10	35.94	500	165.63	665.63	701.56	复苏
11	350.78	500	629.69	1129.69	1480.47	复苏
12	740.23	500	778.91	1278.91	2019.14	繁荣
13	1009.57	500	538.67	1038.67	2048.24	繁荣
14	1024.12	500	29.10	529.10	1553.22	衰退

数据来源：编者计算整理所得

由上表可知，在国民经济中，边际消费倾向、加速系数和自发投资为不变值时，投资、消费和收入相互影响。相互调节，就会形成经济周期。当经济复苏后，引起投资需求增加，在乘数的作用下，推动国民收入增长，再在加速数的作用下，推动投资的再增长，从而推动国民收入成倍数增长，经济走向繁荣。

国民收入的增长除受投资乘数的作用外，还受到自然资源、投资环境、投资者意愿等诸多因素的影响。国民收入增长到一定程度，增长的速度就会放缓，在加速数的反作用下，投资急剧减少，经济由繁荣走向衰退。

乘数和加速数的交织作用如图 10-3 所示。

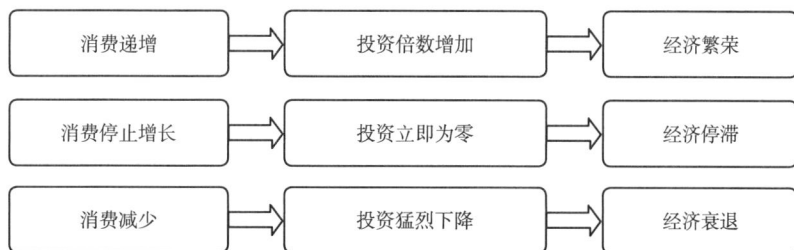

图 10-3 乘数和加速数的交织作用

五、经济周期的调节

政府经济管理部门主要依靠以下三种方式对经济周期进行调节：

1. 调节投资

经济的周期性波动是在自发投资不变的情况下发生的。如果政府及时调整政府支出或者实行影响私人投资的政策，就可以使经济波动短期比较接近政府预期。

2. 影响加速系数

如果不考虑收益递减问题，加速系数与资本－产量比率是一致的。政府可以实行影响资本量或者企业生产的策略来影响资本－产量比率，从而影响加速系数，提高投资的经济效果。

3. 影响边际消费倾向

政府可以推行适当的政策影响人们收入增量中的消费比例，从而影响下一期的消费、投资和收入。

第二节　经济增长理论

第二次世界大战后日本和德国为什么能迅速崛起是一个很大的课题，国内外很多学者从不同方面和不同角度进行了研究。综合各种研究资料来看，两国的迅速崛起有一些共性的因素，这些因素包括经济制度、文化教育、人才强国、重视科技、资源积累等。通过本节的学习，将帮助你更好地理解和认识一国经济增长的原因和影响因素。

一、经济增长的定义、特征与衡量

（一）经济增长的定义

经济增长（Economic Growth）是指一国经济活动能力的扩大，其衡量标准是一国的商品和劳务总量的增加，即国内生产总值或人均国内生产总值的增长状况。

美国经济学家库兹涅茨给经济增长下了一个经典的定义：一个国家的经济增长，可以定义为给居民提供种类日益繁多的经济产品的能力长期上升，这种不断增长的能力是建立在先进技术以及所需要的制度和思想意识之相应调整的基础上的。

该定义有三层含义：

第一，经济增长集中表现为经济实力的增长，即实际国内生产总值的增加或者人均实际国内生产总值的增加。

第二，技术进步是经济增长的必要条件。科学技术是第一生产力、人才是第一资源。

第三，经济制度与社会意识的调整或变革是经济增长的充分条件。制度与意识的变革是技术进步、经济增长的前提；新的经济制度的出现使交易费用降低，促进经济增长。

（二）经济增长的基本特征

库兹涅茨总结了经济增长的六个基本特征：

第一，人均国民生产总值和人口加速增长；

第二，技术进步使生产率不断提高；

第三，经济结构不断优化；

第四，社会结构与意识的迅速改变；

第五，在世界范围迅速扩大；

第六，世界范围内呈现出不平衡性。目前还有占世界 3/4 的国家是经济落后的。

这六个特征是密切相关的，前两个属于总量方面的增加，中间两个属于结构的转变，后两个属于国际间的扩散。

经济增长与经济发展的区别：一是经济增长注重的是"量"，反映一国或地区生产的商品和劳务总量的增长；经济发展是一个复杂的"质"的概念，经济发展包括经济增长的速度、平均生活质量、经济结构等方面。二是经济增长是经济发展的基础和手段，经济发展是经济增长的目的和结果。经济发展包含经济增长。

（三）经济增长的衡量

衡量经济增长的指标通常有两个：国内生产总值和国民生产总值的增长率。

1. 国内生产总值（GDP）增长率

国内生产总值（GDP）增长率是最重要的衡量经济增长的指标。通常对 GDP 的定义为：一定时期内，一个国家或地区的经济中所生产出的全部最终产品和提供劳务的市场价值的总值。

2. 国民生产总值（GNP）增长率

国民生产总值（GNP）增长率是另一个重要的衡量经济增长指标。通常对 GNP 的定义为：一个国家（地区）所有常驻机构单位在一定时期内收入初次分配的最终成果。它等于 GDP 加上来自国外的劳动报酬和财产收入，减去支付给国外的劳动者报酬和财产收入。

二、经济增长因素

美国经济学家丹尼森把推动经济增长的因素分为两个方面，即生产要素的投入量和要素的生产率水平，具体因素如下。

（一）生产要素

经济增长是产量的增加，产量是用各种生产要素生产出来的，而各种生产要素是资源，因此，资源的拥有和投入能带来经济增长。

1. 自然资源

自然资源是影响一国经济增长的重要因素，主要包括耕地、石油、天然气、森林、水力和矿产资源等。许多国家凭借其丰富的资源跻身于高收入国家之列，比如拥有丰富石油资源的阿联酋共和国。但自然资源的拥有量并不是取得经济成功增长的必要条件。

2. 劳动资源

劳动资源包括劳动者的数量和质量。一个国家或地区劳动者的数量影响经济的发展。例如，发达国家和地区，对劳动力数量和质量需求较高。同时，经济学家认为所投入的劳动力的质量，如劳工的技术、知识和纪律，是一国经济增长的重要因素。比如，印度劳动者数量就很多，但劳动者技能低，不能适应高新技术行业、高端产业的需要。

3. 资本资源

资本数量的增加是推动经济增长的重要因素。资本资源包括物质资本投资、人力资本等。物质资本包括厂房、机器设备、道路以及其他基础设施等。人力资本是指对劳动者的投资，如劳动者参加技术技能培训的投资等。资本的增加必须牺牲现在的消费，提高储蓄率。一般认为，一个国家要保持快速增长，至少将全部产出的10% ~ 20%用于资本积累。"二战"后西方各国经济增长的事实也表明，储蓄多从而资本增加的国家，经济增长率也会比较高。此外，为新兴的私人投资部门提供基础设施的社会基础投资如公路、灌溉和引水工程、公众医疗保健事业等也在经济增长中发挥了重要的保障作用。

4. 资源配置状况

资源配置状况也是影响经济增长的重要因素。资源配置合理优化，可以充分利用资源，推动经济增长，实现可持续发展，如果资源配置不合理，就会造成资源浪费或不良后果，比如环境污染、自然资源枯竭。我国现在就提出了低投入、低污染或不污染、高效益的经济运行模式。

（二）技术进步

技术进步在经济增长中的作用，主要体现在生产率的提高上。生产率提高使同样的生产要素投入量能产出更多产品。技术进步通常体现在新生产要素的采用、生产过程的改进及新产品、新服务的引入等。而资源的合理配置和优化，劳动力的质量优化是技术进步的基础。另外，企业管理水平的进步、自由开放的环境和有效的激励也有利于实现技术进步。

随着经济发展，技术进步作用越来越明显。根据罗伯特·默顿·索洛（Robert Merton Solow）估算，1909 ~ 1940年，美国2.9%的年增长率中，由于技术进步而引起的增长率为1.49%，即技术进步在经济增长中所作的贡献占51%左右。

知识链接：技术进步的表现——全要素生产率

全要素生产率（Total Factor Productivity）的增长叫作技术进步率，是用来衡量生产效率的指标，也是衡量纯技术进步在生产中的作用指标。所谓纯技术进步包括知识、教育、技术培训、规模经济、组织管理等方面的改善。因此，全要素生产率增长率是指全部生产要素（资本、劳动、土地）的投入量都不变时生产量仍能增加的部分。它有三个来源：一是效率的改善，二是技术进步，三是规模效应。全要素生产率增长率并非所有要素的生产率，只能用来衡量除去所有有形生产要素以外的纯技术进步的生产率的增长。

——摘自 https://baike.baidu.com

（三）制度变迁

经济体制不仅为经济增长提供平台和保障，也是促进经济增长的重要力量。美国经济学家科斯、诺思认为制度和资本、技术一样，也是经济增长的内生变量。我国改革开放40余年来经济持续高速增长的事实表明，经济体制是影响经济增长的重要因素。

补充阅读：2020年我国GDP超百万亿 三大原因成就"全球唯一正增长"

2020年我国不仅成为全球唯一实现经济正增长的主要经济体，GDP总量也实现了百万亿的历史性突破。数据显示，我国全年GDP值为1015986亿元，按可比价格计算，比2019年增长2.3%；全国居民人均可支配收入32189元，扣除价格因素实际增长2.1%。

我国国际经济交流中心学术委员会委员王军表示，在全球经济风雨飘摇、仍处深度衰退之际，我国经济能率先企稳、反弹并取得正增长，主要得益于三点：

一是成功的防疫举措有效遏制了疫情蔓延；二是灵活适度、精准有效的逆周期宏观经济政策有力支撑了"六稳""六保"目标的实现；三是积极主动、坚定不移的对外开放举措，稳定了外贸、外资，稳定了供应链，稳定了国内外对我国经济发展的正面预期。

——摘自中国青年网，2021年1月18日

三、经济增长模型

（一）哈罗德-多马模型

英国经济学家R.哈罗德和美国经济学家E.多马在20世纪40年代共同提出了哈罗

德－多马模型。

1. 基本假设前提

（1）储蓄能够有效地转化为投资。

（2）该国对外国的资本转移具有足够的吸收能力。

（3）资本－产量比率不变。

（4）社会只生产一种产品，这种产品既可以是消费品，也可以是生产资料投入品。

（5）社会生产过程中只使用劳动力和资本两种生产要素，且两种要素之间不能相互替代。

（6）技术状态既定，不存在技术进步且不考虑资本折旧。

2. 基本公式

哈罗德根据凯恩斯的储蓄－投资分析模型将有关的经济因素抽象为三个宏观经济变量之间的函数关系。第一个变量是经济增长率，用 G 表示；第二个变量是储蓄率，即储蓄在国民收入中所占的比例，用 S 表示；第三个变量为资本－产量比率，即生产每单位产量所需用的资本量，用 K 表示。基本公式为：

$$G = \frac{S}{K}$$

从式中可以看出：一国的经济增长率与该国的储蓄率成正比，与该国的资本－产量比率成反比，资本对经济增长具有明显的推动作用。

它的经济含义是：

第一，当经济处于均衡状态时 $S=I$，储蓄能全部转化为投资，国民收入增长率 G 与社会储蓄率 S 成正比，即社会储蓄率高，资本增多，国民收入增长率就高。

第二，哈罗德增长模型中，K 是一个常数。如果 K 不变，国民收入增长率 G 就取决于社会储蓄率 S。假设 $K=4$ 不变，$S=20\%$ 时，G 为 5%；$S=28\%$ 时，G 则为 7%，储蓄率越高，增长率就越高。储蓄率是国民收入增长的保证；反之，一定的国民收入增长率又有利于储蓄转向投资。

第三，如果储蓄率 S 不变，资本－产量比 K 与国民收入增长率 G 呈反方向变化。假设储蓄率 S 为 20% 不变，$K=4$ 时，G 为 5%；$K=2$ 时，G 则上涨到 10%。资本－产量比越低，则国民收入增长率越高。

另外，哈罗德－多马模型还将经济增长率分为实际增长率、有保证的增长率和自然增长率。

实际增长率 G_s 是指社会实际达到的经济增长率。由于实际经济状况并不满足哈罗德的前提假设，一般情况下，实际增长率不能用哈罗德模型的基本公式来计算。

有保证的增长率 G_g 是指人们将储蓄全部转化为投资所能保证实现的增长率，这是一种理想均衡状态。因此，在实现有保证的增长率的情况下，实现了充分就业时的有效需求且生产能力得到充分利用，年产量或收入达到最大时，社会上既无失业也无通货膨胀。

自然增长率 G_n 是指在现有人口、资源和技术水平都不发生变动的情况下，社会所允许达到的最大增长率。

哈罗德—多马模型认为，要想实现经济稳定增长，长期中的实际增长率、有保证的增长率和自然增长率要相一致，即 $G_s=G_g=G_n$。

> **知识链接：库兹涅茨的倒 U 形曲线假说**
>
> 库兹涅茨曲线（Kuznets Curve），又称倒 U 曲线（Inverted U Curve），是由美国经济学家库兹涅茨于 1955 年所提出。库兹涅茨根据对 18 个国家经济增长与收入差距实证资料的分析，得出如下结论："在经济未充分发展的阶段，收入分配将随同经济发展而趋于不平等。其后，经历收入分配暂时无大变化的时期，到达经济充分发展的阶段，收入分配将趋于平等。"
>
> 它表明：在经济发展过程开始的时候，尤其是在国民人均收入从最低上升到中等水平时，收入分配状况先趋于恶化，继而随着经济发展，逐步改善，最后达到比较公平的收入分配状况。

（二）新古典增长模型

20 世纪 50 年代，美国经济学家索洛等人提出。通过改变资本收入率来解决哈罗德—多马模型的缺陷，并考虑技术进步对经济增长的作用。其增长模型表达为：

经济增长率= a×资本增长率+ b×劳动增长率+技术进步率

式中：a、b 分别为经济增长中的资本和劳动的贡献比例。

> **知识链接：经济增长极限论**
>
> 经济增长极限论亦称零度经济增长理论，该理论认为影响经济增长的主要因素有五个，即人口增长、粮食供应、资本投资、环境污染和资源消耗。按照他们的解释，假定世界上自然、经济的和社会的关系没有重要变化，由于世界粮食的短缺、资源的耗竭和污染的严重，世界人口和工业生产能力将会发生突然崩溃。他们得到的结论是：在公元 2100 年来到之前，整个世界体系的增长就会停止。避免这种情况发生的唯一可行办法是：在 1975 年停止人口增长，即通过使出生率等于死亡率以保持人口的零度增长；在 1990 年停止工业投资的增长，即通过使投资率等于折旧率而保持工业资本的零度增长，以达到"零度增长"的"全球性均衡"。
>
> ——摘自 https://baike.baidu.com

新古典模型表明：决定经济增长的因素是资本的增加，劳动的增加和技术进步；资本与劳动的配比是可变的，因而资本产出率是可变的，这是对哈罗德－多马模型的重要修正；资本与劳动配合比例的改变是通过价格调节来进行的，如果资本的相对价格低，则更多地投入资本，如果劳动的相对价格低，则更多地投入劳动，使资本与劳动都得到充分利用，实现经济稳定增长。

【本章小结】

经济周期是指国民经济处于发展过程中规律性呈现的经济扩张与收缩交替更迭、循环往复的一种现象，体现为国民收入及经济活动的周期性波动。一个完整的经济周期由繁荣、衰退、萧条和复苏四个阶段组成。

按照经济周期波动发生时间的长短及对经济发展的影响程度划分，一般将经济周期分为短周期、中周期和长周期等几种。

经济周期的成因有内因论和外因论，前者包括有效需求不足理论、投资过度理论、纯货币理论、心理因素理论等；后者包括创新理论、太阳黑子理论、政策因素理论等。

加速原理说明产量变动对投资变动的影响，乘数原理说明投资变动对产量变动的影响。加速原理和乘数论两者相互作用是构成经济向上或向下周期性波动的主要原因。

经济增长是指一国经济活动能力的扩大，其衡量标准是一国的商品和劳务总量的增加，即国内生产总值或人均国内生产总值的增长状况。衡量经济增长的指标通常有国内生产总值和国民生产总值的增长率。经济增长不同于经济发展。经济增长因素有生产要素（自然资源、劳动资源、资本资源、资源配置）、技术进步和制度变迁。

哈罗德—多马模型认为，一国的经济增长率与该国的储蓄率成正比，与该国的资本－产量比率成反比，资本对经济增长具有明显的推动作用。新古典增长模型为经济增长率＝$a \times$ 资本增长率＋$b \times$ 劳动增长率＋技术进步率。

【重点掌握】

经济周期的含义、衡量。

经济周期的类型和产生原因。

乘数－加速原理结合的基本观点。

经济增长的含义、因素分析。

扫码获取有关知识视频

【练习与思考】

一、单项选择题

1. 一国总体经济活动的长期变动趋势称为（　　）。

A. 经济周期　　　　B. 季节变动　　　　C. 经济增长　　　　D. 经济发展

2. 经济周期波动的中心是（ ）。

A. 国民收入　　　B. 利率　　　　　　C. 价格　　　　　D. 就业率

3. 中周期的一般长度为（ ）。

A. 3～4 年　　　B. 9～10 年　　　C. 15～25 年　　　D. 50～60 年

4. 经济增长最重要的标志是（ ）。

A. 技术进步　　B. 国内生产总值增加　C. 制度调整　　　D. 个人福利增加

5. 设资本量为 100，所生产的产量为 50 万，资本－产量比率为（ ）。

A. 0.5　　　　　B. 2　　　　　　C. 0.67　　　　　D. 1.49

6. 计算一个国家经济增长速度时，国内生产总值应采用（ ）。

A. 现行价格　　B. 不变价格　　　C. 平均价格　　　D. 计划价格

7. 根据哈罗德的分析，当有保证的增长率小于自然增长率时，将会出现（ ）。

A. 短期经济扩张　B. 短期经济收缩　C. 长期经济繁荣　D. 长期经济停滞

8. 假如要把产量的年增长率从 4% 提高到 6%，在资本－产量比为 3 的前提下，根据哈罗德—多马模型，储蓄率应达到（ ）。

A. 18%　　　　　B. 25%　　　　C. 27%　　　　　D. 30%

9. 经济之所以会发生周期性波动，是因为（ ）。

A. 乘数作用　　　　　　　　　　B. 加速数作用

C. 乘数和加速数的交织作用　　　　D. 外部经济因素的变动

二. 多项选择题

1. 一个经济周期可以分为（ ）阶段。

A. 繁荣　　　　　B. 萧条　　　　C. 衰退　　　　　D. 复苏

2. 属于内生性经济周期理论的是（ ）。

A. 纯货币周期理论　　　　　　　B. 投资过度周期理论

C. 创新周期理论　　　　　　　　D. 乘数－加速理论

3. 政府经济管理部门在调节经济周期时，主要有（ ）方式。

A. 调节投资　　B. 影响加速系数　C. 影响边际消费倾向　D. 调节税收

4. 哈罗德模型的假设包括（ ）。

A. 社会只生产一种产品　　　　　B. 生产中只使用劳动和资本两种要素

C. 规模收益递增　　　　　　　　D. 规模收益不变

5. 哈罗德模型提出的三个增长率的概念是（ ）。

A. 实际增长率　B. 技术进步增长率　C. 有保证的增长率　D. 自然增长率

6. 下列关于乘数原理和加速原理的描述，正确的有（ ）。

A. 加速原理说明产量变动对投资变动的影响

B. 乘数原理说明投资变动对产量变动的影响

C. 乘数原理解释经济如何走向繁荣，加速原理说明经济怎样陷入衰退

D. 加速原理和乘数论两者相互作用是构成经济周期性波动的主要原因

7. 下列选项中，（　　　）是经济增长的因素。

A. 资本增加　　　　B. 劳动增加　　　　C. 技术进步　　　　D. 消费增加

8. 经济周期扩张阶段，通常伴随的现象有（　　　）。

A. 总需求增加　　　B. 产量增加　　　　C. 失业率降低　　　　D. 价格上升

三、判断题

1. 经济周期的绝对时间长度总是相等的。（　　　）

2. 经济周期是经济中不可避免的波动。（　　　）

3. 经济周期一般是指总体经济活动的波动，而不是某一个具体经济变量的波动。
（　　　）

4. 经济增长和经济发展是两个完全相同的概念。（　　　）

5. 哈罗德—多马模型认为资本－产量比率是可变的。（　　　）

6. 在哈罗德模型中，实际增长率、有保证的增长率和自然增长率总是一致的。（　　　）

四、简答题

1. 经济周期的成因理论。

2. 影响经济增长的因素。

3. 经济增长与经济发展的区别。

4. 经济周期的阶段和特点。

五、计算题

1. 已知资本－产量比率为 4，按照哈罗德—多马模型，为了使实际增长率达到 7%，社会合意的储蓄率应为多少？

2. 已知资本－产量比率为 4，假设某国某年的国民收入为 1000 亿美元，消费为 800 亿美元，按照哈罗德增长模型，要使该年的储蓄全部转化为投资，第二年的增长率应该为多少？

第十一章
宏观经济政策

【学习目标】

1. 知识目标

   了解宏观经济政策目标；

   明确宏观经济政策工具；

   掌握宏观财政政策的主要内容；

   掌握宏观货币政策的主要内容。

2. 能力目标

   理解宏观经济政策的应用；

   初步学会宏观经济形势分析。

3. 思政目标

   树立中国特色社会主义经济发展观。

扫码获取本章课件

【结构导图】

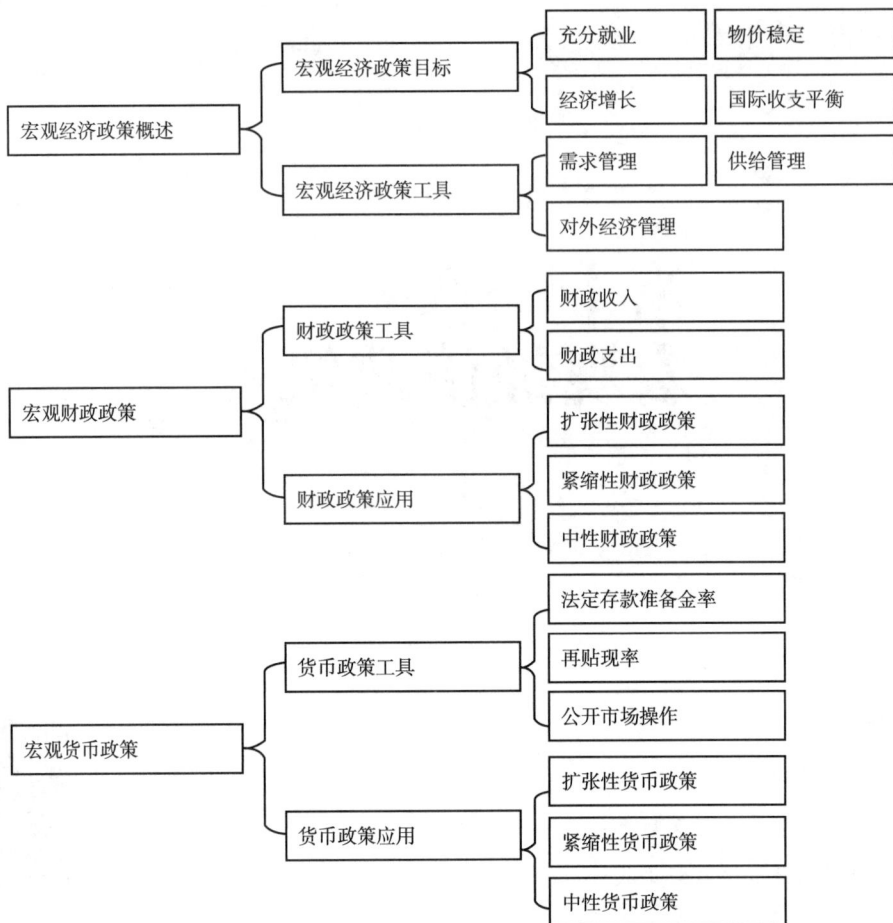

【引导案例】

2022年宏观政策目标解析

2021年12月8～10日，中央经济工作会议在北京举行。会议总结了2021年经济工作的成绩，分析了当前经济形势，部署了2022年经济工作。提出做好2022年经济工作的7项政策部署：宏观政策、微观政策、结构政策、科技政策、改革开放政策、区域政策和社会政策。其中提出宏观政策目标稳健有效，要求继续实施积极的财政政策和稳健的货币政策；财政政策和货币政策要协调驱动联动，跨周期和逆周期宏观调控政策要有机结合；实施好扩大内需战略，增强发展内生动力。

——摘自 http://news.cctv.com/2021/12/12/ARTIuS8ubDpc2M2pjolFPMS2211212.shtml

2022 中央经济工作会议精神提出了当年宏观经济政策的目标，明确了宏观经济政策的要求。宏观经济政策的内涵、宏观经济政策的目标是什么？财政政策和货币政策的工具有哪些？政府如何根据宏观经济调控目标采取相应的宏观经济政策？这是本章的学习重点。

第一节　宏观经济政策概述

一、宏观经济政策概述

宏观经济政策（Macroeconomic Policy）是一国政府为实现一定的总体经济目标而制定的相关指导原则和措施。宏观经济调控则是国家运用一定的宏观经济政策和经济手段，对经济进行适度干预，对宏观经济总量进行调节和控制，使之达到总体经济目标要求。

二、宏观经济政策的目标

宏观经济政策的主要目的是实现经济稳定、可持续发展，减少经济波动带来的阵痛。这一目标是否达成可以从四个方面衡量：充分就业、物价稳定、经济增长和国际收支平衡。

1. 充分就业

就业是民生之本，充分就业是宏观经济政策的首要目标。充分就业是指包含劳动在内的一切生产要素都以愿意接受的价格参与生产活动的状态。充分就业包含两种含义：一是指除了摩擦失业和自愿失业之外，所有愿意接受各种现行工资的人都能找到工作的一种经济状态，即消除了非自愿失业就是充分就业。二是指包括劳动在内的各种生产要素，都按其愿意接受的价格，全部用于生产的经济状态，即所有经济资源都得到充分利用。充分就业并不是人人都有工作，而是维持一定的失业率，一般为 5% 左右。

2. 物价稳定

物价稳定是经济平稳运行的基本条件。物价稳定是指物价总水平的稳定，一般用价格指数来衡量价格水平的变化。价格稳定不是指每种商品价格的固定不变，也不是指价格总水平的固定不变，而是指物价总水平或价格指数的相对稳定，保持一个较低而稳定的通货膨胀率，一般为 3% 左右。这种通货膨胀率既能为社会所接受，也不会对经济产生不利影响。

3.经济增长

经济增长是指一国实际国内生产总值（国民收入）或人均国内生产总值（人均国民收入）的持续增长。它包括：维持适度经济增长率；培育经济持续增长的动力。经济增长会增加社会福利，但并不是增长率越高越好。经济增长一方面受到各种资源条件限制，不可能无限增长，尤其是对于经济发达国家更是如此；另一方面，经济增长也要付出代价，如造成环境污染、资源枯竭，引发环境和社会问题等。因此，经济增长就是实现与本国具体情况相符的适度增长率。

4.国际收支平衡

在开放经济中，货物、资金和劳务在国际间流动，这种流动的价值表现就是国际收支。国际收支平衡是指既无国际收支盈余也无国际收支赤字的状态。国际收支平衡要求汇率稳定，外汇储备有所增加，进出口平衡。国际收支状况不仅反映了一个国家的对外经济交往情况，还反映了该国经济的稳定程度。随着国际经济交往的密切，如何平衡国际收支成为宏观经济政策的重要目标之一。当国际收支处于失衡时，必然对国内经济造成冲击，影响国内就业水平、价格水平及经济增长。

三、宏观经济政策工具

宏观经济政策工具是用来达到政策目标的手段。在宏观经济政策工具中，常用的有需求管理、供给管理、对外经济管理。

1.需求管理

需求管理是指通过调节总需求来实现一定政策目标的宏观经济政策工具。它包括财政政策和货币政策。需求管理政策是以凯恩斯总需求理论为基础制定的政策工具。当有效需求不足，即总需求小于总供给时，政府应采取扩张性政策措施，刺激总需求增长，克服经济萧条，实现充分就业；当有效需求过度增长，即总需求大于总供给时，政府应采取紧缩性政策措施，抑制总需求，以克服因需求过度扩张而造成的通货膨胀。

我国政府提出实施扩大内需战略，改善民生拓展需求，多渠道增加居民收入，稳定和扩大消费。促进国内国际双循环战略，以创新驱动、高质量供给引领和创造新需求。

2.供给管理

供给管理是通过对社会总供给的调节，以实现一定宏观经济目标的政策工具。当总供给过剩时，采取措施抑制总供给；当总供给不足时，采取措施刺激总供给。供给管理包括两种政策手段：一是提高资本、劳动力和土地等生产要素的使用效率，在竞争性部门进行资源有效配置，提高短期产量；二是促进国内储蓄和投资，提高教育水平，鼓励技术创新，提高长期经济增长率。

我国政府提出激发市场主体活力，保护各类市场主体产权；降低企业生产经营成本、降低收费水平；促进多种所有制经济共同发展；提升科技创新能力，优化和稳定产业链供应链等举措，深化供给侧结构性改革，构建新发展格局，推动高质量发展。

3. 对外经济管理

对外经济管理是指通过国际贸易、国际资本流动、国际劳务输入与输出等进行管理和调节，以实现国际收支平衡。对外经济管理主要包括对外贸易政策和金融政策。对外贸易政策包括关税政策、非关税壁垒和出口政策等；对外金融政策包括外汇管理政策和国际收支调节政策。

第二节 财政政策

财政政策（Financial Policy）是一国政府为了实现一定的经济目标，运用财政收入和财政支出来调节经济的政策。它可以调节国民经济中的总收入和总支出，抑制或刺激经济发展，调控宏观经济、调整经济结构、平衡区域经济、调节社会分配、防止环境污染等，是国家干预经济的主要政策之一，是需求管理的重要工具。

一、财政政策工具

财政政策工具也称财政政策手段，是指国家为实现一定的政策目标而采取的各种财政手段和措施。财政政策工具包括财政收入、财政支出和财政预算。其中财政收入主要包括税收和公债，财政支出主要包括政府购买和政府转移支付。

（一）财政收入

财政收入（Financial Revenue）是指政府为履行其职能，实施公共政策、提供公务物品与服务需要而征收的一切资金的总和。表现为政府在一个财政年度所取得的货币收入。

1. 税收（Tax Revenue）

税收的内容。税收是现代国家财政收入的最重要收入形式和最主要的收入来源，是国家实施财政政策的重要手段，它与政府购买、政府转移支付一样，具有乘数效应，即政府税收变动对国民收入变动具有成倍的作用。在讨论税收乘数时，一般分清两种情况：一种是税率的变化对国民收入的影响，另一种是税收绝对量的变动对国民收入的影响。因此，既可以通过改变税率，也可以通过变动税收总量来实现宏观经济政策目标。例如，可以通过一次性减税即变动税收总量来达到刺激社会总需求的目的，还可以通过改变税率使社会总需求得以变动，以此实现既定目标。

税收的运用。由于改变税率主要是改变所得税税率的变动，当所得税税率降低时，会引起税收的减少，个人和企业的消费和投资增加，导致整个社会总需求增加及国民收入提高；反之，税率提高会导致社会总需求的减少和国民收入水平的降低。因此，当经济社会有效需求不足时，一般可采用减税这种扩张性的财政政策抑制经济的衰退；而经济出现需求过旺、通货膨胀时，可通过增加税收这种紧缩性的财政政策抑制通货膨胀。

补充阅读：中国现有税种

我国税种主要分为 12 大类：流转税、所得税、资源税、财产税、行为税、中央税、地方税、工商税收、关税、农（牧）业税、价内税和价外税。

按征税对象的性质分类，这是基本的分类方法。可划分为流转税、所得税、资源税、财产税和行为税五大类。

按管理和使用权限分类，税收可以分为中央税和地方税。

按预算收入构成和征税主管机关的不同分类，税收可以分为工商税收、关税、农（牧）业税收。

按税收与价格的关系分类，税收可以分为价内税和价外税。

——摘自国家税务局 http://www.chinatax.gov.cn/ 发布时间：2019-06-27 10:34

2. 公债（Government Bonds）

公债的内容。公债是指政府为筹措财政资金，凭其信誉按照一定程序向投资者出具的，承诺在一定时期支付利息和到期偿还本金的一种格式化的债权债务凭证。其中中央政府的债务称为国债；地方政府的债务称为地方债。我国地方政府无权以自身名义发行债务，故人们常将公债与国债等同起来。公债是政府收入的一种特殊形式。公债具有有偿性、自愿性和灵活性的特点。

公债的运用。当政府财政收入不足以弥补财政支出时，政府发行公债，既可以筹集财政资金，弥补财政赤字，又可通过公债发行在金融市场的流通，影响市场货币供给与货币需求，从而调节社会总需求，对经济产生扩张或抑制性效应。

（二）财政支出

财政支出（Financial Expenditure）是一种政府购买，又称公共支出。包括政府在物品和劳务上的花费和政府转移支付。

1. 政府购买（Government Purchase）

政府购买的内容。政府购买是政府对商品和劳务的购买，包括购买军需品、警察装备用品、政府机关办公用品、付给政府雇员的酬金、各种公共工程项目支出等。政府购买大致有从居民那里购买劳务和从企业或公司那里购买商品两种。政府购买涉及各种项目，如空中客车、奥运场馆设施、公务员的薪水等。政府购买产生了商品和劳务的实际交换，直接形成了社会总需求和实际购买力，是国民收入的重要组成部分，是实质性的支出，是决定国民收入水平的主要因素之一，直接影响社会总需求。

政府购买的运用。政府购买支出的变动对整个社会总支出水平起着举足轻重的调节作用。当社会总支出水平过低，人们有效需求不足，存在严重失业时，政府可以通过增加购买支出，如兴办福利院、公办学校、文化体育场馆，举办高铁、航空等公共工程，以增加整个社会总需求水平，减少失业，同经济衰退作斗争。当社会总支出水平过高，社会存在超额需求，存在通货膨胀时，政府应采取减少政府购买的政策，降低社会总体有效需求，抑制通货膨胀，使经济达到充分就业的均衡。因此，通过改变政府购买支出水平是政府财政政策的强有力手段之一。

2. 政府转移支付（Governmental Transfer Payment）

政府转移支付的内容。政府转移支付是指政府在社会福利、保险、贫困救济和补助等方面的货币性支出。如医疗卫生保障支出、贫困救济支出、退伍军人福利救济、职工失业和公伤保险、农产品价格补贴等方面的支出。既然转移支付也是政府支出的重要组成部分，那么政府转移支付的增减对整个社会总支出同样具有重要的调节作用。

政府转移支付的运用。当社会总支出水平不足、社会有限需求不足、失业增加时，政府可以通过转移支出，提高社会福利水平，使公众手中的可支配收入增加，提高人们的消费水平，增加整个社会的有效需求，减少失业；当社会总支出水平过高、有效需求旺盛，存在通货膨胀时，政府应减少转移支付，降低社会福利水平，使人们的可支配收入减少，降低公众消费水平，使社会有效需求降低，以制止通货膨胀。通过政府转移支付的变动达到总供给与总需求的均衡，实现经济持续稳定增长。

二、财政内在稳定器

所谓自动稳定器（Automatic Stabilizer）是指经济运行中能够随着社会总需求的变化而变化，自动调节经济，使经济趋于稳定的经济措施。财政政策的自动稳定机制，主要通过三种制度来实现。

1. 政府税收制度

税收特别是个人所得税和公司所得税是重要的稳定器。在所得税累进税率体系下，经济萧条自动使居民和企业进入较低的纳税等级，政府税收下降幅度超过收入下降幅度，减缓居民可支配收入下降速度，使经济不至于过度衰退。税收自动减少的效应相当于扩张性财政政策的效应。经济繁荣时，企业开工充足，居民就业充分，企业和个人收入增加，但累进所得税增长更快，抑制居民可支配收入的过快增长，从而有效抑制总需求，在一定程度上起到抑制经济过热和通货膨胀的作用。

2. 政府转移支付制度

在经济萧条时，由于失业增多，人们收入水平下降，政府发放的失业救济金、各种福利支出相应增加，有助于刺激总需求，避免经济过度衰退。当经济繁荣时，由于就业增加，人们收入增加，政府转移支付会相应减少，有助于抑制总需求的增加，避免经济过热和通货膨胀。

3. 农产品价格维持制度

政府通常对农产品价格实行补贴或支持。当经济繁荣时，农产品价格上升，政府减少对农产品的价格补贴，这样既抑制了农产品的进一步上涨，又减少了财政支出，抑制了总需求；当经济萧条时，农产品价格下降，政府增加对农产品的价格补贴，防止农产品的进一步下降，又增加了财政支出，刺激了总需求。

三、赤字财政政策

凯恩斯主义认为，在经济萧条时期，为了解决有效需求不足，克服萧条，政府应放弃财政收支平衡的旧教条，减少税收，实行赤字财政政策（Deficit Financing Policy）。实行赤字财政政策、扩大政府支出可通过发行国债的办法来进行。国债由财政部发行卖给中央银行，中央银行向财政部支付货币，财政部可用这些货币进行各项支出；中央银行购买的政府公债，可以作为发行货币的准备金，亦可在金融市场上卖出。

四、财政政策及其运用

1. 扩张性财政政策

扩张性财政政策也称积极财政政策，是指政府通过扩大政府支出或减少税收的方法来达到刺激经济增长，增加国民收入，实现充分就业目的而实行的扩张经济政策。扩张性财政政策适用于总需求不足、经济不景气、失业增加的经济状态。

2. 紧缩性财政政策

紧缩性财政政策可称消极财政政策，是指政府运用紧缩政府支出或增加税收的方法来达到抑制经济过快增长和通货膨胀、稳定价格水平而实行的紧缩经济政策。紧缩性财政政策适用于总需求过剩、通货膨胀较为严重的经济状态。

可以运用 IS-LM 模型来说明扩张性财政政策与紧缩性财政政策，如图 11-1 所示。IS_0 与 LM 相交于点 E_0，决定了均衡国民收入为 Y_0，利率水平为 i_0。如实施扩张性财政政策，总需求增加，曲线 IS_0 向右上方平移至 IS_1，新的均衡点为 E_1，新的均衡国民收入为 Y_1，利率为 i_1。显然，国民收入增加，利率水平同时上升。如实施紧缩性财政政策，总需求减少，曲线 IS_0 向左下方平移至 IS_2，新的均衡点为 E_2，新的均衡国民收入为 Y_2，利率为 i_2。显然，国民收入减少，利率水平同时下降。

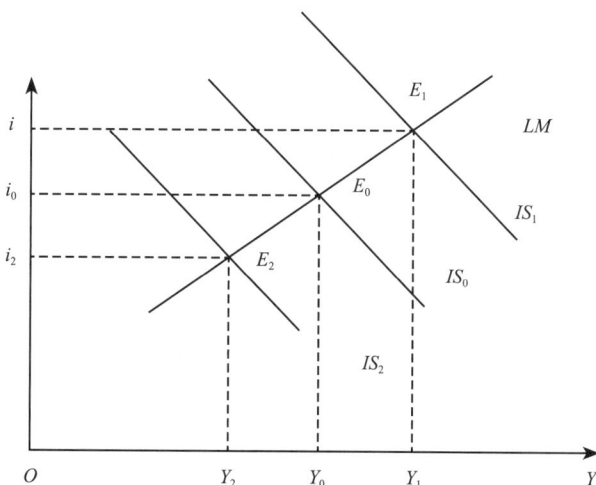

图 11-1　扩张性财政政策与紧缩性财政政策

3. 中性财政政策

中性财政政策也称稳健财政政策，是指财政收支保持平衡，不对社会总需求产生扩张或紧缩影响的财政政策。注重规模与效益、速度与质量相统一，是可持续的财政政策。

4.财政政策的运用

在经济萧条时期，即社会总需求小于社会总供给，经济中存在失业时，政府就要运用扩张性的财政政策，即增加政府支出、减少税收来刺激总需求，以实现充分就业。

在经济繁荣时期，即社会总需求大于社会总供给，存在过度需求，会引起通货膨胀时，政府则要通过紧缩性的财政政策，即减少政府支出、增加税收来抑制总需求，以实现物价稳定。

经济学家将这种政策称为"逆经济风向行事"。

知识链接：财政政策的挤出效应

财政政策的挤出效应是指政府支出的增加引起私人消费或者投资的减少，使得总需求依然没有发生变化，导致扩张性财政政策刺激经济的作用被削弱。其作用机制是：政府支出增加时，市场上购买产品或劳务的竞争也随之加大，供求的对应关系将使得物价上涨，在名义货币供应量不变的情况下，实际货币供应量会随着价格的上涨而减少，导致可以用于投资目的的货币量同时减少。最终市场利率上升，投资减少，消费也随之减少，如图 11-2 所示。

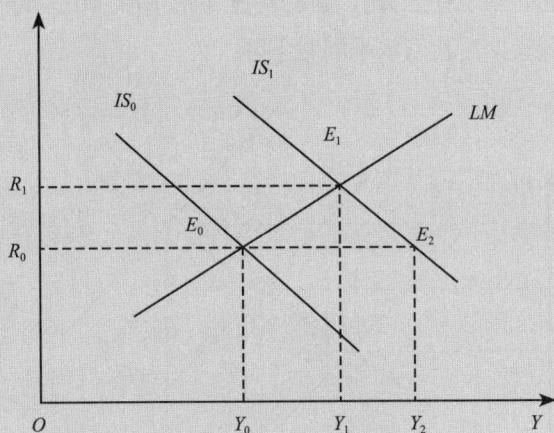

图 11-2　财政政策挤出效应

在上图中，IS_0 与 LM 相交于 E_0，决定了国民收入为 Y_0，利率为 R_0。政府支出增加，即自发总需求增加，IS 曲线从 IS_0 移到 IS_1，IS_1 与 LM 相交于 E_1，国民收入为 Y_1，利率为 R_1。在政府支出增加，从而国民收入增加的过程中，由于货币供应量没有发生变化，而货币需求随国民收入的增加而增加，从而引发利率的上升。这种利率上升减少了私人的投资与消费，即一部分政府支出增加，实际上是对私人支出的替代，并没有起到增加国民收入的作用。这就是财政政策的挤出效应。图 11-2 中 Y_2-Y_1 就是挤出效应所减少的国民收入。

第三节 货币政策

货币政策（Monetary Policy）也称金融政策，是政府通过中央银行控制货币供应量来调节利率，进而影响投资和整个经济，以实现宏观经济目标的行为措施。货币政策将在促进经济增长和保持物价稳定之间把握尺度、寻找平衡。

一、货币与银行体系

（一）什么是货币

1. 货币的职能

货币是指在商品劳务贸易中或债务清偿时被广泛接受的交易媒介手段，或者说货币是固定充当一般等价物的特殊商品。在其发展过程中出现过实物货币和信用货币两种形式。在市场经济中，货币执行着计价单位、交换媒介、支付手段、价值储藏等多种职能，是度量价格的工具、购买货物的媒介、保存财富的手段，是财产的所有者与市场关于交换权的契约。

2. 现代货币分类

国际货币基金组织将货币分为三个大类，分别是 M_0、M_1、M_2。

M_0：银行体系外的现钞和铸币

M_1：M_0+ 商业银行活期存款 + 其他活期存款

M_2：M_1+ 准货币（定期存款和政府债券）

我国货币层次的划分：

$$M_0 = 流通中的现金$$
$$M_1 = M_0 + 活期存款（可签发支票）$$
$$M_2 = M_1 + 定期存款 + 储蓄存款 + 其他存款 + 证券公司客户保证金$$

M_0 其流通性是最强的；M_1 代表了一个国家经济中的现实购买力；M_2 代表了一切可能成为现实购买力的货币形式。M_1 为狭义货币供应量，M_2 为广义货币供应量。

（二）中国银行体系

中国银行体系由中央银行、监管机构和银行业金融机构组成。中国人民银行是中央银行，在国务院领导下，负责制定和执行货币政策，防范和化解金融风险，维护金融稳定；中国银行业监督管理委员会，简称银监会，负责对全国银行业金融机构及其业务活动实施监管；中国的银行业金融机构包括政策性银行、商业银行、农村金融机构以及中国邮政储蓄银行和外资银行。

1. 中国人民银行

中国人民银行是我国的中央银行。它是在国务院领导下管理全国金融事务的国家机关，是我国政府的组成部分，是我国金融体系的组成部分。其主要职能如下：

（1）管理银行。中央银行集中保管存款准备金、办理全国商业银行间的清算，充当最终贷款者，也称"银行的银行"。

（2）发行人民币，管理人民币的流通，也称"发行的银行"。

（3）代理国库。提供政府所需贷款，监督国内金融活动，实施货币政策，管理对外金融事务，也称"政府的银行"。

（4）持有、经营、管理国家外汇储备、黄金储备，也称"储备的银行"。

2. 商业银行

商业银行是指能够吸收公众存款、发放贷款、办理结算等多种业务的营利性金融机构。其利润来源为贷款利息与存款利息的差额扣除费用。我国商业银行包含国有和非国有商业银行。例如，五大国有商业银行有中国工商银行、中国银行、中国农业银行、中国建设银行、交通银行。商业银行的主要职能有：

（1）信用中介。信用中介是商业银行的最基本职能。商业银行通过吸收存款把社会上的闲散货币集中到银行里来，再通过贷款把资金投向社会经济各部门；商业银行作为货币资本的贷出者与借入者的中介，来实现资本的融通，并从吸收资金的成本与发放贷款的利息收入、投资差额中形成银行利润。

（2）支付中介。商业银行还执行货币经营的职能。通过存款在账户上的转移，代理客户支付，在存款的基础上，为客户兑付现款等，成为工商企业、团体和个人的货币保管者、出纳者和支付代理人。

（3）信用创造。商业银行在信用中介和支付中介基础上产生了信用创造职能。商业银行吸收各种存款，用所吸收存款发放贷款；在支票流通和转账结算的基础上，贷款不断派生为活期存款，如果该存款不提取现金或不完全提现，就增加了商业银行的资金来源，在整个银行体系形成数倍于原始存款的派生存款，产生货币乘数效应。商业银行可以通过自己的信贷活动创造和收缩活期存款，调节市场货币供给量。

（4）金融服务。商业银行为企业代办各种业务，如发放工资，代理支付其他费用等；为个人消费代办转账结算、电子支付、个人理财等金融业务。在现代经济生活中，金融服务已成为商业银行的重要职能。

二、货币供给与需求

（一）货币供给

货币供给量是指一国某一时点的货币存量，是各经济主体持有的由银行体系所供给的现金量和存款量。根据货币供给（Money Supply）的基本模型 $Ms = m \times B$，货币供应量的改变取决于货币乘数（m）与基础货币（B）的调整。其中货币乘数是法定存款准备金率 r 的倒数，准备金率越高，货币供应量越小；准备金率越低，货币供应量越大。基础货币是公众持有的现金和商业银行存款准备金的总和。基础货币因其具有使货币供应总量成倍放大或收缩的能力，又被称为高能货币。在货币供给中，中央银行主要通过控制基础货币来调节经济的运行，起着非常重要的作用。

（二）货币需求

凯恩斯主义经济学家将货币需求（Money Demand）归结为"流动性偏好"，认为人们的货币需求是由交易动机、预防动机和投机动机这三种动机决定的。

1. 货币的交易需求

货币的交易需求是指个人或企业为了应付日常交易需要而愿意持有的一部分货币。个人保留货币量的多少直接与货币收入有关；企业持有货币取决于企业当期生产规模的大小及生产周期的长短。凯恩斯认为，虽然货币的交易需求也受到其他一些次要因素的影响，但主要还是取决于收入的多少。货币的交易需求同收入成正比：

$$L_t = kY$$

其中：L_t 表示交易动机的货币需求，k 表示交易需求和预防需求在国民收入中占的比重，Y 表示国民收入。

2. 货币的预防需求

货币的预防需求是指人们为应付意外的、临时的或紧急需要的支出而持有货币的动机。它的产生主要是出于谨慎，为了防止未来收入减少或支出增加的谨慎而保留一部分货币以备不测。根据凯恩斯的观点，货币的预防需求也与收入呈同方向关系变动。货币的预防需求可以表示为：

$$L_P = f(Y)$$

其中：L_P 表示货币的预防需求。一般来说，把交易需求和预防需求结合在一起考虑，两者同为收入的函数，用 L_1 表示，即：$L_1 = L_1(Y)$

3.货币的投机需求

货币的投机需求是指人们出于投机目的而需要持有一定数量的货币。人们投机的目的是获利，而投机获利的多少主要取决于市场利率，当利率较高时，持有生息资产的利息收入越多，持有货币的机会成本越高，从而货币需求越低；反之，当利率较低时，持有生息资产的利息收入越少，持有货币的机会成本越低，从而货币需求越高。即货币投机需求与利率呈反方向变动。货币的投机需求与利率的函数关系为：

$$L_2=L_2（i）$$

其中：L_2 代表货币的投机需求，并与利率 i 呈反方向变动。

根据凯恩斯货币需求理论的分析，把对货币的几种需求结合在一起，就可以得出货币总需求 L 方程式：

$$L=L_1+L_2=L_1（Y）+L_2（i）$$

根据以上分析，影响货币需求的主要因素有两个：第一，实际国民收入。货币需求与实际国民收入呈同方向变动。第二，利率水平。货币需求与利率呈反方向变动。

三、货币政策工具

货币政策工具（Monetary Policy Tools）是指中央银行为实现政策目标所采取的影响整个金融系统货币信用扩张与紧缩的手段。从总量上对货币供应和信贷规模进行调节。货币政策工具被称为中央银行的"三大法宝"。

1.法定存款准备金率（Legal Deposit-reserve Ratio）

法定存款准备金是以法律形式规定的缴存中央银行的存款准备金。是指中央银行依据法律规定，要求商业银行和其他金融机构按规定的比率，在其吸收的存款总额中提取一定的金额缴存中央银行，提取的金额被称为存款准备金，准备金占存款总额的比率称为存款准备金率。例如，法定存款准备金率是10%，商业银行吸收顾客存款100元，必须将其中10元存于其在中央银行的账户上，这10元成为法定存款准备金，剩下的90元可用于发放贷款。

此外，商业银行从自身安全考虑，也会保留一部分准备金以防突发事件或其他需求，这部分准备金又称超额准备金。它和法定存款准备金合称为存款准备金。社会公众的现金与存款准备金就组成了基础货币。

货币供应量＝基础货币/法定存款准备金率。中央银行通过调整商业银行存款准备金率，用以扩张或收缩商业银行信贷能力。例如，提高法定准备金比率，一定货币基数所支持的存贷款规模就会减少，流通中货币供应量减少；反之，降低法定准备金比率，货币供应量增加。

补充阅读：法定存款准备金率

央行宣布全面降准，释放一万亿。中国人民银行 2021 年 7 月 15 日下调金融机构存款准备金率 0.5 个百分点。本次下调后，金融机构加权平均存款准备金率为 8.9%，降准释放长期资金约 1 万亿元。十年间从平均存款准备金率 20% 以上调整到了 8.9%。向社会投放的货币供应量增加了 100 多万亿，这也是我国目前的 M2 达到 200 多万亿的最重要推手。我国居民目前存款 80 多万亿，占到了货币供应量 231.78 万亿中的 1/3。

2. 再贴现率（Rediscount Rate）

贴现是指客户因急需资金，将未到期票据出售给商业银行，兑现现款以获得短期融资的行为，是商业银行向客户提供资金的一种方式。再贴现是商业银行及其他金融机构将买入的未到期贴现票据，向中央银行转让。再贴现是中央银行对商业银行及其他金融机构提供资金的一种方式。再贴现率是中央银行对商业银行及其他金融机构的放款利率。

中央银行通过调整再贴现率来干预和影响市场利率及货币供求，调节市场货币供应量。当中央银行提高再贴现率，使之高于市场利率时，商业银行向中央银行借款或再贴现的资金成本上升，必然减少向中央银行借款或再贴现，商业银行准备金相应缩减，就会收缩贷款和投资规模，缩减市场货币供应量，随之市场利率上升，社会货币需求减少。反之，社会货币需求增加。

3. 公开市场操作（Open Market Operations）

公开市场操作是指中央银行在金融市场上买卖有价证券和外汇的活动。它是中央银行的一项主要业务，是货币政策的一种基本工具。中央银行买进或卖出有价证券或外汇意味着进行基础货币的吞吐，可以达到增加或减少货币供应量的目的。

当金融市场资金缺乏时，中央银行通过公开市场业务买进有价证券，向社会投入一笔基础货币。这些基础货币如果流入社会大众手中，会直接增加社会货币供应量，如果流入商业银行，则会引起信用扩张和货币供应量的多倍增加。

当金融市场货币过多时，中央银行通过公开市场业务卖出有价证券，无论这些证券是由商业银行或其他部门购买，总会有相应数量的基础货币流回，货币回笼，引起信用规模的收缩和货币供应量的减少。

四、商业银行的货币创造

在银行体系中，存款货币量是货币供给量的主要组成部分。存款货币在银行体系内的运行不仅会引起存款货币结构的变化，还会导致总量的增加，这种现象就是商业银行存款货币的创造。

一笔最初的原始存款经过一系列贷款转化为存款的活动，能创造多少货币呢？假定甲企业将 100 万元人民币存入 A 银行，A 银行按 20% 的法定准备金率保留 20 万元人民币作为准备金存入中央银行，其余 80 万元人民币全部贷给企业乙。企业乙用这笔贷款购买丙企业产品，丙将货款存入银行 B，B 银行留下 16 万元人民币作为准备金存入中央银行，然后贷给丁企业 64 万元人民币……由此，这个过程不断继续下去，各银行的存款总额倍增。如表 11-1 所示。

表11-1　银行存款货币创造　　　　　　单位：（万元人民币）

银行	存款金额	贷款金额	准备金
A	100	80	20
B	80	64	16
C	64	51.2	12.8
D	51.2	40.96	10.24
…	…	…	…
合计	500	400	100

如果以 R 代表最初存款，D 代表存款总额（即创造出的货币），r 代表法定准备率（$0 < r < 1$），则商业银行体系所能创造出的货币量的公式是：

$$D = \frac{R}{r}$$

从上式中可以看出，商业银行体系所能创造出来的货币量与法定准备率成反比，与最初存款成正比。

如果以 k_m 表示货币创造乘数或货币乘数，则：

$$k_m = \frac{1}{r}$$

货币乘数具有双重作用，它既能使银行存款与贷款数倍扩大，也能使银行存款和贷款数倍收缩。因此，中央银行调整法定准备率对货币供应量会产生重大影响。

五、货币政策运用

1. 扩张性货币政策

扩张性货币政策也称积极或宽松的货币政策，是指政府通过增加货币供应量、降低利率来刺激总需求的货币政策。

在经济萧条时期，总需求小于总供给，存在大量失业，政府就要采取扩张性货币政策。包括降低法定存款准备金率、降低再贴现率和再贴现条件、在公开市场买进有价证券等，通过增加货币供应量、降低利率刺激总需求，促进充分就业和经济增长。

2. 紧缩性货币政策

紧缩性货币政策是政府通过减少货币供应量、提高利率抑制总需求的货币政策。

在经济繁荣时期，总需求大于总供给，存在通货膨胀，政府就要采取紧缩性货币政策来抑制总需求。包括提高法定存款准备金率、提高再贴现率和再贴现条件、在公开市场卖出有价证券等，通过减少货币供应量、提高利率抑制总需求，实现稳定物价的目标。

可以运用 IS-LM 模型来说明扩张性货币政策与紧缩性货币政策，如图 11-3 所示。IS 与 LM_0 相交于点 E_0，决定了均衡国民收入为 Y_0，利率水平为 i_0。如中央银行实施扩张性货币政策，增加货币供应量，曲线 LM_0 向右下方平移至 LM_1，新的均衡点为 E_1，新的均衡国民收入为 Y_1，利率为 i_1。显然，扩张性货币政策使国民收入增加，利率下降。如实施紧缩性货币政策，货币供应量减少，曲线 LM_0 向左上方平移至 LM_2，新的均衡点为 E_2，新的均衡国民收入为 Y_2，利率为 i_2。显然，国民收入减少，利率上升。

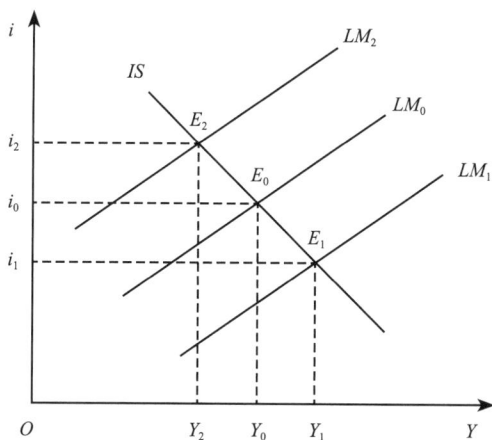

图 11-3 扩张性货币政策与紧缩性货币政策

3. 中性货币政策

中性货币政策是一种保证货币因素不对经济运行产生影响，从而保证市场机制不受干扰地在资源配置过程中发挥基础性作用的货币政策。

【本章小结】

宏观经济政策是一国政府为实现一定的总体经济目标而制定的相关指导原则和措施。宏观经济政策的四大目标分别是经济增长、充分就业、物价稳定和国际收支平衡。宏观经济政策工具是用来实现政策目标的手段。宏观经济政策工具，常用的有需求管理、供给管理、国际经济政策。

财政政策是指国家为实现一定的政策目标而采取的各种财政手段和措施。财政政策工具包括财政收入、财政支出和财政预算。其中财政收入主要包括税收和公债，财政支出主要包括政府购买和转移支付。自动稳定器是指经济运行中能够随着社会总需求的变化而变化，自动调节经济，使经济趋于稳定的经济措施。财政内在稳定器主要有政府税收制度、政府转移支付制度、农产品价格维持制度。财政政策应用有三种：扩张性财政政策、紧缩性财政政策和中性财政政策。经济萧条时期，采用扩张性财政政策；经济繁荣时期，采用紧缩性财政政策。

货币政策是政府通过中央银行控制货币供应量来调节利率，进而影响投资和整个经济，以实现宏观经济目标的行为措施。货币供给量是指一国某一时点的货币存量，是各经济主体持有的由银行体系所供给的现金量和存款量。货币需求有三种：交易需求、预防需求和投机需求。货币政策工具主要有：法定存款准备金率、再贴现率、公开市场操作。存款货币在银行体系内的运行，不仅会引起存款货币结构的变化，还会导致总量的增加，这就是商业银行存款货币的创造。货币政策运用有三种：扩张性货币政策、紧缩性货币政策、中性货币政策。

【重点掌握】

宏观经济政策目标与宏观经济政策工具。

财政政策工具与财政政策应用。

货币分类、商业银行货币创造机制。

货币政策工具与货币政策应用。

扫码获取有关知识视频

【练习与思考】

一、单项选择题

1. 下列哪一项不是宏观经济政策的主要目标（ ）。

A. 充分就业　　　　　　B. 国家收支平衡

C. 政府财政盈余　　　　D. GDP 稳定增长

2. 下列不是财政政策的自动稳定器的是（ ）。

A. 累进税率制　　　　　B. 社会保障支出

C. 农产品价格维持政策　D. 政府行政开支

3. 下列属于扩张性货币政策的是（ ）。

A. 增加政府支出　　　　B. 提高法定存款准备金率

C. 增加税收　　　　　　D. 降低再贴现率

4. 财政赤字增加的时期是（ ）。

A. 经济衰退时期　　　　B. 经济繁荣时期

C. 高通货膨胀时期　　　　　　　D. 低失业率时期

5. 如果经济陷于严重衰退，正确的货币和财政政策应该是（　　　）。

A. 卖出政府证券，提高准备金率，降低贴现率，出现财政盈余

B. 购买政府证券，降低准备金率，降低贴现率，出现财政赤字

C. 购买政府证券，降低准备金率，提高贴现率，出现财政盈余

D. 购买政府证券，提高准备金率，提高贴现率，出现财政盈余

二、判断题

1. 中央银行实行扩张性货币政策时可以在公开市场上卖出债券。（　　　）

2. 内在稳定器不能完全消除经济的不稳定。（　　　）

3. 凯恩斯主义认为，要对付经济萧条，宏观财政政策比宏观货币政策更有效。（　　　）

4. 货币政策就是运用政府开支与税收来调节经济。（　　　）

5. 扩张性财政政策就是通过增加政府支出和减少税收来刺激经济的政策。

三、简答题

1. 宏观经济政策的目标有哪些？

2. 财政政策与货币政策有何区别？

3. 扩张财政对经济萧条会产生怎样的影响？

4. 政府采取扩张性货币政策对利率有哪些影响？

四、应用题

1. 中国人民银行决定，于 2021 年 7 月 15 日下调金融机构存款准备金率 0.5 个百分点。本次下调后，金融机构加权平均存款准备金率为 8.9%。试分析这一政策对货币供求以及宏观经济目标产生的影响。

2. 假定货币需求为 $L=0.2Y$，货币供给为 $M=200$，消费 $C=90+0.8Y$，税收 $T=50$，投资 $I=140-5r$，政府支出 $G=50$。求：

（1）均衡收入、利率和投资；

（2）若其他情况不变，政府支出 G 增加 20，那么收入、利率和投资有什么变化？

第十二章
开放经济理论

【学习目标】

1. 知识目标

理解绝对优势理论和比较优势理论；

了解自由贸易政策、保护贸易政策和贸易壁垒；

了解国际收支的概念和内涵；

了解汇率的表示方法及汇率制度分类。

2. 能力目标

总结主张实行保护贸易的观点，并评价它们的合理性；

掌握外汇汇率的相关应用和计算。

3. 思政目标

理解经济全球化背景下构建人类命运共同体的现实意义。

扫码获取本章课件

【结构导图】

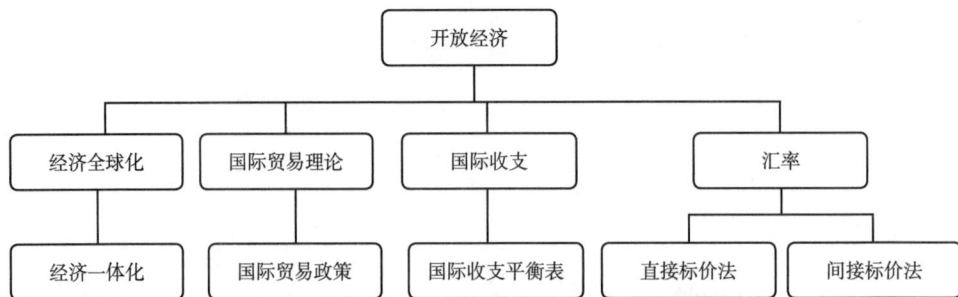

【引导案例】

美国人为什么留恋中国廉价商品

据美国商务部的统计，美国 2011 年进口了价值 3990 亿美元的中国商品，中国向美国提供了 78％的鞋类商品，71％的领带，55％的手套，50％的女士和婴儿服饰，90％的家用拖鞋。美国通过廉价商品攫取了中国数 10 万亿的财富。按照美国摩根斯坦利公司的统计，中国出口商品 1 美元在美国零售价是 4 美元，其中美国得到 3 美元，中国得到的 1 美元中，扣除折旧和进口原料后只有 0.5 美元，再扣除外贸中超过 60％的外资企业，中国所得不到 0.2 美元，不足美国获利的 1/15。据不完全统计，2002～2010 年，中国出口美国商品总额超过 1.5 万亿美元，为美国提供商品增加值超过 5 万亿美元，为美国社会提供了 6.8 万亿美元的商品，而中国从自己生产的商品中所得增加值只有 0.24 万亿美元。从这个意义上说，美国人留恋中国廉价商品是在情理之中。

（资料来源：邱林博客 888 http://qiulin2011.i.sohu.com）

中美之间为什么要开展国际贸易？开展国际贸易对两国经济有什么好处？为什么中国出口商品如此廉价？美国人为什么留恋中国廉价商品？通过本章的学习，你一定会找到答案。

第一节　开放经济概述

一、开放经济的含义

开放经济（Open Economy）就是指积极参与国际经济活动、充分利用世界资源和世界市场，最大限度获取国际收益的经济发展模式。它是一个国家经济在国际分工、国际贸易、生产要素流动等方面对国际经济参与程度的度量。在经济全球化和经济一体化背景下，任何国家的经济都不能脱离世界经济而孤立发展，都在不同程度上参与国际经济活动。

开放经济按其性质可划分为两大方面：一是商品市场开放和流通。主要包括商品和劳务在不同国家和地区间的流动，该领域称为国际贸易。二是资本市场的开放和流通。指金融资源主要包括投资和借贷在不同国家和地区间的流动。该领域称为国际金融。在国际贸易方面主要介绍国际贸易理论与政策和国际收支，在国际金融方面主要介绍汇率问题。

经济开放度即为一国经济的对外开放程度，是衡量一国经济对外开放规模和水平的重要指标。对外经济关系的主体是进出口贸易，而对外贸易又具有相对的稳定性，所以一般选择外贸依存度，即进出口总额与 GDP 之比。计算公式：

$$经济开放度 = \frac{进口额 + 出口额}{GDP} \times 100\%$$

2020 年我国进出口贸易总额 32.16 万亿元，当年全国 GDP 为 101.59 万亿元，外贸依存度为 31.6%。

影响一个国家经济开放程度的因素有：国家经济发达程度、自然资源的赋予、各国经济结构特征、历史文化传统、各国政治与经济制度等。

二、经济全球化

经济全球化（Economic Globalization）是指世界经济活动超越国界，通过对外贸易、资本流动、技术转移、提供服务、相互依存、相互联系而形成的全球范围的有机经济整体的过程。经济全球化是商品、技术、信息、服务、货币、人员、资金、管理经验等生产要素跨国跨地区的流动，也就是世界经济日益成为紧密联系的一个整体。经济全球化是当代世界经济的重要特征之一，也是世界经济发展的重要趋势。

经济全球化是世界经济发展和科技进步的必然结果，其大势不可逆转。当前，全球范围新技术、新产业、新业态、新模式层出不穷，在科技进步不断推动下，全球有望形成高度复杂的产业链、供应链、价值链网络，区域内贸易、服务贸易、创新开放合作等快速发展，为经济全球化注入新动能、赋予新内涵。

第一个时代（1492～1800年）（全球化1.0版）。始于哥伦布远航开启新旧世界间的贸易。全球化的主要动力是国家。全球化取决于国家的实力（如马力、风力、蒸汽动力）及其应用形式。国家和政府利用暴力推倒贸易壁垒，将世界的各个部分合而为一。

第二个时代（1800～2000年）（全球化2.0版）。全球化的主要力量是跨国公司。跨国公司到国外寻找市场和劳动力。荷兰和英国股份公司的扩张和工业革命带动跨国公司海外投资。由于铁路的发展使运输成本下降，互联网的发展使通信成本下降，推动了全球一体化进程。这是全球经济诞生和成熟的阶段，各国之间有充足的商品和信息流动，出现了真正的全球市场，商品和劳动力可以实现在全球套利。

第三个时代（2000年至今）（全球化3.0版）。全球化的主要动力是个人，全球化的主导力量越来越多元化。由于计算机软件和全球光纤网络的结合，拉近了全世界人们的距离，全球范围实时联系和合作成为可能。个人获得了新机会在全球范围内参与竞争和合作。世界正变得扁平。

三、经济一体化

如何保证国际竞争的公平和有效，使各国在经济全球化过程中获得共同发展？经济一体化（Economic Integration）是许多国家的现实选择。广义的经济一体化是指世界各国之间彼此相互开放，取消歧视，形成相互联系、相互依赖的有机整体。狭义的经济一体化是指两个或两个以上国家或独立经济体，在现有生产力水平和国际分工基础上，由政府间通过协商缔结条约建立的经济合作组织。国际经济一体化组织形式有自由贸易区、关税同盟、共同市场、经济联盟、完全的经济一体化等。如欧盟、北美自由贸易区、亚太经合组织等，属于地区性经济一体化组织。

第二节　国际贸易理论与政策

一、国际贸易理论

国际贸易（International Trade）是不同国家之间商品与劳务的交易。国际贸易包括贸易进口和贸易出口。它包含实物商品、劳务、技术和服务的交换活动，是国家与国家之间生产分工的表现形式，反映了世界各国通过世界市场在商品、资金、科技、服务等方面的相互联系与合作。不同国家之间为什么会开展国际贸易？开展国际贸易可以为各贸易国带来哪些好处？对此经济学家们提出了各种理论来解释。

1. 绝对优势理论

亚当·斯密认为分工能极大提高劳动生产率，提出国际贸易有利论。斯密认为，各国由于自然资源禀赋或后天条件，生产同种商品所用成本并不一样，生产某一产品，一国劳动成本绝对低于另一国，在生产效率上占有绝对优势，各国应该完全专业化生产自己拥有绝对优势的产品，然后彼此交换，这样使产品产量和消费数量同时增加，比各国各自生产自己所需的一切产品更为有利。例如，英国和葡萄牙都生产呢绒和葡萄酒，成本不同，如表12-1所示。

表12-1 单位产品的劳动投入

国别	呢绒	葡萄酒
英国	40	50
葡萄牙	50	40

从上表可见，英国生产呢绒的成本低于葡萄牙，而葡萄牙生产葡萄酒的成本低于英国。这样，英国只生产呢绒，葡萄牙只生产葡萄酒，英国进口葡萄酒出口呢绒，葡萄牙进口呢绒出口葡萄酒。各国生产自己成本最低的产品，然后与其他国家交换，对各国都是有利的。

补充阅读：亚当·斯密格言

如果一件东西在购买时所需的代价比在家内生产时的费用小，就永远不要在家内生产，这是每一个精明的家长都知道的格言。裁缝不想制作他自己的鞋子，而向鞋匠购买。

2. 比较优势理论

大卫·李嘉图的相对优势理论认为：一国在各种商品的生产上都占有绝对优势，另一国在各种商品的生产上均处于绝对劣势，则优势国应集中生产优势相对大的产品，劣势国集中生产劣势较小的产品，通过专业化分工和国际交换，双方仍能从中获益，即"两利相权取其重，两弊相权取其轻"。例如，英国与葡萄牙生产呢绒与葡萄酒的成本情况如表12-2所示。

表12-2　单位产品的劳动投入

国别	尼绒	葡萄酒
英国	100	120
葡萄牙	90	80

从上表可见，葡萄牙生产这两种产品都比英国有利。在这种情况下，双方贸易的基础就不是绝对成本而是相对成本。

从葡萄牙来看，生产尼绒的成本是英国的90%，生产葡萄酒的成本是英国的67%。说明葡萄牙生产两种物品都绝对有利，但生产葡萄酒的相对优势更大。从英国来看，生产尼绒的成本是葡萄牙的1.1倍，生产葡萄酒是葡萄牙的1.5倍，这说明英国生产这两种物品都绝对不利，但生产尼绒相对有利一些。双方可生产自己相对有利的产品并进行交换：英国生产尼绒，换取葡萄牙的葡萄酒；葡萄牙生产葡萄酒，换取英国的尼绒，双方都有利。

案例：迈克尔·乔丹应该自己修草坪吗

NBA球星迈克尔·乔丹应该自己修草坪吗？一个伟大的球星，其他活动可能同样出色，乔丹修自己的草坪大概比其他人快。这是否意味着乔丹应该自己修草坪？

用机会成本和比较优势可以回答这一问题。假如乔丹用2小时修完草坪，但如果用2小时去拍商业广告可以赚到1万美元。与乔丹相比，杰尼弗小姐能用4小时修完乔丹家的草坪，但用4小时在麦当劳店工作可以赚20美元。乔丹修草坪的机会成本是1万美元，而杰尼弗的机会成本是20美元。乔丹在修草坪上有绝对优势（用2小时），杰尼弗在修草坪上有比较优势（机会成本低）。这个例子回答了贸易的好处：乔丹不该自己去修草坪，而应该去拍广告，雇用杰尼弗修草坪。只要乔丹支付给杰尼弗的钱大于20美元而少于1万美元，对双方都是有利的。

——摘自王新盈等主编：《经济学基础》中国劳动社会保障出版社

2009年版，第237页

---

3. 要素禀赋理论

瑞典经济学家赫克歇尔和俄林提出"赫克歇尔—俄林定理"。该定理认为生产商品不仅仅需要劳动力，资本、土地以及其他要素都在生产中起了重要作用，并影响生产率和生产成本。

该理论认为不同商品生产需要不同的生产要素配置。资本密集型产品需要大量机器设备和资本投入；劳动密集型产品需要大量劳动力投入。另外，各国生产要素的储备也不相同，有的国家资本相对雄厚，资本的价格低；有的国家劳动力相对雄厚，劳动的价格低。国际间生产要素的流动受到一定的限制。各国生产自己具有资源优势的产品，然后进行交换。具体来说，劳动力丰富而价格低的国家生产劳动密集型产品，资本丰富而价格低的国家生产资本密集型产品，然后进行交换。各自都出口自己生产要素价格低的产品，其结果对双方都有利。

4.规模经济理论

2008年，诺贝尔经济学奖获得者保罗·克鲁格曼发展了国际贸易新理论，他认为决定贸易的不是比较优势与资源禀赋，而是能够把资本、技术、资源与市场进行有效整合形成的竞争优势。他强调国际经济中的报酬递增和不完全竞争。国与国之间的贸易已不再取决于各国的资源差异，而取决于一个国家在某个行业上所具有的规模优势。

新贸易理论认为，"相当一部分国际贸易，特别是经济特征相似国家之间的贸易，其产生原因主要是报酬递增形成的国际分工，而不是国与国之间在资源禀赋上存在的差别"。随着市场规模的扩大，一国可以扩大其在某个行业的生产规模，而生产规模的扩大又可使该行业产品成本下降，从而在国际市场上赢得优势。相反，如果一国的某个行业规模较小，其行业成本必然相对较高，自然会在国际市场处于劣势位置。

即使一国在某种资源上据有相对优势，如果该国具有资源优势的行业没有发展起来，没有形成规模的话，还是会在国际市场竞争中处于劣势。随着社会分工的细化，任何一个国家都不可能拥有世界上的所有行业，或生产某一行业中的所有产品，而只能生产某些行业中的某几种类型的产品。世界上不同行业之间规模经济成为国际贸易的基础，也推动了国际贸易的进一步发展。

案例：规模经济理论

美国波音747飞机共有400万个零部件，这些零部件是在世界上65个国家的1500个大气业和15000多家中小企业进行生产的。

二、国际贸易政策

对外贸易政策（Foreign Trade Policy）是指一国政府根据本国的政治经济利益和发展目标，制定的在一定时期内进出口贸易活动的准则。它集中体现为一国对进出口贸易所实行的法律、规章、条例及措施等。以国家对外贸的干预与否为标准，把对外贸易政策归纳为两种类型：自由贸易政策和保护贸易政策，如图12-1所示。

1.自由贸易政策

自由贸易政策（Free Trade Policy）以自由贸易理论为指导，是指国家放宽或是取消对进出口贸易的限制，取消对本国进出口商品的各种特权或优惠，使商品能自由进口和出口，在国内外市场上自由竞争。

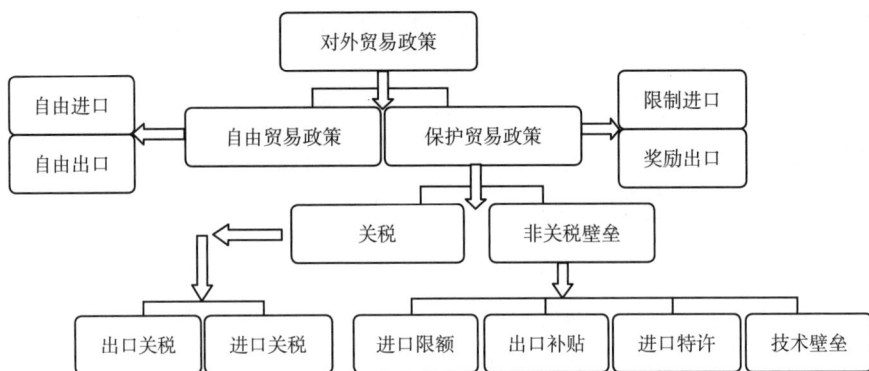

图 12-1　对外贸易政策

2. 保护贸易政策

保护贸易政策（Protective Trade Policy）以保护贸易理论为指导，是指国家采取各种限制进口的措施，以保护本国商品在本国市场上免受国外商品竞争，并对本国出口商品给予优惠和补贴，以鼓励商品出口，即奖出限入。不仅包括关税、贸易条约等措施，还包括进口限额、进口特许、技术壁垒、出口补贴、外汇管制等非关税壁垒。

第三节　国际收支

故事：免费的啤酒

故事发生在美国和墨西哥边界，一个游客在墨西哥一边的小镇上，用 0.1 比索买了一杯啤酒，他付了 1 比索，找回 0.9 比索。当他来到美国一边的小镇上时，发现美元和比索的汇率是 1∶0.9。他把剩下的 0.9 比索换了 1 美元，用 0.1 美元买了一杯啤酒，找回 0.9 美元。回到墨西哥的小镇上，他发现比索和美元的汇率是 1∶0.9。于是，他把 0.9 美元换回 1 比索，又买啤酒喝。这样，在两个小镇上喝来喝去，他手里总是有 1 美元或 1 比索。换言之，他喝到了免费啤酒。人们不禁要问：到底是谁为他付了啤酒钱？

——摘自张光春，赵坚主编：《经济学基础》，重庆大学出版社 2010 年版，第 271 页

这个故事反映的是现实生活中的汇率变化如何对货币价格产生影响，进而影响商品的购买和消费。通过学习本节知识，你就能很好地理解它。

一、国际收支与国际收支平衡表

1. 国际收支

国际收支（Balance of Payments）根据国际货币基金组织的定义，国际收支是一国居民（个人、企业、政府机构）与世界上其他国家的居民所进行的全部经济交易的系统记录。理解国际收支需要注意以下三点：

第一，国际收支是一个流量概念。它是以交易为基础而不是以货币的收支为基础。

第二，国际收支反映的内容是经济交易。包括商品和劳务的买卖、物物交换、金融资产的交换、无偿的商品和劳务转移、无偿的金融资产转移。

第三，国际收支所记载的是居民与非居民之间发生的经济交易。

2. 国际收支平衡表

国际收支平衡表（Balance of International Payments）是以特定形式记录一个国家居民与其他国家居民之间的全部经济往来的收支流量表。来自国外的货币收入看作国际收支的贷方，一个国家的货币外流看作国际收支的借方。国际收支账户主要由三部分组成：经常账户、资本和金融账户、净误差与遗漏账户。

二、国际收支账户

国际收支平衡表（国际收支账户）主要包括经常项目、资本与金融项目、净误差与遗漏账户等组成部分。具体内容如表 12-3 所示。

表12-3　2020年中国国际收支平衡表　　　　　　　　（单位：亿美元）

项目	贷方	借方	差额
经常项目（current account）	30134	−27145	2989
1. 货物和服务（goods and service）	27412	−23527	3885
（1）货物（goods）	25060	−19722	5338
（2）服务（service）	2352	−3805	−1453
2. 初次收入（国际收入）（primary income）	2348	−3339	−990
3. 二次收入（经常转移）（current transfers）	373	−279	94
资本和金融账户（capital and financial account）	2	−2042	−2040
1. 资本账户（capital account）	2	−3	−1
2. 金融账户（financial account）	0	−2039	−2039
净误差与遗漏账户（errors and omissions account）	0	−949	−949

资料来源：根据外汇局网站资料计算得到 http://www.gov.cn/xinwen/2021-02/19/content_5587787.htm

（一）经常项目

经常账户主要记录了一国与他国之间实质资源的流动，包括商品及服务的进出口、从外地应收及应付予外地的收益，以及从外地及往外地的经常转移。经常项目包括货物和服务、国际收入、经常转移三个账户。

经常项目贷方表示该国为经常项目货币收入方，即发生了经常项目顺差；经常项目借方表示该国为货币支出方，即发生了经常项目逆差。

1. 商品和服务项目

商品和服务账户主要记录商品和劳务的进出口情况。出口导致了货币的流入和收入的增加，记为贷方；进口导致了货币的流出和收入的减少，记为借方。

一国商品和劳务的出口与进口之间的差额就是该国的贸易差额。它由国际收支平衡表上商品及服务账户的借贷双方相加而得。所得为正，该国贸易顺差，代表商品及服务的出口大于进口；所得为负，该国贸易逆差，代表商品及服务的出口小于进口。在表中，2020 年在全球新冠肺炎疫情和中美贸易战的复杂形势下，我国商品和服务国际贸易依然顺差，顺差为 3885 亿美元。

2. 国际收入账户（初次收入账户）

国际收入账户记录由于生产要素的流入流出所派生出的资金流动，它主要由流入或流出一国的工资、利息和利润组成。工资、利息和利润的流入记入贷方，流出记入借方。最常见的为本国投资外国股票或是债券所产生的股息或债息的流入，以及外国投资本国股票或是债券所产生的股息或债息的流出。

3. 经常转移账户（二次收入账户）

经常转移账户是指在无对等经济价值报偿的情况下，本国居民对非本地居民给予或接受实质的资源或金融资源，主要包括汇款、捐款、官方援助等。

以上三个账户余额相加就是经常账户余额。经常账户记录了能给一个国家或地区带来货币收入或货币支出的一切活动，是国际收支中最重要的项目。

（二）资本与金融项目

资本和金融账户主要记录金融资源的流动，包括借款、贷款和投资。从广义上讲，当一国持有他国的金融资产，如货币、股票、债券等，就可以看作该国对他国的投资，其目的是获取投资回报。一国购买外国资产时会产生资金流出，记入借方；外国对本国资产的购买会产生资金的流入，记入贷方。该账户包括两大部分。

1. 资本账户

资本账户是指资本转移及非生产、非金融资产的收买或放弃。资本转移是指在无报偿情况下，固定资产的转移或债务的减免。资本转移主要部分是债务减免及移民转移。例如，一位美籍华人落叶归根，移居祖国，他原有在美国的房产资产都视为中国对美国的投资，记入借方科目。

非生产、非金融资产转移的收买或放弃包括非由生产而生的有形及无形资产的对外交易。非生产非金融资产包括专利、版权及专营权。

2. 金融账户

金融账户记录本地居民与非本地居民之间的金融资产及负债交易。它显示某经济体如何融资以进行对外交易。金融账户的交易包括直接投资、证券投资、其他投资、官方储备等。

直接投资是指一个经济体系内的投资者购买设在另一经济体系内的企业，并对该企业具有持久利益和管理控制权。直接投资可以采用在国外直接建立企业的形式，也可以采用购买国外企业一定比例（10% 以上）股票的形式。

证券投资是指对居民和非居民的股本证券及债务证券投资。

其他投资是指除直接投资和证券投资以外的所有金融交易。主要包括国内企业在国外银行的贷款融资和其他投资。

官方储备是指一个经济体的金融当局可直接用来弥补对外收支赤字，用于干预外汇市场，间接调节收支赤字的外币资产。包括黄金储备、外汇储备、普通提款权和特别提款权四部分。

知识链接：特别提款权

特别提款权（SDR）是以国际货币基金组织为中心，利用国际金融合作的形式而创设的新的国际储备资产。国际货币基金组织（IMF）按各会员国缴纳的份额，分配给会员国的一种记账单位，1970 年正式由 IMF 发行，各会员国分配到的 SDR 可作为储备资产，用于弥补国际收支逆差，也可用于偿还 IMF 的贷款。特别提款权又被称为"纸黄金"。

（三）净误差与遗漏

由于统计误差或不透明经济交易的存在，使得国际收支项目的借贷双方达不到平衡，为了"矫正"这种误差，于是设立了误差与遗漏账户。

三、国际储备

国际收支顺差意味着资金涌入本国，国际收支逆差意味着资金流出本国。资金的流入流出不可避免地对本国的物价、就业、产出及汇率产生影响，官方储备就相当于一个蓄水池，当国际收支盈余时蓄水，在国际收支逆差时放水，从而在一定程度上减少外部经济对本国经济的影响。

国际储备（International Reserve）是指各国政府为了弥补国际收支赤字，保持汇率稳定，以及应付其他紧急需要而持有的国际上普遍接受的所有流动资产的总称。例如，应对特大自然灾害、战争等造成临时性国际收支逆差，此时就选择利用国际储备来弥补。

外汇储备的主要功能有调节国际收支、保证对外支付；干预外汇市场，稳定本币汇率；维护国际信誉，提高融资能力；增强综合国力，抵抗金融风险。

第四节　汇率制度

案例：汇率与产品竞争力

1990～1996年，日元对美元升值了将近40%。如果两国国内价格不变，日本产品比美国产品在1996年比1990年大约要贵40%。日本公司是如何面对挑战而保持其产品竞争力的呢？

日本公司用坚挺的日元廉价地在美国及美元联汇制的亚洲国家建立生产基地。此举使日本公司摆脱了日元升值对出口贸易的负面影响。以日立电子公司为例，20世纪90年代中期，日立电视机成为全球生产的产品：真空管来自南加州分公司，机身外壳和电路板来自马来西亚分公司，只有电脑芯片和荧光屏在本国生产，而这部分成本只占整机成本的30%。通过利用贬值国的资源生产电视机，日立电子公司在日元升值的情形下，成功地控制了电视机的美元价格。

——摘自董义才，杨军主编：《经济学基础》，北京师范大学出版社2008年版，

第186页

这个案例反映的是现实生活中的汇率变化如何对货币价格产生影响，进而影响产品的生产和销售市场。通过学习有关汇率的知识，你就能很好地理解它。

一、汇率的含义

汇率（Exchange Rate）是一国货币兑换另一国货币的比率，是以一种货币表示的另一种货币的价格。汇率的标价方式分为两种：直接标价法和间接标价法。

1. 直接标价法

直接标价法（Direct Quotation）是以一定单位（1、100、1000、10000）的外国货币为标准来计算应付出多少单位本国货币。相当于计算购买一定单位外币所应付多少本币，也叫应付标价法。包括中国在内的世界上绝大多数国家都采用直接标价法。在国际外汇市场上，日元、瑞士法郎、加元等均为直接标价法。

例如，2021 年 9 月 10 日外汇市场公布：

1 美元 = 人民币 6.4566 元，1 欧元 = 人民币 7.6348 元，100 日元 = 人民币 5.8812 元。

在直接标价法下，若一定单位外币折合的本币数额多于前期，说明外币币值上升或本币币值下跌，叫汇率上升；反之，如果用比原来较少的本币即能兑换到同一数额的外币，说明外币币值下跌或本币币值上升，叫汇率下跌。外币的价值与汇率的涨跌成正比。

2. 间接标价法

间接标价法（Indirect Quotation）是以一定单位（如 1 个单位）的本国货币为标准，来计算应收若干单位的外国货币，又称应收标价法。在国际外汇市场上，欧元、英镑、澳元等均为间接标价法。

例如，2021 年 9 月 10 日外汇市场公布：

1 元人民币 = 0.1548 美元，1 元人民币 = 0.1309 欧元，1 人民币 = 17.0033 日元。

在间接标价法中，本国货币数额保持不变，外国货币的数额随着本国货币币值的对比变化而变动。如果一定数额的本币能兑换的外币数额比前期少，表明外币币值上升，本币币值下降，外汇汇率下降；反之，如果一定数额的本币能兑换的外币数额比前期多，说明外币币值下降，本币币值上升，外汇汇率上升。外币的价值和汇率的升跌成反比。

二、汇率的决定

汇率（Exchange Rate）是一种货币表示另一种货币的价格，也称为某国货币的外部价格（该国货币的内部价格就是其物价水平）。既然是价格，就受到供求关系的影响。当一国货币供大于求时，价格下跌，供不应求时，价格上升。研究汇率的波动可从外汇市场的需求和供给入手。

人们愿意持有另外一个国家货币的原因主要有两点：

（1）持有国外货币可以从相应国家进口商品和服务；

（2）持有国外货币可以购买国外的资产，获得相应投资收益。

从短期看，一国汇率由对该国货币兑换外币的需求和供给所决定。外国人购买本国商品、在本国投资、利用本国货币进行投机会影响本国货币的需求；本国居民想购买外国产品、向外国投资以及外汇投机会影响本国货币的供给。

从长期看，汇率主要取决于商品在本国的价格与在外国的价格的对比关系。汇率是所有进出口商品本国价格与外国价格的相对比价。以一种商品为例，如果1单位商品在美国生产需要100美元，在中国生产需要700元人民币，就该单位商品而言，美元与人民币的汇率就是100∶700，即1美元兑换7元人民币。在长期中，影响汇率的主要因素有产品品位和偏好的变化、相对价格水平变化、相对利率变化和投机等。

1. 产品品位和偏好的变化

从贸易角度讲，如美国人想购买日本本田汽车，美国人需要在外汇市场用美元购买日元。此时，日元需求增加，美元供给增加；如日本人想购买美国计算机，日本人需要在外汇市场用日元购买美元。此时，美元需求增加，日元供给增加。如果在一定时期，日本对美国商品需求的增长大于美国对日本商品需求的增长，那么在外汇市场上，日元供给的增加将大于美元供应的增加，则美元价格上升、美元升值，日元价格下降、日元贬值。

2. 相对价格水平变化

从通货膨胀角度看，如果中国通货膨胀率为5%，美国通货膨胀率为10%，则人民币升值、美元贬值。从投资角度看，如果美国投资收益高于英国投资收益，英镑存款或在英国的投资将纷纷转变为美元存款或在美国的投资，此时，必然伴随英镑供应的大量增加，英镑相对于美元贬值。

3. 相对利率变化和投机

两个国家相对利率的变化可能会改变汇率水平。例如，美国实际利率上升，而日本实际利率不变，由于美国投资收益高于日本投资收益，日本居民将会选择美国作为投资对象国，在外汇市场日本居民用日元兑换美元，日元供给增加，日元贬值，美元升值。

从整体国际收支角度看，上述若干因素使得资金在不同国家或地区的商品市场和资本市场流动，使得该国出现国际收支盈余或国际收支逆差。一般来说，国际收支盈余会带来对该国货币的超额需求，该国货币有升值趋势；国际收支逆差会带来对该国货币的超额供给，该国货币有贬值趋势。

三、购买力平价理论

购买力平价理论（Theory of Purchasing Power Parity，简称 PPP 理论），是一种研究和比较各国不同的货币之间购买力关系的理论。该理论认为，货币代表着对商品和劳务的购买力，不同国家货币的比价就取决于其各自货币所代表的购买力。用本国货币表示的外国货币的价格也就是汇率，取决于两种货币的购买力比较。

比如 1 英镑能买 1 块面包，而 1.5 美元也能买同样 1 块面包，根据该理论，汇率为 1 英镑 =1.5 美元。这种比价使得 1 英镑无论在英国还是在美国都能买到 1 块面包，或者 1.5 美元不管在美国还是英国都能买到 1 块面包。同样的单位货币在不同国家的购买力应该相等。

比如 1 个麦当劳汉堡 18 元人民币，而同样一份麦当劳汉堡在美国要花费 2.8 美元。简单计算一下，1 美元的购买力约等于 6.43 元人民币。

虽然购买力平价理论的应用有一定局限性，但它指出了货币兑换的实质，其兑换比率取决于各自代表的购买力，具有一定积极价值和意义。

四、汇率制度

汇率制度（Exchange Rate Arrangement）是指一国货币当局对本国汇率决定和汇率变动所作的一系列安排或规定。汇率制度对各国汇率的决定有重大影响，可分为固定汇率制和浮动汇率制。

1. 固定汇率制

固定汇率制（Fixed Exchange Rate System）一国货币同他国货币的汇率基本固定，其波动限制在一定的幅度之内。中央银行会对外汇市场进行各种形式的干预活动，为任何国际收支赤字和盈余提供融资。在经常账户和资本账户出现净盈余时，中央银行要购入外汇增加储备，净赤字时要出售外汇，只有这样才能维护官方汇率。

固定汇率是以本位货币本身或法定含金量为确定汇率的基准，是政府通过行政或法律手段确定、公布维持本国货币与某种参考物之间固定比价的汇率制度。充当参考物的可以是黄金，也可以是某一种外国货币，或是某一组货币。

固定汇率制度并非代表汇率是一成不变的，其浮动由政府根据经济形势的变化人为制定。其汇率升高称为涨价，其汇率降低称为降价。在国际金融史上，一共出现过金本位体系下的固定汇率制、布雷顿森林体系下的固定汇率制两种固定汇率制度。

知识链接：两种固定汇率制度简介

在金本位体系下，两国之间货币的汇率由它们各自的含金量之比——金平价（Gold Parity）来决定，如一个英镑的含金量为 113.0015 格林，一个美元的含金量为 23.22 格林，则

$$1 英镑 =113.0015/23.22=4.8665 美元$$

布雷顿森林体系下的汇率制度，概括起来，就是美元与黄金挂钩，其他货币与美元挂钩的"双挂钩"制度。具体内容是：美国公布美元的含金量，1 美元的含金量为 0.888671 克，美元与黄金的兑换比例为 1 盎司黄金 =35 美元。其他货币按各自的含金量与美元挂钩，确定其与美元的汇率。

---

2. 浮动汇率制

浮动汇率制（Floating Exchange Rate System）是指一国中央银行不规定本国货币与他国货币的官方汇率，听任汇率由外汇市场的供求关系自发决定的一种汇率制度。货币当局不规定本币与外币的黄金平价和汇率上下波动的界限，也不再承担维持汇率波动界限的义务，汇率随外汇市场供求变化自由浮动。

浮动汇率制又分为自由浮动与有管理的浮动两种。前者是中央银行对外汇市场不采取任何干预措施，汇率完全由外汇市场供求关系决定。后者是中央银行对外汇市场进行一定程度干预，根据外汇市场供求情况购入或售出外汇来影响汇率。

20 世纪 70 年代之前，西方国家实行的是固定汇率制，70 年代固定汇率制崩溃后，世界主要工业国如美国、英国、德国、日本等，相继采用了浮动汇率制度。其他大多数国家和地区仍然实行钉住的汇率制度，其货币大都钉住美元、日元、法郎等。中国正在积极准备向浮动汇率制过渡。

国际收支状况也是影响汇率变化的主要因素。国际收支顺差的国家，外汇供给增加，外国货币价格下跌、汇率下浮；国际收支逆差的国家，对外汇的需求增加，外国货币价格上涨、汇率上浮。汇率上下波动是外汇市场的正常现象，一国货币汇率上浮，就是货币升值，下浮就是贬值。

五、汇率对经济的影响

1. 汇率会影响国家的资本流动

当一国货币的汇率预期或实际汇率下降时，该国资本为防贬值带来的损失，常常会将以本国货币计值的资产换为以其他货币计值的资产，于是资本会从本国流出；反之，当本币汇率预期或实际上涨时，会发生资本流入。

2. 汇率会影响国家的对外贸易

本币价值下降，可以扩大本国出口、抑制本国进口，有可能扭转贸易收支逆差，并以出口带动本国生产，扩大本国的 GDP；本币价值上升，可抑制出口、扩大进口，有可能平缓贸易收支顺差，可以一定程度带动国内需求的旺盛，减轻通货膨胀压力。

3. 汇率会影响国家的物价水平

货币贬值会倾向提高一国的物价水平。因为，从需求角度看，货币贬值可降低出口价格，刺激出口。同时，由于进口价格的提高，消费者必然转向本国替代品，带来本国产品价格的上升。从供给角度看，货币贬值使进口商品的价格更加昂贵，本国供给相应减少，在需求不变时，价格水平提高。

【本章小结】

开放经济是指积极参与国际经济活动、充分利用世界资源和世界市场，最大限度获取国际收益的经济发展模式。分为两大方面：商品市场开放和流通；资本市场开放和流通。经济全球化是指世界经济活动超越国界，通过对外贸易、资本流动、技术转移、提供服务、相互依存、相互联系而形成的全球范围的有机经济整体的过程。

国际贸易是不同国家之间商品与劳务的交易，包括贸易进口和贸易出口。国际贸易理论有绝对优势理论、比较优势理论、要素禀赋理论、规模经济理论。国际贸易政策是指一国政府根据本国的政治经济利益和发展目标制定的在一定时期内进出口贸易活动的准则。主要有保护贸易政策和自由贸易政策两大类。

国际收支是一国居民（个人、企业、政府机构）与世界上其他国家的居民所进行的全部经济交易的系统记录。国际收支平衡表是以特定形式记录一个国家居民与其他国家居民之间的全部经济往来的收支流量表。包括经常项目、资本与金融项目、净误差与遗漏账户等组成部分。汇率是一国货币兑换另一国货币的比率，是以一种货币表示另一种货币的价格。汇率标价方式分为直接标价法和间接标价法。汇率形成和波动是由外汇市场的外汇需求和供给共同决定。

购买力平价理论是一种研究和比较各国不同的货币之间购买力关系的理论。该理论认为货币代表着对商品和劳务的购买力，不同国家货币的比价就取决于其各自货币所代表的购买力。汇率制度是指一国货币当局对本国汇率决定和汇率变动所作的一系列安排或规定，可分为固定汇率制和浮动汇率制。

【重点掌握】

开放经济的含义与内容。

国际贸易政策的主要内容。

国际收支平衡表的主要内容。

直接标价法与间接标价法。

购买力平价理论的内涵。

扫码获取有关知识视频

【练习与思考】

一、选择题

1. 如果人民币对美元的汇率升值将引起（　　　）。

A. 增加美国对中国商品的进口　　　B. 减少美国对中国商品的出口

C. 增加中国对美国的进口　　　　　D. 减少中国对美国的出口

2. 国家收支平衡意味着（　　　）。

A. 经常账户平衡，资本账户不平衡　　B. 经常账户平衡，资本账户平衡

C. 经常账户不平衡，资本账户不平衡　D. 以上全不对

3. 假定 1 美元对人民币的汇率从 6.40 元人民币变为 6.70 元人民币，说明（　　　）。

A. 人民币贬值，美元升值　　　　　B. 人民币贬值，美元贬值

C. 人民币升值，美元贬值　　　　　D. 人民币升值，美元升值

4. 货币贬值会倾向（　　　）一国的物价水平。

A. 提高　　　　B. 减低　　　　C. 维持　　　　D. 不确定

5. 在开放经济中，出口增加将引起（　　　）。

A. 国民收入增加，经常项目增加　　B. 国民收入增加，经常项目减少

C. 国民收入增加，经常项目不变　　D. 国民收入减少，经常项目不变

6. 在固定汇率制度下，外汇供给将由（　　　）。

A. 本国中央银行决定　　　　　　　B. 外国中央银行决定

C. 货币需求决定　　　　　　　　　D. 外汇储备和国内信用决定

二、判断题

1. 在直接标价法下，汇率上升，本币贬值。（　　　）

2. 没有贸易价格差的存在，就不会发生国际贸易。（　　　）

3. 财政政策调节是国际经济政策调节的重要内容之一。（　　　）

4. 在浮动汇率制度下，国际收支可自动得到调整，不需要任何政府调节措施。（　　　）

5. 中央银行在外汇市场上购买美元时，本国的货币供应量会减少。（　　　）

6. 增加出口有助于增加国民收入，而增加进口则会减少国民收入。（　　　）

三、简答题

1. 什么是开放经济？衡量开放程度的标准是什么？

2. 国际收支的主要项目有哪些？什么是国际贸易的平衡、顺差和逆差？

四、计算题

假设美元和人民币的汇率是 1 美元兑换 6.50 元人民币。

（1）用美元表示的人民币汇率是多少？

（2）售价 10 万元人民币的一辆汽车的美元价格是多少？

（3）售价 1000 美元的一台计算机的人民币价格是多少？

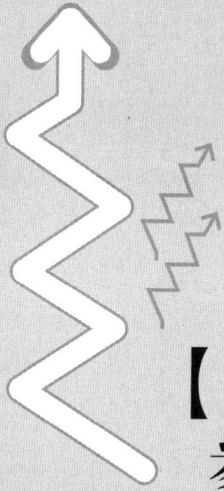

【练习与思考】
参考答案

第一章

一、单项选择题

1. A   2. C   3. A   4. D   5. C   6. C   7. A

二、多项选择题

1. ABCD   2. ABC   3. ABC

三、判断题

1. √   2. ×   3. ×   4. √   5. √

四、问答题

答案详见教材。

五、综合实训

略。

第二章

一、单项选择题

1. B   2. C   3. A   4. A   5. C   6. A 7. B   8. A   9. C   10. B   11. C   12. C

二、多项选择题

1. AC   2. AB   3. BD   4. BCDE   5. AB

三、判断题

1. √   2. √   3. ×   4. ×   5. √ 6. ×   7. ×   8. ×   9. √   10. ×

四、简答题

1. 答：（1）对此橘子的需求曲线会向左移。因为卫生组织发布的该橘子会致癌的报告会使得人们普遍产生对食用此种橘子的恐惧心理，从而在任一价格水平下大大减少对它的需求量。

（2）此橘子的需求曲线会向右移。因为各个品种的橘子互为替代品，当另一种橘子的价格上涨后人们会减少对那种橘子的需求量，并通过多消费此种橘子来是实现替代。因而在任一价格水平下增加了对此种橘子的需求量。

（3）此种橘子的需求曲线会向右移。因为消费者收入的增加意味着他们购买力的增强，这将使他们增加对这种橘子在内的正常商品的需求量，并且在任一价格水平下都是如此。

（4）此种橘子的需求曲线不变，如果不考虑培育橘子的工人作为消费者对此种橘子的需求的话。因为培育橘子的工人工资增加只影响橘子的供给成本进而影响其供给曲线，对需求曲线则不发生影响。

2．略。

五、计算题　略。

六、应用题　略

第三章

一、单项选择题

1．A　2．B　3．B　4．D　5．B　6．C　7．A　8．C　9．B　10．A

二、多项选择题

1．CD　2．ABCD　3．AC　4．ABD

三、判断题

1．×　2．√　3．×　4．√　5．×　6．×　7．×　8．√　9．×　10．√

四、简答题　略。

五、计算题　略。

第四章

一、单项选择题

1．D　2．A　3．D　4．D　5．B　6．A　7．C　8．D　9．A　10．A

11．B　12．B　13．A　14．A　15．B　16．A　17．A　18．A　19．C　20．D

二、多项选择题

1．ABC　2．CD　3．ABCD　4．ABCD　5．BCD

6. BCD　7. BD　8. BCD　9. BD　10. BC

三、判断题

1. √　2. ×　3. ×　4. ×　5. √　6. √

7. √　8. ×　9. ×　10. ×　11. ×　12. ×

四、简答题　略。

五、计算题　略。

第五章

一、单项选择题

1. D　2. B　3. B　4. C　5. C　6. A　7. D　8. B　9. D　10. B

二、多项选择题

1. ACD　2. ABCD　3. BCD　4. AD　5. ABCD

三、判断题

1. √　2. √　3. √　4. ×　5. √　6. ×　7. ×　8. ×　9. ×　10. √

四、简答题　略。

五、计算题　略。

第六章

一、单项选择题

1. A　2. A　3. C　4. D　5. D　6. C　7. B　8. D　9. C　10. A

二、多项选择题

1. BCD　2. BCD　3. ABC　4. BC　5. ABCD

三、判断题

1. √　2. ×　3. ×　4. ×　5. ×　6. √　7. √　8. √　9. ×　10. √

四、简答题

1. 答：劳动供给曲线表明的是劳动供给量与劳动价格之间的关系，而劳动供给可看成是闲暇需求的反面。劳动供给增加就是闲暇需求减少，并且劳动价格就是闲暇的机会成本或价格。从替代效应看，工资上升总会导致闲暇需求量减少，即劳动供给增加。但从收入效应看，工资上升时，对闲暇需求也会增加。当工资较低时，替代效应大于收入效应。

2. 答：不值得。因为 12000 元的费用每年的利息收入是 1200 元，而培训后收益只有 1000 元，收益小于成本。

3. 答：不对。某一块地现在是劣等地，没有级差地租，但随着经济发展，人口增加，可能更劣等地会被开发利用，这时候，本来的劣等地上就会产生级差地租。

五、讨论题 略。

第七章

一、单项或多项选择题

1. D　2. B　3. D　4. CD　5. CD

二、判断题

1. ×　2. √　3. ×　4. ×　5. ×　6. √

三、简答题

略。

第八章

一、单项选择题

1. B　2. D　3. B　4. C　5. B　6. A　7. C　8. B　9. A　10. A

二、多项选择题

1. BCD　2. ABCE　3. ABC　4. AD　5. AC

三、判断题

1. ×　2. √　3. ×　4. √　5. ×　6. √　7. √　8. ×　9. ×　10. √

四、计算题

1.（1）GDP：130000 元

（2）工资：20000+50000=70000 元

利润：20000+130000-50000-40000=60000 元　　GDP=130000 元

（3）甲生产价值：40000 元

乙生产价值：130000-40000=90000 元　　GDP=130000 元

2.（1）MPC=$\Delta C/\Delta Y$=0.4　　（2）MPS=0.6　　(3)1.67

五、应用分析题

略。

第九章

一、单项选择题

1. A　2. C　3. B　4. A　5. C　6. B　7. D　8. A　9. A　10. A

二、判断题

1. ×　2. ×　3. √　4. ×　5. √　6. √　7. ×　8. √

三、简答题　略。

四、分析应用题　略。

第十章

一、单项选择题

1. C　2. A　3. B　4. B　5. B　6. B　7. C　8. B　9. C

二、多项选择题

1. ABCD　2. ABD　3. ABD　4. ABD　5. ACD　6. AD　7. ABCD　8. ABCD

三、判断题

1. ×　2. √　3. √　4. ×　5. √　6. ×

四、简答题　略。

五、计算题　略。

第十一章

一、单项选择题

1. C　2. D　3. D　4. A　5. B

二、判断题

1. ×　2. √　3. √　4. √　5. √

三、简答题　略。

四、技能训练　略。

第十二章

一、选择题

1. CD　2. D　3. A　4. A　5. A　6. ABD

二、判断题

1. √　2. ×　3. √　4. √　5. ×　6. ×

三、简答题　略。

四、计算题　略。

参考文献

[1] 徐美银.经济学原理 [M]. 2 版.北京：高等教育出版社，2012.

[2] 陈福明.经济学基础 [M].北京：高等教育出版社，2011.

[3] 邓先娥.经济学基础 [M]. 2 版.北京：人民邮电出版社，2016.

[4] 张银亭.经济学基础 [M].北京：高等教育出版社，2012.

[5] 缪代文.微观经济学与宏观经济学 [M].北京：高等教育出版社，2012.

[6] 薛兆丰.薛兆丰经济学讲义 [M].北京：中信出版集团，2018.

[7] 金焕，方芳.经济学及应用 [M].北京：中国劳动社会保障出版社，2010.

[8] 连有，王瑞芬.西方经济学 [M].北京：清华大学出版社，2008.

[9] 金立其.经济学原理 [M]. 2 版.杭州：浙江大学出版社，2009.

[10] 刘海源.经济学基础 [M].北京：高等教育出版社，2007.

[11] 葛莉.经济学原理 [M].北京：清华大学出版社，2010.

[12] 綦颖，陈伟.经济学基础 [M].北京：中国农业大学出版社，2012.

[13] 王新盈，李秀萍，杨本活.经济学基础 [M].北京：中国劳动社会保障出版社，
2009.

[14] 吴汉洪.经济学基础 [M]. 2 版.北京：中国人民大学出版社，2009.

[15] 张光春，赵坚.经济学基础 [M].重庆：重庆大学出版社，2010.

[16] 张维强.经济学教程 [M].南京：东南大学出版社，2004.

[17] 史忠健.经济学基础 [M].北京：高等教育出版社，2004.

[18] 董义才，杨军.经济学基础 [M].北京：北京师范大学出版社，2008.

[19] 金祥荣，叶航.经济学原理 [M].杭州：浙江大学出版社，2004.

[20] 王惠清.西方经济学 [M].南京：东南大学出版社，2009.

[21] 陈建萍.微观经济学——原理、案例与应用 [M].北京：中国人民大学出版社，2006.

[22] 肖旭.宏观经济学 [M].北京：国防工业出版社，2009.

[23] 马扬，梁东生.经济学原理——企业管理的观点 [M].北京：中国人民大学出版
社，2004.

[24] 曼昆.经济学原理.（上、下册）[M]. 4 版.北京：北京大学出版社，2006.

[25] 迈克尔·帕金.经济学 [M].北京：人民邮电出版社，2003.

[26] 刘厚俊.现代西方经济学 [M]. 4 版.南京：南京大学出版社，2005.

[27] 托马斯·弗里德曼.世界是平的 [M].长沙：湖南科学技术出版社，2006.